Le vie della civiltà

alla mia mamma
che per prima mi parlò di Dante

Paola Manni

La lingua di Dante

Società editrice il Mulino

I lettori che desiderano informarsi sui libri e sull'insieme delle attività della Società editrice il Mulino possono consultare il sito Internet: **www.mulino.it**

ISBN   978-88-15-24537-3

Indice

Premessa   p. 7

I.   Firenze e la Toscana all'epoca di Dante. Lo sfondo storico, economico e sociale   11

II.   La situazione linguistica. Profilo del fiorentino del Duecento   19

III.   Dante e il volgare: premessa   27

IV.   La legittimazione del volgare nella «Vita nuova» e nel «Convivio»   31

V.   Il «De vulgari eloquentia»   37

VI.   Il linguaggio poetico dalle liriche della gioventù a quelle della maturità   53

VII.   L'esperienza (dantesca?) del «Fiore» e del «Detto d'Amore»   63

VIII.   La prosa della «Vita nuova» e del «Convivio»   69

IX.   La «Commedia» e il suo plurilinguismo: fra teoria e prassi   85

X.   Fonologia e morfologia della lingua della «Commedia»   95

XI.   Il lessico della «Commedia»   111

XII. L'allotropia nella «Commedia»: aspetti stilistici   p. 125

XIII. Dialettalità e inserti alloglotti nella «Commedia»   129

XIV. Sintassi e stile della «Commedia»   133

XV.   La fortuna trecentesca della «Commedia»   145

ANTOLOGIA DI TESTI

1.   Il quadro linguistico della Toscana secondo
      Dante: «De vulgari eloquentia», I XIII 2-3   157

2.   La lirica dantesca dalle «dolci rime» al «parlar
      aspro»   165

3.   Aspetti della prosa dantesca   175

      3.1.   Dal XXIII capitolo della «Vita nuova»
      3.2.   Dal primo trattato del «Convivio»

4.   Aspetti del plurilinguismo della «Comme-
      dia»: un dialogo infernale e una visione
      paradisiaca   187

      4.1.   Dal XXX canto dell'Inferno
      4.2.   Dal XXXI canto del Paradiso

Bibliografia   201

Indice analitico   235

Indice dei nomi   245

Premessa

Questa monografia dedicata al volgare di Dante è ripresa dal mio volume *Il Trecento toscano. La lingua di Dante, Petrarca e Boccaccio* (Bologna, il Mulino, 2003). In particolare i capitoli I e II sono una rielaborazione dei due capitoli introduttivi di quel libro; mentre i capitoli III-XV e l'antologia riproducono l'ampia sezione del libro dedicata al sommo poeta: anche qui il testo è stato interamente rivisto e accoglie alcune correzioni, diversi ampliamenti e gli indispensabili aggiornamenti bibliografici. Non è cambiato l'impianto della trattazione, che rende necessarie alcune avvertenze.

Si ricorderà, anzitutto, che questa analisi della lingua dantesca presuppone le nozioni di base di grammatica storica italiana, che si potranno ricavare da molti validi manuali oggi disponibili, anche di taglio sintetico. Il rapporto fra fisionomia linguistica dei testi e situazione ecdotica, che nel caso di Dante non solo è ineludibile ma si propone con un'evidenza paradigmatica, rende pure necessaria una dimestichezza con le discipline filologiche ed è pertanto consigliabile, anche in questo caso, il supporto di un manuale.

La sterminata bibliografia su Dante, estesissima quand'anche ci si limiti a quella di interesse linguistico (ma, come si sa, il confine è quanto mai labile), si è ulteriormente arricchita negli ultimi dieci anni, e non di poco. Per coerenza col metodo adottato fin dall'inizio, che già aveva imposto una decisa selezione delle indicazioni bibliografiche, mi sono limitata a citare, anche fra gli ultimi contributi, solo quelli di carattere più generale che toccano i nodi centrali della trattazione. Non mancheranno evidenti omissioni, delle quali mi scuso appellandomi alla vastità dell'insieme.

Nelle descrizioni linguistiche si adottano le seguenti convenzioni. Sono in corsivo le forme volgari; gli apici racchiu-

dono i significati; il maiuscoletto è riservato alle basi latine
(dove possono ricorrere anche i segni J e W per indicare le
semiconsonanti rispettivamente palatale e velare). Il segno <
significa 'viene da'; il segno > 'diviene'. I trattini diversamente
collocati distinguono la posizione iniziale (AD-, *re-*), finale (-AS,
-*i*) o intervocalica (-SJ-, -*ar-*). I due punti distanziati indicano il
collegamento in rima (*ancora : dimora : fora*). Nelle trascrizioni
fonetiche le barrette oblique racchiudono i fonemi (/a/), le
parentesi quadre i suoni ([a]), mentre le parentesi uncinate si
riferiscono ai grafemi (⟨sc⟩). Le trascrizioni fonetiche utilizzano
i simboli dell'Alfabeto Fonetico Internazionale. Si riproducono di seguito i segni che si discostano dalla grafia corrente
(i simboli a i u p b t d f v m n l r valgono come le comuni
lettere dell'italiano):

ɛ	*e* aperta, ital. *bene*
e	*e* chiusa, ital. *cena*
ɔ	*o* aperta, ital. *modo*
o	*o* chiusa, ital. *sole*
j	semiconsonante, ital. *piena, viene*
w	semiconsonante, ital. *buono, equo*
ɲ	*n* palatale, ital. *gnomo, agnello*
ŋ	*n* velare, ital. *vinco, vengo*
s	*s* sorda, ital. *sera*, tosc. *casa*
z	*s* sonora, ital. *sgarbo*, tosc. *chiesa*
ʎ	*l* palatale, ital. *cigli, famiglia*
ʃ	*s* palatale sorda, ital. *sciame, esce*
ʒ	*s* palatale sonora, franc. *jour, agent*
ts	affricata alveolare sorda, tosc. *zio*
tts	affricata alveolare sorda intensa, tosc. *pazzo*
dz	affricata alveolare sonora, tosc. *zero*
ddz	affricata alveolare sonora intensa, tosc. *razzo*
tʃ	affricata palatale sorda, ital. *cena, pace*
ttʃ	affricata palatale sorda intensa, ital. *cocci*
dʒ	affricata palatale sonora, ital. *giro, pagina*
ddʒ	affricata palatale sonora intensa, ital. *oggi*
k	occlusiva velare sorda, ital. *coro*
g	occlusiva velare sonora, ital. *gatto*

Sono molti gli amici e i colleghi che, anche in quest'ultima tappa del mio lavoro, mi sono stati d'aiuto con la loro disponibilità e la loro competenza. In particolare desidero ricordare e ringraziare: Giancarlo Breschi, Roberta Cella, Rosario Coluccia, Luciano Formisano, Giovanna Frosini, Nicoletta Maraschio, Andrea Mazzucchi, Giuliano Pinto, Luca Serianni, Mirko Tavoni, Elisabetta Ulivi; e naturalmente Francesco Bruni che, in questi dieci anni successivi al *Trecento toscano*, non ha mai mancato di riconfermarmi la sua fiducia e il suo incoraggiamento.

Firenze, 18 marzo 2013

Firenze e la Toscana all'epoca di Dante.
Lo sfondo storico, economico e sociale

1. Nella seconda metà del secolo XIII e agli inizi del XIV, la Toscana si presenta come una regione in pieno sviluppo economico e sociale, tale da imporsi non solo in Italia ma in tutta Europa.

Uno dei punti di forza che fin dai secoli precedenti caratterizzano la regione è costituito dall'altissima concentrazione urbana. In un territorio relativamente ristretto, delineato dal bacino dell'Arno, e corrispondente a meno della metà della Toscana odierna, si susseguono città come Pisa, Lucca, Pistoia, Prato, Firenze, Arezzo; più a sud Siena, Volterra, San Gimignano; all'estremità orientale, Sansepolcro e Cortona. Mentre fino ai decenni iniziali del secolo XIII avevano primeggiato Pisa e Lucca, l'una come potenza marittima, l'altra come città interna già capitale del potere longobardo e franco, a partire dalla metà del Duecento si assiste all'ascesa di Firenze che nel giro di qualche decina d'anni arriva a essere il maggior centro economico dell'occidente.

Si è soliti considerare la sconfitta subìta da Pisa alla Meloria nel 1284, a opera dei genovesi, come l'episodio che sancisce il definitivo declino della potenza pisana e quindi la supremazia di Firenze sulle città toscane. Sul versante della crescita economica, ha un valore altrettanto emblematico la coniazione del fiorino d'oro (1252), che in breve tempo mette in ombra le altre monete toscane e diviene uno dei più pregiati mezzi di scambio della finanza internazionale.

La prosperità delle città toscane si sorregge su alcune industrie (quella della lana, anzitutto, preminente in quasi tutti i centri maggiori), attorno alle quali ruota tutta una serie di attività manifatturiere e artigianali collaterali e minori. Altro pilastro dell'economia è lo scambio internazionale di merci e di denaro, per cui si era precocemente affermata Siena, che poi ne cede il monopolio a Firenze.

Il nucleo fondamentale dell'assetto economico è costituito dalla *compagnia*, raggruppamento di mercanti associati con modalità precise, che mettendo insieme le loro forze raccolgono cospicui capitali destinati ad accrescersi attraverso un continuo processo di investimenti. Ciascuna compagnia svolge i propri affari mediante le succursali dislocate nei centri più importanti del mercato italiano ed europeo. Alle soglie del Trecento, attraverso un'organizzazione di questo tipo, ormai consolidata, l'attività mercantile toscana è in piena espansione e promuove una mobilità vivacissima sia all'interno della regione sia all'esterno, con coinvolgimenti frequenti nella vita politica di altri paesi. Pensiamo ad esempio a quanto accade a Napoli, dove i fiorentini, grazie al contributo finanziario dato alla spedizione di Carlo d'Angiò, avevano ottenuto fin dal 1266 il diritto di commerciare liberamente nel regno (e tanto si rafforzerà la loro presenza e il loro peso politico nei decenni successivi da portare all'ascesa di Niccolò Acciaiuoli a gran siniscalco della corte angioina nel 1348).

In ambito europeo sono particolarmente intensi i rapporti con la Francia, dove le compagnie mercantili toscane (soprattutto fiorentine, senesi e lucchesi) hanno numerose filiali e frequentano assiduamente le fiere di Champagne e di Fiandra, acquistando credibilità e fiducia presso i grandi sovrani, che non di rado affidano loro le proprie finanze: così i lucchesi Ricciardi e i fiorentini Frescobaldi, fra la fine del secolo XIII e gli inizi del XIV, si succedono come banchieri fiduciari del re d'Inghilterra. Comprensibile quindi che Giovanni Villani, nella *Cronica*, trattando del fallimento che nel 1338 coinvolgerà le compagnie dei Bardi e dei Peruzzi, le definisca *due colonne* che quando erano in buono stato reggevano i commerci della cristianità, *ed erano quasi uno alimento* (dove *alimento* vale 'fonte unica di approvvigionamento') sicché, dopo il crollo, *ogn'altro mercatante ne fu sospeto e male creduto* [Porta 1990-91, III 183].

I contatti con l'estero potenziano la conoscenza del francese e del provenzale, lingue che fin dai secoli XII e XIII, grazie alla precocità della loro letteratura, godevano di grandissimo prestigio in ambito culturale. Il bilinguismo dei mercanti toscani costretti a permanenze nelle filiali d'Oltralpe porta a vistose forme d'interferenza linguistica, testimoniate nelle scritture attraverso prestiti isolati ed effimeri [cfr. Morgana

1994, 672-675; Castellani 2000, 100-101; Cella 2000, 366-373; 2003, XXVI-XXVII; 2007], che pure talora non mancano di corrispondenze sul versante letterario (si pensi a quante volte i testi commerciali offrono riscontri ai gallicismi dei volgarizzamenti e del *Fiore*, un'opera che nasce proprio nell'ambito della simbiosi tosco-francese della fine del Duecento o del primissimo Trecento).

Allo sviluppo economico delle città toscane, e in particolare di Firenze, fa riscontro un'espansione demografica di eccezionale portata. Tra la fine del XIII e l'inizio del XIV secolo la Toscana nel suo complesso rappresenta una delle aree e forse, in assoluto, l'area più urbanizzata di tutta l'Europa. I famosi dati statistici del Villani relativi al 1338 attribuiscono a Firenze 90.000 *bocche tra uomini e femmine e fanciulli*, ecclesiastici esclusi, cui si aggiungono 1500 *uomini forestieri, e viandanti e soldati* [Porta 1990-91, III 198); ma si ritiene che agli albori del nuovo secolo la città superi addirittura i 100.000 abitanti: sicuramente è uno dei quattro o cinque maggiori centri d'Europa, affiancata in Italia soltanto da Venezia e Milano. Alla crescita demografica di Firenze, che dà impulso a un rinnovamento edilizio e rende necessaria la costruzione di una nuova cinta di mura ultimata nel 1333, contribuisce in modo determinante l'afflusso di gente del contado, fenomeno di cui resta testimonianza nella vivace polemica dei cittadini *antiqui* contro i più rozzi inurbati, rieccheggiata da Dante in Par. XVI 49-57 e 61-63. Anche Pisa e Siena sono città di rilievo con i loro 40.000 o 50.000 abitanti; di poco inferiore, pare, la popolazione di Lucca. Pistoia, Prato, Arezzo oscillano tra 8000 e 15.000 abitanti.

2. Uno degli aspetti più qualificanti dell'assetto sociale della Toscana tardoduecentesca e primotrecentesca, strettamente legato allo sviluppo economico, è senz'altro costituito dal progredire dell'alfabetizzazione, di cui danno prova, anzitutto, le tante menzioni di maestri impegnati su questo fronte censiti in tutta la regione, compresi i centri minori [cfr. Black 2007].

Ma il fatto più rilevante, autentica novità nell'ambito del sistema scolastico occidentale, è dato dall'istituzione delle scuole (o botteghe) d'abaco (dove *abaco*, come già nel titolo della principale opera di Leonardo Fibonacci, il *Liber abaci*, significa 'calcolo' con precisa allusione al metodo di numerazione araboindiano che tale opera aveva avuto il merito di divulgare). In queste scuole del tutto laiche, organizzate ora dai comuni ora dalla stessa classe mercantile, attraverso una didattica per la prima volta imperniata sul volgare, i giovani dell'età di 10-11 anni acquisiscono le due fondamentali competenze richieste al mercante: il saper far di conto e il saper leggere e scrivere[1].

Nelle città toscane le scuole d'abaco vanno organizzandosi già negli ultimi decenni del Duecento, quando si hanno i primi documenti che ne provano l'esistenza a San Gimignano e Siena, rispettivamente nel 1279 e nel 1280 [cfr. Ulivi 2000, 88; 2008, 404; Black 2007, 590]. Ma anche Firenze non deve essere stata meno attiva, dal momento che un maestro Jacopo dell'Abaco è citato in un atto del 1283 [cfr. Ulivi 2000, 88; 2008, 408] e nello statuto fiorentino dell'arte del Cambio del 1299 figura un articolo che vieta ai mercanti di tenere i loro registri *in abaco*, prescrivendo l'uso delle cifre romane o la scrittura completa dei nomi dei numeri [cfr. Camerani Marri 1955, 72-73]. Fra i più antichi libri d'abaco giunti fino a noi vi è il *Tractatus algorismi* di Jacopo da Firenze, datato 1307 e pervenutoci in copia appena posteriore nel codice Riccardiano 2236 [cfr. Van Egmond 1980, 148; Arrighi 1985; 1988; Simi 1995], nel quale si trova la più antica attestazione del termine *çevero*, 'zero', cardine della matematica moderna[2]. Più tardi, sarà ancora il Villani a informarci sull'attività delle scuole d'abaco e sull'organizzazione del sistema scolastico fiorentino, in un passo celeberrimo della sua *Cronica*, passato al vaglio di studiosi dalle diverse competenze [cfr. Herlihy e Klapisch Zuber 1978, 762-770; Petrucci e Miglio 1988, 470]. Dice dunque il Villani che nel 1338, su una popolazione di circa 90.000 abitanti, da 8000 a 10.000 erano i *fanciulli e fanciulle che stavano a leggere*; da 1000 a 1200 *i garzoni che stavano ad aprendere l'abbaco e algorismo in vi scuole*; da 550 a 600 *quelli che stavano ad aprendere gramatica e loica in iiii grandi scuole* [Porta 1990-91, III 198][3].

---

[1] Notizie più ampie sulle scuole d'abaco e sull'insegnamento in esse impartito, che aveva durata biennale e si articolava in unità didattiche dette *mute*, si troveranno in Franci [1988] e Ulivi [2000; 2008].

[2] *zevero* (da cui *zero*) è traduzione della voce *zephirum* con cui il Fibonacci, nel *Liber abaci*, aveva latinizzato l'arabo *ṣifr* [cfr. Manni 2001].

[3] Si noti che i tre gradi in cui si articola l'istruzione nella Firenze del primo Trecento sono puntualmente riflessi dalle tre categorie di insegnanti citate in un documento del 1316: *Ars magistrorum gramatice, et abaci, et docentium legere et scribere pueros* [Debenedetti 1906-07, 339].

In alternativa all'addestramento professionale affidato alle scuole d'abaco, le scuole di grammatica e logica – di cui pure ci riferisce il Villani – avviano all'istruzione universitaria entro un *curriculum* di studi che resta saldamente ancorato al latino. Durante tutto il Duecento (e oltre) i toscani sono assidui frequentatori di Bologna, sede di uno Studio dotato di massimo prestigio soprattutto nel campo del diritto e della retorica (*ars dictandi*). Non mancano tuttavia, anche in Toscana, centri molto attivi di irradiazione della cultura tradizionale laica e religiosa: scuole di notariato, di grammatica, di diritto canonico, di teologia. Per Firenze è d'obbligo ricordare l'azione svolta dai domenicani di Santa Maria Novella e dai francescani di Santa Croce, presso i quali si organizzano delle scuole e delle biblioteche che sono fondamentali punti di riferimento per l'accesso alla cultura nei suoi livelli più alti [cfr. Davis 1965; Antonelli 1982; Bologna 1982, 792-797].

Eredi della cultura tradizionale, giudici e notai restano un punto di riferimento molto importante anche per la stessa classe mercantile (che tuttavia in Toscana, prima che altrove, impara a gestire autonomamente le proprie scritture). Con la loro attività bifronte, ossia con la loro disposizione a gestire i due codici linguistici, latino e volgare, essi continuano a svolgere un ruolo essenziale nel mediare tra le due culture e le due lingue [cfr. Poggi Salani 1992, 412-413; Fiorelli 1994, 564-571]. All'inizio del Trecento, con la traduzione dell' ingente *corpus* statutario senese (realizzata a partire dal 1309-10 [Polidori e Banchi 1863-77]) prende avvio un'intensa opera di volgarizzamento di statuti e ordinamenti (di comuni, corporazioni, confraternite ecc.). Ma esponenti della cultura giuridica sono in primissima fila anche nell'opera di traduzione e divulgazione dei testi classici e medievali. Il nome che nel secolo XIII incarna nel massimo grado questa versatile e instancabile attività è quello del «maestro» di Dante, Brunetto Latini, notaio e uomo politico attivissimo, traduttore degli scritti retorici di Cicerone e autore di poemetti didattici in volgare e di una poderosa opera enciclopedica in francese (il *Tresor*). Più tardi il testimone è raccolto da Andrea Lancia, volgarizzatore degli statuti del comune di Firenze, ma anche autore di numerose traduzioni, fra cui una parafrasi in volgare dell'*Eneide*, nonché lettore precocissimo e commentatore della *Commedia*.

3. Studi ormai divenuti classici, a partire da quelli di Sapori [1937; 1983] e di Bec [1967; 1983], hanno sottolineato il nesso che lega la civiltà mercantile alla scrittura e, insieme, al volgare [e v. anche Stussi 2000; Bartoli Langeli 2000, 41-75]. Sono le stesse esigenze professionali che spingono il mercante a scrivere, e a scrivere in volgare, per inventariare le merci, registrare la contabilità, comunicare con i soci ecc., rendendolo al tempo stesso consapevole dell'importanza che tale attività assume ai fini della corretta gestione dei propri affari. E se l'attitudine dei mercanti alla scrittura e all'uso del volgare si manifesta in tutta la penisola, è indubbio che la civiltà mercantile toscana, con la sua eccezionale espansione, dà luogo a una produzione scrittoria che non ha uguale in nessun'altra parte d'Italia [cfr. Poggi Salani 1992, 406-411]. La parte più antica di questa produzione (quella anteriore al 1275) è stata raccolta da Arrigo Castellani nella silloge *La prosa italiana delle origini. I. Testi toscani di carattere pratico* [Castellani 1982]; e nel giustificare il limite cronologico, Castellani riconosce che arrivare fino al 1300 avrebbe comportato un tale allargamento del materiale da scoraggiare l'iniziativa stessa del lavoro. E, oltre alla quantità dei testi, sono anche le tipologie a presentare grande interesse, in quanto accanto alla mole imponente delle scritture mercantili più tradizionali e consuete, come lettere, contratti, libri di conti e registri (in tutta la gamma delle loro varietà ben riflesse dalla ricchezza dei nomi, dotati di preciso significato tecnico, con cui vengono designati: *libro del dare e dell'avere*, *libro segreto*, *libro grande* o *maestro*, *libro dell'asse*, *libro delle spese minute*, *quaderno memoriale* o *memoriale* ecc.), emergono scritture più complesse come le *Ricordanze* di Guido di Filippo dell'Antella, scritte dal 1299 al 1312 e proseguite da un suo figliolo fino al 1328 [cfr. Pandimiglio 1987, 15; ediz. in Castellani 1952, 804-813; e v. anche, per la parte iniziale corredata di commento, Poggi Salani 1994, 427-430], le quali prefigurano quel particolare genere testuale, ritenuto «toscano» per eccellenza data la straordinaria fortuna che avrà nei secoli XIV-XV, che va sotto il nome di *libro di famiglia* o, secondo la denominazione più tradizionale ancora preferita dagli storici, di *libro di ricordanze* [cfr. Cicchetti e Mordenti 1984; Pandimiglio 1987][4].

---

[4] Sulle lettere mercantili e i libri contabili si sofferma ampiamente Casapullo [1999, 68-84], che, pur in una prospettiva generale, fa riferimento a testi in massima parte toscani.

Una borghesia mercantile fiorente e largamente alfabetiz-
zata come quella toscana non solo è produttrice di una mole
straordinaria di documenti di tipo pratico, ma esprime il suo
dinamismo intellettuale attraverso la volontà di progredire
culturalmente e la capacità di apprezzare e sollecitare le prove
dell'arte e della letteratura. È stato autorevolmente affermato che in Toscana, e fin dal Duecento, si possono osservare
meglio che altrove «gli inizi della formazione di un pubblico
moderno» [Auerbach 1983, 267]. Dobbiamo altresì convenire
con Durante [1981, 107] che, in un simile contesto, «mercan-
zia e letteratura configurano due aspetti complementari della
stessa civiltà, e fungono come aspetti interdipendenti nel senso
che uno stato di benessere crea spazio e stimolo alle attività
letterarie e artistiche».

E di fatto, parallelamente alla sua crescita economica, nella
seconda metà del secolo XIII, la Toscana vede fiorire una civiltà letteraria di grande rilievo, che si alimenta nel proficuo
contatto con i due centri all'avanguardia nella cultura volgare
del primo Duecento: da una parte la Sicilia (alla cui scuola
poetica erano stati attivi anche alcuni toscani); dall'altra parte
Bologna, sede d'uno Studio largamente frequentato dai toscani,
nel quale si gettavano le basi d'una retorica in volgare. E mentre la poesia, sulla scia dei siciliani, dà vita a una produzione
propria, in cui fa spicco la personalità di Guittone, non senza
cimentarsi nelle forme più basse del genere comico-realistico,
la prosa sperimenta le sue possibilità attraverso i numerosissimi
volgarizzamenti dal latino e dal francese e quindi attraverso
una serie di opere originali che alla fine del secolo XIII già
interessano i diversi campi, dalla trattatistica filosofico-morale,
storica, enciclopedica alla novellistica (per una sintesi dell'intera produzione toscana duecentesca rimandiamo a Baldelli
[1987] e Petrocchi [1987]; e v. anche il quadro che si evince
da Casapullo [1999, 111-234]).

Questo rigoglio di esperienze coinvolge tutta la regione,
anche se nell'insieme della produzione duecentesca si può
rilevare una più precoce vitalità della Toscana occidentale.
Ciò è evidente soprattutto in campo poetico, dove varranno a
dimostrare l'intensa attività che fa capo a quell'area non solo
i nomi di Bonagiunta Orbicciani da Lucca e dei tanti rimatori
pisani annoverati fra i cosiddetti «siculo-toscani», ma anche
il predominio di testimoni occidentali nella tradizione della

lirica duecentesca, affidata – com'è noto – a tre grandi codici toscani allestiti fra la fine del Duecento e l'inizio del Trecento. I più antichi di questi sono infatti il Palatino (ora Banco Rari 217 della Biblioteca Nazionale di Firenze) e il Laurenziano Rediano 9, il primo attribuito all'area pistoiese, il secondo di pertinenza fondamentalmente pisana, i quali precedono il Vaticano latino 3793, la più imponente fra le tre sillogi, allestita a Firenze nell'ultimo scorcio del secolo XIII o agli inizi del XIV[5]. Quest'ultimo è stato trascritto per la maggior parte da una mano che si può definire «protomercantesca» [Petrucci 2001, 28][6] e caratterizzata da abitudini grafico-linguistiche che fanno pensare a un copista perfettamente alfabetizzato, ma non uso a scrivere in latino [Larson 2001, 91], il che sottolinea significativamente il suo legame con l'ambiente della borghesia cittadina. Si ritiene che proprio un codice «gemello» al Vaticano latino 3793 sia venuto tra le mani di Dante e lì egli abbia letto le poesie dei Siciliani e degli altri suoi predecessori [cfr. Antonelli 1992, 28].

[5] Di questi tre canzonieri, che gettano le basi della nostra tradizione lirica, possediamo, quale utilissimo strumento di indagine linguistica, le *Concordanze* (*CLPIO*) e le accurate analisi di Pollidori [2001] per il Palatino, Frosini [2001] per il Laurenziano, Larson [2001] per il Vaticano, le quali, oltre a precisare l'area di provenienza di ciascun testimone, portano a notevoli acquisizioni per quanto concerne la lingua degli autori: in particolare nel caso di Guittone non solo risulta avvalorato l'insediamento di tratti orientali (come la tendenza alla *e* protonica), ma si è potuta rilevare anche una certa quota di occidentalismi imputabili all'autore stesso, che si sovrappone al fondo aretino della sua lingua [cfr. Frosini 2001, 297 nota 178; Serianni 2002, 114].

[6] Ricordiamo che la corsiva mercantesca è una grafia strettamente legata alla tradizione delle scritture mercantili, elaboratasi a poco a poco e fissatasi nelle sue forme canoniche nella Toscana del Trecento, per poi diffondersi oltre la regione e divenire strumento dei ceti artigianali nel loro complesso [cfr. Cecchi 1972; Petrucci e Miglio 1988, 469-470; Stussi 2000, 272-273; Bartoli Langeli 2000, 42-43].

Capitolo secondo

La situazione linguistica.
Profilo del fiorentino del Duecento

1. Sarà utile a questo punto soffermarci sul quadro linguistico della Toscana all'epoca di Dante, che possiamo ricostruire grazie alla straordinaria ricchezza dei documenti pervenuti (e ribadiamo qui il ruolo importantissimo che spetta alle scritture mercantili, non solo per la loro quantità, ma anche per la loro natura di testi di tipo pratico affidati quasi sempre a testimoni unici e autografi: capaci di garantire quindi un buon grado di genuinità linguistica).

Si è soliti distinguere nella Toscana medievale quattro fondamentali varietà: il fiorentino, il tipo occidentale (pisano e lucchese), il senese e il tipo orientale (rappresentato in primo luogo dall'aretino e comprendente anche il cortonese e il borghese ossia il dialetto di Borgo Sansepolcro). Si tratta in sostanza delle stesse varietà che emergono alla contemporanea coscienza linguistica di Dante nel *De vulgari eloquentia* (I XIII 1-5), che pure tiene distinti il pisano e il lucchese (i quali hanno di fatto caratteristiche in parte autonome). A tale partizione, ormai tradizionalmente acquisita, fanno riferimento gli studi che da oltre un secolo hanno concorso a definire l'assetto linguistico della regione, dai primi tentativi di ricognizione di Parodi [1889] fino agli ultimi contributi di Castellani, di cui ricordiamo almeno l'*Introduzione* alla *Grammatica storica italiana* [Castellani 2000, 253-457], dove l'autore, mettendo a frutto la sua pluridecennale esperienza di studi sull'argomento, offre un quadro linguistico della Toscana medievale che, nella sua ampiezza e sistematicità, può definirsi esaustivo.

In epoca duecentesca, le varietà toscane, ancora in massima parte salde nella loro fisionomia autonoma, mostrano quindi numerosi elementi di differenziazione, che riguardano prima di tutto l'aspetto fonomorfologico, in misura assai minore il lessico, e quasi per niente la sintassi. Quest'ultima è stata minutamente descritta in Salvi e Renzi [2010], che – pur fondandosi su un *corpus* di testi fiorentini del secolo XIII e dei primi del XIV – descrive fenomeni che possono nel complesso riferirsi a tutta la Toscana.

Non è qui il caso di enumerare i caratteri fonomorfologici tipici delle singole varietà, che chiamerebbero in causa anche fenomeni solitamente ritenuti fra i più peculiari del tipo linguistico toscano rispetto agli altri sistemi italoromanzi, quali l'anafonesi e il dittongamento di Ě, Ŏ toniche in sillaba libera, che di fatto sono condivisi dalla maggioranza, ma non da tutto l'insieme delle aree toscane (cfr. le sintesi di Serianni [1995], Manni [2003, 41-55 e anche 1994b]). Crediamo invece opportuno offrire qui un riepilogo dei caratteri tipici del fiorentino duecentesco, con particolare riguardo alla seconda metà del secolo, che corrisponde all'epoca in cui Dante nacque e raggiunse in patria la sua maturità. Punto di riferimento obbligato, la classica *Introduzione* di Castellani ai *Nuovi testi fiorentini* [Castellani 1952, 21-166] integrata con altri singoli studi di volta in volta citati (e v. anche la descrizione sistematica del fiorentino antico compresa in Salvi e Renzi [2010, 1387-1546])[1].

2. All'epoca di Dante, il fiorentino si presenta come un sistema altamente dinamico che ha maturato e sta maturando al

---

[1] Resta esclusa da questo riepilogo, in quanto non trova una diretta testimonianza in epoca medievale, l'opposizione consonantica – che pure doveva essere presente nell'antico fiorentino – fra le velari /k/, /g/ e le loro corrispondenti mediopalatali. Su di essa si soffermano molti grammatici del Cinquecento, fra cui Lionardo Salviati che, negli *Avvertimenti*, dopo aver distinto casi come *rocchi* (da *rocco*) e *rocchi* (da *rocchio*), *vegghi* (da *veggo*) e *vegghi* (da *vegghio*), si chiede se tali suoni, insieme con altri non rappresentati dalla grafia, esistessero nel Trecento. Ma citando la tipologia rimica *occhi* : *tocchi*, presente nei poeti trecenteschi (e anche in Dante: cfr. ad es. *occhi* : *sciocchi* Inf. XX 23, 27), non vuol pensare che «huomini di tanto senno, e d'avvedimento così profondo» non sentissero «quella difformità di suono, che dall'orecchie non si può sofferire», e immagina quindi più probabile che «dopo quella età, sì fatti suoni nella favella fosser sopravvenuti» (la testimonianza del Salviati, con le citazioni relative, è in Lepschy [1965]). Si vedano inoltre le considerazioni di Giorgio Bartoli, in Maraschio [1992, 337, 339, 344, 346, 350-351]. Sull'argomento cfr. anche Ambrosini [1978, 122] e ultimamente Larson (in Salvi e Renzi [2010, 1543-1544]), che vede nella suddetta possibilità di rima «una sottodifferenziazione fonologica codificata nella poesia (*licenza metrica*), da mettere accanto alla rima del tipo *c(u)ore* : *amore* e *fede* : *p(i)ede* e alla possibilità di far rimare tra di loro parole contenenti /s/ e /z/» (*ibidem*, 1544).

suo interno diversi fatti evolutivi rispetto all'epoca più arcaica (testimoniata a partire dai *Frammenti di un libro di conti di banchieri del 1211* [Castellani 1958]), e altri ne prepara che avranno piena manifestazione più avanti nel secolo XIV.

Alle soglie del Trecento si possono considerare ormai definitivamente conclusi o in fase avanzata i seguenti fenomeni:

– I dittonghi discendenti *ai, ei, oi* si riducono alla prima componente (forme come *meità, preite* lasciano il posto a *metà, prete*).

– I tipi *serò, serei* passano a *sarò, sarei*.

– *Ogne* (OMNEM) passa a *ogni*.

– Sotto la spinta delle altre varietà toscane, scompare il dittongo in *iera, ierano*.

– Si ha la sincope nei futuri e condizionali della 2ª classe (*averò, averei* passano a *avrò, avrei* pur senza divenire esclusivi)[2].

– Nelle preposizioni articolate il tipo con *l* doppia, che in origine ricorreva solo davanti a parola iniziante per vocale tonica (tipo *dell'oro*, ma *dela casa, del'amico*), tende a generalizzarsi a tutti i casi [cfr. Castellani 2002, 932-933 che attribuisce il fenomeno alle generazioni nate dopo il 1280].

– Le desinenze di 1ª pers. plur. del pres. indic. *-emo, -imo* (*avemo, perdemo, sentimo*) lasciano il posto a *-iamo* in analogia col congiuntivo (*abbiamo, perdiamo, sentiamo*)[3].

– Le desinenze di 3ª pers. sing. del perf. indic. di tipo debole, nei verbi delle classi diverse dalla 1ª, *-eo, -io* (*perdeo, sentio*) sono sostituite da *-é, -ì* (*perdé, sentì*)[4].

---

[2] Diversamente il tipo non sincopato *viverò* è ancora costante. Il fiorentino si rivela inoltre avverso alla sincope fra occlusiva (o spirante labiodentale) e *r* in altri casi, fra cui *comperare, diritto, opera, sofferire, temperare, vespero*, che si mantengono dominanti per tutto il Trecento e oltre.

[3] Le desinenze *-emo, -imo* sono le uniche presenti nei testi fiorentini anteriori al terzultimo decennio del Duecento (per quanto riguarda i verbi della 1ª classe mancano esempi utili relativi all'epoca più antica).

[4] Le desinenze *-eo, -io* continuano gli esiti del latino volgare -EV(I)T, -IV(I)T. Secondo Serianni [1995, 144] si deve probabilmente partire dal tipo *sentio* *SENTIŪT: su di esso si è poi modellato *perdeo* (i perfetti in -EVIT da cui deriverebbe -EŪT sono infatti molto rari). La spiegazione più convincente del passaggio da *-eo, -io* a *-é, -ì* è indicata da Castellani [1952, 146]: «Nelle forme come *rendeone, partiosi* i gruppi vocalici *eo, io* si riducono a *e, i* (vedi *rendési* e *partìsi* in Lapo Riccomanni, che pure usa sempre *-eo, -io*). Quindi, per effetto di *comperonne, comperossi*, si ha *rendenne* e *partissi* [...], su cui si ricostruiscono *rendé* e *partì*».

– La desinenza etimologica di 2ª pers. sing. *-e* < -AS, che in origine caratterizzava il pres. indic. dei verbi della 1ª classe (*tu ame*) e il pres. cong. dei verbi della 2ª, 3ª e 4ª classe (*che tu abbie, che tu facce, che tu parte*), tende a scomparire assimilandosi alla *-i* che era propria delle altre voci del paradigma, ossia la 2ª pers. sing. del pres. indic. dei verbi delle classi diverse dalla 1ª uscenti originariamente in -ES, - ĬS, -ĪS, e la 2ª pers. sing. del pres. cong. dei verbi della 1ª classe uscente in -ES (si ha quindi: *tu ami*; e *che tu abbi, che tu facci, che tu parti*)[5].

– La desinenza di 1ª pers. sing. dell'imperf. cong. *-e* < -EM (*che io potesse*) è sostituita da *-i* (*che io potessi*) in analogia con la 2ª pers. sing. che aveva regolarmente *-i* < -ES.

Passiamo ora in rassegna i tratti più rilevanti che si possono considerare distintivi del fiorentino in tutta la sua fase più antica (secolo XIII e prima metà del XIV):

– Il dittongamento si presenta regolarmente anche dopo consonante + *r* (*priego, truovo* ecc.) [cfr. Castellani 1967a, 18-19]. Fra le singole forme che presentano il dittongo in opposizione all'italiano moderno citiamo *niega* (e altre voci rizotoniche di *negare*); alternano dittongo e vocale semplice i tipi verbali *lieva* e *puose* (e, modellato su quest'ultimo, *rispuose*)[6].

– Si ha la conservazione di *e* tonica in iato nelle voci del congiuntivo presente di *dare* e *stare* (*dea, stea* ecc.).

– Pur nell'ambito di una spiccata tendenza al passaggio di *e* protonica a *i*, si ha la persistenza di *e* nelle forme *Melano*,

---

[5] Per la 2ª pers. sing. del pres. cong. dei verbi della 2ª, 3ª e 4ª classe, fin dall'inizio del secolo XIV, si può talora trovare anche la desinenza moderna *-a* (*che tu abbia, che tu faccia* ecc.), dovuta a un conguaglio analogico con la 1ª e la 3ª pers. uscenti in *-a* < -AM, -AT. Tale desinenza, di cui si hanno attestazioni già in Dante, si imporrà comunque più tardi, fra Trecento e Quattrocento.

[6] La sostituzione di *niega* con *nega*, che si affermerà più tardi, sembra legata alla spinta delle varietà toscane occidentali, che avevano fin dalle origini la *e* chiusa di probabile ascendenza settentrionale [cfr. Castellani 1992, 74]. Le forme del tipo *pose* (*rispose*), non rare già nel corso del Trecento, sono dovute all'estensione della *o* chiusa (< ō) del presente e dell'infinito di *porre* [Castellani 1967b, 359] e risentono forse dell'influsso del senese e del toscano orientale in cui è normale *pose*. Per *leva* in luogo di *lieva*, entrambi documentati fin dagli inizi, si pensa alla spinta esercitata dalle forme arizotoniche come *levare* [cfr. Castellani Pollidori 1961].

melanese, pregione, serocchia, nepote, che si possono trovare ancora nel corso del secolo XIV (mentre è un po' più precoce l'evoluzione di *segnore* a *signore, megliore* a *migliore*).

– È normale *an* < *en* protonico in *danari, incontanente, sanatore, sanese*; inoltre in *sanza*.

– Il sistema consonantico comprende la variante tenue dell'affricata alveolare sorda [ts], che ricorre in parole dotte come *grazia* e *vizio* provenienti da basi latine con -TJ- (mentre si ha la doppia in parole provenienti da basi latine con -CTJ-, -PTJ- come *elezione, eccezione*) [cfr. Castellani 1963-64, 215-216; 1961-64, 357].

– Sussiste anche il grado tenue della sibilante palatale sorda [ʃ] che, reso di solito con la grafia ⟨sci⟩, rappresenta l'esito di -SJ- (*bascio* < BASJUM, *camiscia* < CAMISJAM ecc.), ben distinto dall'affricata palatale sorda [tʃ], che ancora non ha subito la spirantizzazione in posizione intervocalica. La coincidenza verificatasi fra i due elementi in seguito a quest'ultimo fenomeno (avvenuto a quanto pare nella seconda metà del Trecento) li porta a divenire entrambi varianti di posizione del fonema /tʃ/ e ad adeguarsi alla comune grafia ⟨c⟩[7].

– Il normale esito di -GL- è [ggj] per cui si hanno forme come *tegghia* < TEG(U)LAM, *vegghiare* < VIG(I)LARE, non ancora sostituite da *teglia, vegliare* per reazione al fenomeno rustico del passaggio di [ʎʎ] a [ggj] in *aglio, famiglia* ecc. [cfr. Castellani 1954; 1967a, 24-25][8].

– Nella maggior parte dei casi si ha [ɲɲ] da -NG- davanti a vocale palatale (*giugnere, tignere* ecc.) [cfr. Castellani 1963-64, 221].

– La sonorizzazione delle occlusive sorde intervocaliche interessa anche voci che oggi hanno la sorda come *aguto*

---

[7] Le prime attestazioni del processo di spirantizzazione di [tʃ] intervocalica segnalate da Castellani, a cui si deve la descrizione del fenomeno [Castellani 1952, 29-31, 161], si trovano nella *Raccolta di segreti* di Ruberto di Guido Bernardi, risalente al 1364, che scrive *asceto, crosce, dodisci* [cfr. anche Manni 1979, 120 nota 2].

[8] I primi esempi di *teglia, vegliare* risalgono al Cinquecento, mentre il passaggio di [ʎʎ] a [ggj] è documentato a partire dalla seconda metà del sec. XV (con esempi nella Nencia da Barberino secondo il codice Laurenziano Ashburnhamiano 419: *migghiaio, begghi, ammagghiar* ecc.). Il tipo *svegliare*, che contraddice la regola, è dovuto alla penetrazione del francese antico *esveillier* [cfr. Castellani 2000, 103; Cella 2003, 62-63].

'acuto' e anche 'chiodo', *coverta* 'coperta', *podere* sost. 'fondo rustico' oppure 'facoltà', 'dominio', e varie parole in *-adore*, *-idore* come *amadore, ambasciadore, imperadore, servidore* [cfr. Castellani 1963-64, 220-221; 1988, 148-149; Guazzelli 1996].

– Un fenomeno assimilativo assai diffuso è costituito dall'evoluzione del gruppo *ia, io* in *ie*, che si verifica sia in posizione atona (*Dietaiuti*) sia in posizione tonica soprattutto quando segue altra sillaba (*sieno, fieno, avieno* più frequente di *avie*: v. più avanti)[9].

– Negli avverbi composti da aggettivi in *-le* + *-mente*, si ha la sincope se l'aggettivo è piano (*naturalmente*), invece se l'aggettivo è sdrucciolo le forme sincopate ancora coesistono con quelle non sincopate (*similmente* e *similemente*) [cfr. Castellani 1960a].

– Il tipo debole dell'articolo determinativo masch. sing., che si affianca al tipo forte *lo* (obbligatorio a inizio assoluto di frase e dopo finale consonantica), può presentarsi nella forma enclitica *'l*, specie dopo alcuni monosillabi (*che, è, e, se*).

– Le forme *'l* e *il* possono rappresentare anche il pronome atono masch. di 3ª pers. sing. (*che 'l vide* 'che lo vide').

– Nelle sequenze delle particelle pronominali atone l'accusativo precede in genere il dativo (*lo mi dai* 'me lo dai'), mentre le generazioni nate nel Trecento già adottano l'ordine inverso e moderno[10].

– Fra i numerali *diece* resta in uso fino alla metà del secolo XIV, mentre è più tenace la resistenza di *dicessette, dicennove, milia*. Come *diece*, hanno *e* finale gli avverbi *domane* e *stamane* [cfr. Castellani 1967a, 27-28, 35].

– La 1ª pers. sing. dell'imperf. indic. esce regolarmente in *-a* < *-AM* [cfr. *ibidem*, 33-34].

– Per l'imperf. indic. dei verbi della 2ª e 3ª classe sono diffuse le desinenze *-ea, -eano* (*avea, aveano*), in qualche caso affiancate da *-ia, -iano* che tendono a passare a *-ie, -ieno* (*avia,*

---

[9] Propriamente il fenomeno consiste, come già intuiva Parodi, in un indebolimento delle vocali *o, a* che passano a *e* per assimilazione alla *i* precedente [cfr. Castellani 1957, 400; Manni 1979, 132 e nota 2].

[10] Si lega al primitivo ordine accusativo + dativo il nesso pronominale *gliele* invariabile, che continua, unificandoli, i tipi più arcaici *li li* e *le le*, derivanti a loro volta da *lo li, la li* ecc., *lo le, la le* ecc. Per una riconsiderazione del comportamento dei gruppi di clitici nel fiorentino antico cfr. Cella [2012].

aviano e *avie*, *avieno*) [cfr. Manni 1979, 156 nota 1][11].
– Per la 1ª e 2ª pers. plur. dell'imperf. indic. dei verbi della
2ª e 3ª classe sono d'uso normale le desinenze con assimilazione
-*avamo*, -*avate* (*avavamo*, *avavate*, *credavamo*, *credavate* ecc.).
– Per la 2ª pers. sing. del pres. cong. dei verbi della 2ª,
3ª, 4ª classe la desinenza -*i* (*che tu abbi*, *che tu facci* ecc.), già
modellatasi su quella della 1ª classe, resta nel complesso dominante, anche se a essa si affianca la moderna desinenza -*a*,
analogica alla 1ª e 3ª pers. (*che tu abbia*, *che tu faccia* ecc.), di
cui si hanno esempi già in Dante (cfr. p. 22 e nota 5).
– Alla 3ª pers. plur. del perf. indic. la molteplicità degli esiti
è particolarmente vistosa. Nei perfetti deboli (ossia quelli con
accento desinenziale) si hanno ancora le desinenze primitive
-*aro*, -*ero*, -*iro* < -ARŬNT, -ERŬNT, -IRŬNT (*amaro*, *perdero*, *sentiro*)
affiancate però da -*arono*, -*erono* e -*irono* (*amarono*, *perderono*,
sentirono), dove l'aggiunta di -*no* è analogica alla 3ª pers. plur.
del pres. indic.[12]. Per i perfetti forti (e le corrispondenti forme
dell'imperf. cong. e condiz.), accanto all'uscita etimologica
-*ero* < -ERŬNT (*dissero*), che prevale, si hanno diverse forme
in -*ono* (*dissono*), anch'esse analogiche alla 3ª pers. plur. del
pres. indic., e qualcuna in -*oro* (desinenza già attestata alla fine
del secolo XIII nella forma *ebboro*, dove è presumibilmente
l'influsso della labiale a determinare l'assimilazione della *e*
originaria alla *o* finale). Per l'insieme di queste desinenze e le

---

[11] Le forme di imperfetto in -*ia* presenti nel fiorentino sono tradizionalmente ascritte a influssi toscani meridionali e orientali [Schiaffini 1929].
Ricordiamo tuttavia che *avea* può passare ad *avia* per chiusura della vocale
tonica in iato; da *avia* si ha quindi *avie* per indebolimento della *a* finale
e parziale assimilazione alla vocale precedente (v. sopra nota 9). Come
osserva Castellani [2000, 325 nota 124], gli esempi in *ia* che si trovano
nel fiorentino del Duecento e del primo Trecento sono riconducibili a una
tipologia costante, ossia si tratta sempre di forme di 3ª pers. plur. oppure
di 3ª pers. sing. + enclitica. Dagli spogli dei testi fiorentini più tardi [cfr.
Manni 1979, 156 nota 1] risulta che anche nel corso del secolo XIV il
tipo *aviano* (*avieno*) è più frequente di *avia* (*avie*). La tendenza a chiudere
la *e* tonica in *i* solo nei casi in cui alla forma verbale segua altra sillaba è
documentata in modo ancor più deciso nei testi pisani e lucchesi, tanto da
essere additata come un elemento caratterizzante delle varietà occidentali
[cfr. Castellani 2000, 323-325]. Quanto alla spiegazione del fenomeno si
potrebbe supporre che la *e*, trovandosi in terzultima sillaba, affievolisca la
sua tonicità e sia pertanto maggiormente esposta a chiudersi in *i*.

[12] La stessa tipologia si presenta in *fuoro* (*furo*) < *FŎRUNT poi passato
a *fuorono*, *furono*.

loro vicende cfr. Schiaffini [1926, XIV-XXI], Castellani [1952, 146-156], Nencioni [1953-54].
   – Paradigma di *essere*. La 2ª pers. sing. del pres. indic. è *sè* (*SES), che, come ha dimostrato Castellani [1999], rappresenta la norma nel fiorentino (e toscano) medievale[13]. Al futuro, in alternativa a *sarà*, *saranno*, si possono avere le forme sintetiche *fia*, *fie* e *fiano*, *fieno* continuatrici del futuro di FIO (FIET, FIENT)[14].

---

[13] Coerentemente con la sua etimologia, la forma *sè* provoca il raddoppiamento sintattico. I primi esempi di *sei*, che pure appaiono nel corso del Trecento, si devono ai non toscani «che cercavano d'imitare il toscano, e ai quali sembrava che fosse quella la forma toscana più corretta, la forma intera a cui corrispondeva la forma abbreviata *se*, come alle forme intere *dei*, *nei* corrispondevano le forme abbreviate *de*, *ne*, ad *ai*, *dai* (preposizioni articolate e verbi) *a*, *da* ecc. (forme più tardi individuate mediante l'apostrofo)» [Castellani 1999, 12]. La prima attestazione toscana di *sei* pare essere quella contenuta nella *Grammatichetta* di Leon Battista Alberti.

[14] L'uscita in *-a*, *-ano* (in luogo di *-e*, *-eno*) si spiegherà con motivazioni di tipo analogico (decisivo può essere stato il parallelismo strutturale con *sia*, *siano*). Ma si può anche pensare a FIAT, FIANT futuri analogici sulla 1ª pers. sing. FIAM [cfr. Castellani 2000, 311].

Capitolo terzo

Dante e il volgare: premessa

Dante nasce e si forma nella Firenze della seconda metà del Duecento, quando la città è nel pieno della sua espansione economica e sociale e il volgare, favorito da una crescente alfabetizzazione, va imponendosi a tutti i livelli, sia negli usi pratici sia in quelli letterari.

Anche nel contesto della produzione dantesca il volgare assume un ruolo assolutamente preponderante. Pur prescindendo dall'attribuzione a Dante del *Fiore* e del *Detto d'Amore*, assai controversa, la gamma dei generi letterari praticati è vastissima e spazia dalla poesia, nella varietà delle sue forme stilistiche e metriche (canzoni, sonetti, ballate, sestine), alla prosa, sperimentata in simbiosi con la poesia nel primo prosimetro italiano (tale è la *Vita nuova*) e nei modi più potentemente autonomi del trattato filosofico-scientifico (il *Convivio*), fino ad arrivare all'esperienza sublime della *Commedia*. Alle opere in volgare è affidata dunque tutta la vicenda artistica e autobiografico-spirituale di Dante; mentre il latino è riservato a opere scientificamente oggettive o di alta ufficialità (*De vulgari eloquentia*, *Monarchia*, *Epistole*, *Questio de aqua et terra*). A sé sta il caso delle *Egloghe*, dove la scelta del latino è provocata dal proponente, Giovanni del Virgilio.

La fiducia di Dante nel volgare e la consapevolezza del proprio mezzo linguistico procedono di pari passo con l'allargamento e la maturazione delle esperienze letterarie, inquadrandosi in quell'atteggiamento costante della personalità dantesca che Contini [1939, 4] ha definito il «perpetuo sopraggiungere della riflessione tecnica accanto alla poesia», l'«associazione di concreto poetare e d'intelligenza stilistica». Si può dire che tutte le opere, seppure in misura e modi diversi, testimonino quest'attitudine speculativa e autoesegetica, che peraltro trova modo di manifestarsi con la massima pienezza nel *De vulgari eloquentia*, trattato interamente dedicato all'eloquenza volgare, che spicca nell'insieme complessivamente minoritario delle opere scritte in latino.

Lo stretto legame fra creazione letteraria e coscienza critica, che segue tutto il percorso artistico di Dante nella sua straordinaria latitudine e nel suo intenso dinamismo, renderebbe arbitraria e fuorviante una separazione rigida fra interventi di natura speculativa e uso linguistico, fermo restando che il *De vulgari eloquentia*, per la novità e il ruolo che occupa nell'ambito del pensiero medievale e della storia linguistica italiana, costituisce in sé un capitolo di assoluto rilievo. Rispetteremo quindi questa coesione fra teoria e prassi, assumendo come punti di riferimento i due grandi momenti dell'itinerario dantesco: da un lato la produzione lirica e prosastica anteriore alla *Commedia*, cui corrispondono gli interventi teorici più ampi e diretti su lingua e stile (compreso il *De vulgari eloquentia*); dall'altro lato l'esperienza sotto tutti i punti di vista dirompente della *Commedia*. Si giustifica così il succedersi dei capitoli che affronteranno i seguenti temi: la legittimazione del volgare nella *Vita nuova* e nel *Convivio* (cap. IV); il *De vulgari eloquentia* (cap. V); la lingua delle opere anteriori al poema, sia in poesia sia in prosa, con l'inclusione tradizionale – seppure oggi ritenuta sempre più discutibile – del *Fiore* e del *Detto d'Amore* (capp. VI-VIII); la lingua della *Commedia* nei suoi presupposti teorici e nelle sue molteplici componenti (capp. IX-XIV). Un ultimo capitolo (il XV) è dedicato alla diffusione trecentesca della *Commedia*, che è anche, naturalmente, diffusione della sua lingua.

Lo studio del volgare di Dante richiede un'imprescindibile premessa. Di Dante non ci è pervenuto nessun autografo. L'indagine sulla sua lingua non può dunque essere esaustiva, ma lascia aperti inevitabili incognite e incertezze, indissolubilmente legate ai tanti problemi inerenti alla tradizione dei testi e all'allestimento delle edizioni. Ciò riguarda in massimo grado l'assetto fonomorfologico, la cui definizione è quanto mai sfuggente, investendo in pieno la delicatissima questione della veste linguistica da attribuire in sede editoriale a opere volgari tramandate da più testimoni, nessuno dei quali autografo. Pur riservando ai capitoli dedicati alle singole opere e alla loro lingua il compito di dar conto di questi aspetti e motivare le nostre scelte (spesso dovute proprio a considerazioni che entrano nel merito della resa linguistica dei testi), crediamo utile precisare fin da ora le edizioni utilizzate, che sono:

- per la *Vita nuova*, Barbi [1932];
- per il *Convivio*, Brambilla Ageno [1995];
- per il *De vulgari eloquentia*, Mengaldo [1979];
- per le *Rime*, De Robertis [2002];
- per il *Fiore* e il *Detto d'Amore*, Contini [1984];
- per la *Commedia*, Petrocchi [1994].

Prima di iniziare il percorso, ci sembra opportuno ricordare, quale indispensabile supporto critico, l'*Enciclopedia dantesca* (*ED*) con i suoi fondamentali interventi sulla lingua contenuti nell'*Appendice*, a partire dal memorabile saggio di Baldelli [1978] fino ai contributi dedicati alle strutture del volgare di Dante dovuti a diversi altri studiosi. Fra i mezzi informatici, oltre a quelli più specifici (che saranno citati nei singoli capitoli), si segnalano fin da ora due strumenti che consentono l'accesso all'intera produzione di Dante (volgare e latina) e offrono quindi un aiuto prezioso per l'analisi complessiva della sua lingua: le *Opere di Dante lemmatizzate*, dovute al gruppo di ricerca dell'Università di Pisa coordinato da Mirko Tavoni, consultabili in rete all'indirizzo http://www.perunaenciclopediadantescadigitale.eu:8080/dantesearch/ (su cui cfr. Tavoni [2011b]); e le *Concordanze delle Opere volgari e delle Opere latine di Dante Alighieri* che, insieme col *Rimario delle Opere poetiche*, sono contenute in un *Cd-rom* allegato alla recente riedizione delle *Opere* di Dante della Società Dantesca Italiana, riveduta da Domenico De Robertis e Giancarlo Breschi [*Opere* 2012][1].

---

[1] Quest'ultime *Concordanze*, curate da Giancarlo Breschi in collaborazione con Pietro Beltrami, Domenico Iorio Fili e Andrea Boccellari, mettono a diposizione, attraverso il programma G.A.T.T.O., il formario dei due distinti *corpora*, delle opere latine e delle opere volgari.

Capitolo quarto

La legittimazione del volgare nella «Vita nuova» e nel «Convivio»

1. L'inizio della carriera artistica di Dante e il suo primo contatto col volgare, attraverso la lirica, s'inquadrano nella consolidata tradizione che lega in un nesso inscindibile la poesia volgare al tema amoroso. Il principio è espresso nella *Vita nuova* [ediz. Barbi 1932] in un contesto volto ad affermare la pari dignità fra poesia latina e poesia volgare, della cui tradizione si delineano sommariamente le coordinate spaziali e cronologiche:

E non è molto numero d'anni passati, che apparíro prima questi poete volgari; ché dire per rima in volgare tanto è quanto dire per versi in latino, secondo alcuna proporzione. E segno che sia picciolo tempo, è che se volemo cercare in lingua d'*oco* e in quella di *sì*, noi non troviamo cose dette anzi lo presente tempo per cento e cinquanta anni [...]. E lo primo che cominciò a dire sì come poeta volgare, si mosse però che volle fare intendere le sue parole a donna, a la quale era malagevole d'intendere li versi latini. E questo è contra coloro che rimano sopra altra matera che amorosa, con ciò sia cosa che cotale modo di parlare fosse dal principio trovato per dire d'amore (XXV 4-6)[1].

Il ragionamento si sviluppa poi in un confronto fra la poesia e la prosa, cui si riconosce una dignità e una funzione autonoma: se alla poesia – sia latina sia volgare, com'è decisamente ribadito – è attribuita una maggiore libertà espressiva, alla prosa spetta il compito di *aprire* la *ragione* che è sottesa alla poesia, adorna di figure e colori retorici (dichiarazione che giustifica fra l'altro l'impianto stesso della *Vita nuova*, dove composizioni in versi si alternano con parti esplicative in prosa):

---

[1] Il periodo finale va letto in chiave di allusione polemica a Guittone, che si era allontanato dal tema amoroso per sperimentare la poesia etica in volgare.

Onde, con ciò sia cosa che a li poete sia conceduta maggiore licenza di parlare che a li prosaici dittatori, e questi dicitori per rima non siano altro che poete volgari, degno e ragionevole è che a loro sia maggiore licenzia largita di parlare che a li altri parlatori volgari: onde, se alcuna figura o colore rettorico è conceduto a li poete, conceduto è a li rimatori. Dunque, se noi vedemo che li poete hanno parlato a le cose inanimate, sì come se avessero senso e ragione, e fattele parlare insieme; e non solamente cose vere, ma cose non vere, cioè che detto hanno, di cose le quali non sono, che parlano, e detto che molti accidenti parlano, sì come se fossero sustanzie e uomini; degno è lo dicitore per rima di fare lo somigliante, ma non sanza ragione alcuna, ma con ragione la quale poi sia possibile d'aprire per prosa (XXV 7-8)[2].

Da notare, in questo secondo brano, la persistente opposizione fra *poete* che, secondo il significato tradizionale, vale 'poeti latini' e *dicitori per rima*, o anche *rimatori*, con cui si indicano i poeti volgari. Ma già nel primo brano figura la designazione *poeta volgare* (o *poete volgari*), che è un segnale eloquente della piena promozione della poesia volgare accanto a quella latina e al tempo stesso inaugura il senso assoluto che assumerà la parola *poeta* nelle lingue moderne europee [cfr. Tavoni 1996, 545-552][3].

2. Ben più ampia e incisiva la difesa e l'esaltazione del volgare nel *Convivio* [ediz. Brambilla Ageno 1995], opera incompiuta, nata dal proposito di offrire un commento alle canzoni dottrinarie, tradizionalmente ascritta agli anni fra il 1304 e il 1307[4].

---

[2] Un analogo concetto della poesia, che adombra in sé l'idea della parallela funzione spettante alla prosa, è espresso poco più avanti: «[...] grande vergogna sarebbe a colui che rimasse cose sotto vesta di figura o di colore rettorico, e poscia, domandato, non sapesse denudare le sue parole da cotale vesta, in guisa che avessero verace intendimento» (XXV 10).

[3] Nella *Vita nuova*, un'ulteriore professione di fedeltà al volgare si ha nel cap. XXX, dove Dante afferma di rinunciare a trascrivere un testo latino indirizzato ai *principi de la terra*, per tener fede al proposito di non scrivere *altro che per volgare*, secondo l'intento professato da lui stesso e incoraggiato dal *primo amico* dedicatario dell'opera, cioè Guido Cavalcanti.

[4] Tenendo conto di differenze strutturali, linguistiche e stilistiche, la Corti [1983, 142-145] postula uno iato fra i primi tre trattati, risalenti al 1303-04, e il quarto e ultimo che possediamo, attribuito al 1306-08, e colloca nell'intervallo fra il 1304 e il 1305 la composizione del *De vulgari eloquentia*. Cfr. inoltre Longoni [1991] che propone di anticipare i trattati II-III sul I, di cui addita come fonte i testi di Gentile da Cingoli collegan-

Preme a Dante giustificare, in un'opera di alto contenuto filosofico e scientifico, l'uso d'una lingua che ancora non era stata sperimentata in tal campo. Quasi tutto il primo trattato (V-XIII) è quindi dedicato a difendere il commento, presentato metaforicamente come il *pane* che accompagna la *vivanda* delle canzoni, dalla *macula sustanziale* di non essere scritto nella lingua dei dotti, di essere fatto cioè *di biado e non di frumento*. La legittimazione del volgare è fondata su tre ragioni puntualmente sviluppate.

Il primo motivo (*cautela di disconvenevole ordinazione*) risiede in uno scrupolo di coerenza interna all'opera: nella necessità di adottare nel commento delle canzoni quella stessa lingua volgare in cui le canzoni erano composte. Le argomentazioni che Dante adduce implicano qui il riconoscimento del maggior pregio del latino, legato soprattutto al suo carattere di «artificialità»: non sarebbe stato lecito usare nel commento una lingua che, rispetto a quella delle liriche, fosse *sovrana [...] per nobiltà (lo latino è perpetuo e non corruttibile, e lo volgare è non stabile e corruttibile* I V 7), *per vertù (lo latino molte cose manifesta concepute nella mente, che lo volgare fare non può* I V 12), *per bellezza (più debitamente li vocabuli si rispondono in latino che in volgare, però che lo volgare seguita uso, e lo latino arte* I V 14). D'altro lato si profilano fin da ora considerazioni legate alla definizione socioculturale del pubblico cui il commento è destinato: il latino avrebbe esposto le canzoni solo ai *litterati*, mentre il volgare *dalli litterati e non litterati è inteso* (I VII 12)[5]; e le avrebbe poi esposte a *gente d'altra lingua, sì come a Tedeschi e Inghilesi e altri* senza però poterne mediare la bellezza perché *nulla cosa per legame musaico [musicale] armonizzata si può della sua loquela in altra transmutare sanza rompere tutta sua dolcezza ed armonia* (I VII 14), notevole affermazione, questa, della intraducibilità della poesia che ha riscontro in san Girolamo (nella lettera dedicatoria alla versione e rielaborazione del *Chronicon* di Eusebio).

dosi alla discussa questione dell'influsso esercitato su Dante dai grammatici «speculativi»: cfr. cap. V, pp. 48-49.

[5] Qui, come nel brano citato fra poco, i *litterati* sono evidentemente le persone che conoscono il latino, contrapposti ai *volgari*, da intendersi ancora nell'accezione socioculturale: 'ignoranti del latino' (al pari di *vulgarium gentium* in *De vulgari eloquentia* I I 1, cfr. Mengaldo [1979, 28-29]).

Il desiderio di essere più largamente giovevole e raggiungere con la propria opera un pubblico più vasto, quindi un'istanza di divulgazione più ampia ed efficace, costituisce l'essenza di quella *prontezza di liberalitade* addotta come secondo motivo che predispone al volgare:

lo latino averebbe a pochi dato lo suo beneficio, ma lo volgare servirà veramente a molti. Ché la bontà dell'animo, la quale questo servigio attende, è in coloro che per malvagia disusanza del mondo hanno lasciata la litteratura a coloro che l'hanno fatta di donna meretrice; e questi nobili sono principi, baroni, cavalieri e molt'altra nobile gente, non solamente maschi ma femmine, che sono molti e molte in questa lingua, volgari e non litterati (I ix 4-5).

Venendo a spiegare l'ultimo motivo, *lo naturale amore a propia loquela*, il discorso di Dante, pur sorreggendosi sempre sulla saldezza delle argomentazioni scolastiche, assume toni appassionati e accoglie affermazioni di non celato orgoglio per la propria opera, che mette in luce le potenziali doti del volgare:

quello [che] elli di bontade avea in podere e occulto, io lo fo avere in atto e palese nella sua propia operazione, che è manifestare concepula sentenza (I x 9),

e che, proprio perché scritta in prosa, è atta a mostrare *la gran bontade del volgare di sì* meglio della poesia, condizionata da *accidentali adornezze*. Ma leggiamo per intero questa nuova significativa affermazione della dignità della prosa, che è qui addirittura anteposta per il suo carattere più naturale e spontaneo all'artificiosità della poesia [cfr. Grayson 1963; Tateo in *ED, prosa*]:

Ché per questo comento la gran bontade del volgare di sì [si vedrà]; però che si vedrà la sua vertù, sì com'è per esso altissimi e novissimi concetti convenevolmente, sufficientemente e aconciamente, quasi come per esso latino, manifestare; [la quale non si potea bene manifestare] nelle cose rimate per le accidentali adornezze che quivi sono connesse, cioè la rima e lo *tempo* e lo numero regolato: sì come non si può bene manifestare la bellezza d'una donna, quando li adornamenti dell'azzimare e delle vestimenta la fanno più ammirare che essa medesima. Onde chi vuole bene giudicare d'una donna, guardi quella quando solo sua naturale bellezza si sta con lei, da tutto accidentale adornamento discompagnata: sì come sarà questo comento, nel quale si vedrà l'agevolezza delle sue sillabe, le propietadi delle sue costruzioni e le soavi orazioni che di lui si fanno; le quali chi bene aguarderà, vedrà essere piene di dolcissima e d'amabilissima bellezza (I x 12-13).

Tutto il cap. xi è costituito da una vibrante invettiva contro i *malvagi uomini d'Italia, che commendano lo volgare altrui e lo loro proprio dispregiano*, dove è evidente la volontà di promuovere un atteggiamento culturale nuovo in alternativa all'egemonia delle lingue d'Oltralpe (si ricordi che il maggiore esperimento di prosa didattica anteriore al *Convivio* è il *Tresor* di Brunetto Latini, il quale aveva espressamente definito il francese «plus délitable et plus commune a tous langages» [Carmody 1948, 18])[6]. Dante spiega poi, negli ultimi due capitoli, come l'amore per la propria loquela risulti in lui *perfettissimo*, in quanto hanno agito in esso, come vuole la dottrina dell'*Etica* aristotelica, sia le cause *generative* di ogni amore, cioè la vicinanza e la bontà, sia quelle *acrescitive*, che sono il riceverne beneficio, la *concordia di studio* e la consuetudine (I xii 2-3). Soffermandosi sui benefici, afferma che il volgare permise ai suoi genitori di unirsi dandogli il supremo dono della vita; e permise a lui stesso di addentrarsi nel latino e quindi nella via della scienza. La *concordia di studio* è provata dal fatto che, poetando Dante in volgare, ha concorso alla sua stabilità e quindi alla sua conservazione. Quanto alla consuetudine, è chiaro che fin dall'inizio della vita egli ha avuto col volgare *benivolenza e conversazione* e ne ha fatto uso continuo *diliberando, interpetrando e questionando* (I xiii 8). Infine, a chiusura del primo trattato, le famose parole che coniugano in una profezia solenne la profonda fiducia nel nuovo mezzo linguistico con le istanze di divulgazione e impegno etico:

Questo sarà luce nuova, sole nuovo, lo quale surgerà là dove l'usato tramonterà, e darà lume a coloro che sono in tenebre ed in oscuritade, per lo usato sole che a loro non luce (I xiii 12)[7].

---

[6] Tale giudizio sulla «piacevolezza» del francese è ampiamente condiviso dalla cultura due-trecentesca e riecheggia anche nel *De vulgari eloquentia*, I x 2 [cfr. Mengaldo 1979, 82-83].

[7] Per l'interpretazione di questo brano e le problematiche connesse è utile tener presenti le note di commento di Vasoli [in Vasoli e De Robertis 1988, 88-90].

L'ampio ragionamento sulla lingua sviluppato da Dante nel *Convivio*, scaturito dall'esigenza concreta di difendere la propria scelta a favore del volgare rivendicandone la dignità, arriva a toccare alcuni temi di vasta portata teorica, che saranno successivamente ripresi. Vale la pena di segnalare, oltre a quanto già messo in evidenza, la lucida affermazione dell'incessante mutevolezza del volgare, collegata al suo carattere di strumento plasmato dalla libera volontà dell'uomo, affermazione che sviluppa uno dei citati motivi di superiorità del latino sul volgare, *lo latino è perpetuo e non corruttibile, e lo volgare è non stabile e corruttibile*:

Onde vedemo nelle scritture antiche delle comedie e tragedie latine, che non si possono transmutare, quello medesimo che oggi avemo; che non aviene del volgare, lo quale a piacimento artificiato si transmuta. Onde vedemo nelle cittadi d'Italia, se bene volemo aguardare, da cinquanta anni in qua molti vocaboli essere spenti e nati e variati; onde se 'l picciol tempo così transmuta, molto più transmuta lo maggiore. Sì ch'io dico che se coloro che partiro d'esta vita già sono mille anni tornassero alle loro cittadi, crederebbero la loro cittade essere occupata da gente strana, per la lingua da[lla] loro discordante (I v 8-10).

Ed è proprio a conclusione di questo brano che s'inserisce l'annuncio della imminente composizione del *De vulgari eloquentia*:

Di questo si parlerà altrove più compiutamente in uno libello ch'io intendo di fare, Dio concedente, di Volgare Eloquenza.

Capitolo quinto

Il «De vulgari eloquentia»

1. I motivi di riflessione sulla lingua e la letteratura volgare, già vigorosamente emersi nel *Convivio*, trovano un approfondimento autonomo nel *De vulgari eloquentia*, opera destinata a offrire una trattazione completa e sistematica del tema dell'eloquenza – ossia dell'arte di dire – in volgare (edizione di riferimento per il testo e la traduzione: Mengaldo [1979]; ma si terrà conto anche delle recenti edizioni di Tavoni [2011a] e Fenzi [2012], che ne modificano la lezione in alcuni punti)[1].

Rivolto ai più alti livelli di utenza (e per questo scritto in latino)[2], il trattato si configura, secondo il piano esposto a conclusione del primo libro, come un'enciclopedia stilistica e linguistica, che doveva abbracciare non solo la scala completa dei livelli di stile, ma tutte le varietà d'uso del volgare, scendendo gradatamente fino a quello che è proprio di una sola famiglia:

E poiché il nostro scopo [...] è di insegnare la teoria dell'eloquenza volgare, cominceremo appunto da esso [*scil.* il volgare illustre], come dal più eccellente di tutti [...]. Chiariti questi fatti, avremo cura di illustrare i volgari inferiori, scendendo gradatamente fino a quel volgare che è proprio di una sola famiglia (I XIX 2-3)[3].

---

[1] Per l'inquadramento generale dell'opera, rimandiamo alle introduzioni che corredano le edizioni citate [Mengaldo 1979; Tavoni 2011a; Fenzi 2012], cui si aggiungeranno almeno Baldelli [1965b; 1976], Mengaldo [1968; in *ED, De Vulgari Eloquentia, lingua*], Pagani [1982], Folena [1991], Mazzocco [1993, 108-158], nonché i lavori di Maria Corti segnalati più avanti (p. 48). Per un'analisi sintetica cfr. inoltre Marazzini [1993, 233-237], Tesi [2001, 80-84], Bruni [2002, 13-35]. Altre edizioni del trattato si devono a Marazzini e Del Popolo [1990], Coletti [1991], Inglese [1998], Coglievina [2005].

[2] Per un approfondimento dei motivi che hanno portato Dante ad adottare il latino cfr. Mengaldo [1968, 64], che osserva, fra l'altro, come l'opera abbia per oggetto un sapere altamente specializzato che verte su materia romanza in genere e non solo italiana.

[3] «Et quia intentio nostra [...] est doctrinam de vulgari eloquentia tradere,

L'ambizioso progetto non fu portato a termine: il *De vulgari*, composto in concomitanza col *Convivio*, fra il 1304 e il 1305 o l'inizio del 1306, presumibilmente in una pausa fra il III e il IV trattato (cfr. Corti 1983, 142-145; 1992, 187; Fenzi 2012, L), è rimasto, come il *Convivio*, incompiuto. Quanto possediamo (l'intero primo libro e circa i due terzi del secondo), se certo ci può dare un'idea parziale dell'intera costruzione teorica (destinata a dispiegarsi probabilmente in quattro libri), è comunque sufficiente a proiettare i principi istituzionali della poesia ai suoi più alti livelli in una riflessione organica sulla lingua che, partendo da ampi presupposti filosofici, mette a fuoco la realtà dell'epoca e offre una salda valutazione storico-critica delle letterature romanze inquadrandovi la personale esperienza artistica dell'autore.

Nel prossimo paragrafo metteremo in luce i principali nuclei tematici in cui si articola la trattazione. Quindi, nei due paragrafi successivi, valuteremo il ruolo che l'opera assume in rapporto all'itinerario dantesco e nel contesto più generale del pensiero linguistico.

2. Libro I. Nell'ampia prospettiva filosofico-teologica che, subito dopo il capitolo proemiale, dà avvio al trattato (e sulla cui interpretazione molto si è discusso)[4], il linguaggio, cioè l'espressione linguistica nella sua accezione più generale e astratta (*locutio, loqui*), appare come prerogativa esclusiva dell'uomo, che ha avuto il dono divino di poter trasmettere i suoi pensieri attraverso un *signum* che è a un tempo sensibile e razionale: si trasmette attraverso i sensi (organi vocali e udito), ma giunge fino al suo obiettivo più profondo, la ragione. Fra tutte le lingue solo l'ebraico continua il primordiale e universale linguaggio adamitico (concezione che sarà poi superata nel canto XXVI del Paradiso: cfr. cap. IX, pp. 91-92). Diversamente, le altre lingue naturali sono frutto del peccato e della confusione babelica. La varietà e la mutevolezza delle lingue nel tempo e nello spazio, eredità d'una colpa, sono dunque

---

ab ipso tanquam ab excellentissimo incipientes [...]. Quibus illuminatis, inferiora vulgaria illuminare curabimus, gradatim descendentes ad illud quod unius solius familie proprium est».

[4] Ricordiamo ad esempio il dibattito svoltosi fra Tavoni [1987; 1989] e Mengaldo [1989], e quello innescato dai lavori di Maria Corti citati più avanti a proposito delle fonti (v. pp. 48-49 e nota 13).

un fatto negativo, cui si è cercato di porre rimedio attraverso la grammatica, ossia attraverso le lingue grammaticali come il latino. Questa concezione del latino lingua artificiale, frutto di studio, era affermata fin dal proemio, laddove si definiva la *locutio vulgaris* quale *subiectum* su cui si sarebbe costruita la dottrina dell'eloquenza volgare:

chiamiamo lingua volgare quella lingua che i bambini imparano ad usare da chi li circonda quando incominciano ad articolare i suoni; o, come si può dire più in breve, definiamo lingua volgare quella che riceviamo imitando la nutrice, senza bisogno di alcuna regola. Abbiamo poi un'altra lingua di secondo grado, che i Romani chiamarono «grammatica». Questa lingua seconda la possiedono pure i Greci e altri popoli, non tutti però: in realtà anzi sono pochi quelli che pervengono al suo pieno possesso, poiché non si riesce a farne nostre le regole e la sapienza se non in tempi lunghi e con uno studio assiduo.

Di queste due lingue la più nobile è la volgare: intanto perché è stata adoperata per prima dal genere umano; poi perché il mondo intero ne fruisce, benché sia differenziata in vocaboli e pronunce diverse; infine per il fatto che ci è naturale, mentre l'altra è, piuttosto, artificiale (I 1 2-4)[5].

E quindi, più avanti, precisando meglio la genesi della lingua grammaticale e il suo carattere di inalterabilità, si ribadisce:

Di qui sono partiti gli inventori della grammatica: la quale grammatica non è altro che un tipo di linguaggio inalterabile e identico a sé stesso nella diversità dei tempi e dei luoghi. Questa lingua, avendo ricevuto le proprie regole dal consenso unanime di molte genti, non appare esposta ad alcun arbitrio individuale, e di conseguenza non può essere neppure mutevole. Pertanto coloro che la inventarono lo fecero per evitare che il mutare del linguaggio, fluttuante in balìa dell'arbitrio individuale, ci impedisse del tutto, o quanto meno ci consentisse solo

---

[5] «[...] vulgarem locutionem appellamus eam qua infantes assuefiunt ab assistentibus cum primitus distinguere voces incipiunt; vel, quod brevius dici potest, vulgarem locutionem asserimus quam sine omni regula nutricem imitantes accipimus. Est et inde alia locutio secundaria nobis, quam Romani gramaticam vocaverunt. Hanc quidem secundariam Greci habent et alii, sed non omnes: ad habitum vero huius pauci perveniunt, quia non nisi per spatium temporis et studii assiduitatem regulamur et doctrinamur in illa. Harum quoque duarum nobilior est vulgaris: tum quia prima fuit humano generi usitata; tum quia totus orbis ipsa perfruitur, licet in diversas prolationes et vocabula sit divisa; tum quia naturalis est nobis, cum illa potius artificialis existat».

imperfettamente, di venire in contatto con il pensiero e le azioni memorabili degli antichi, così come di coloro che la diversità dei luoghi rende diversi da noi (I IX 11)[6].

La contrapposizione fra il volgare lingua naturale e il latino lingua regolata era presente anche nel *Convivio* (*lo volgare seguita uso e lo latino arte*: cfr. cap. IV, p. 33); ora però si perviene a una scala di merito opposta e si afferma a chiare lettere (nel primo brano cit.) che il volgare è delle due lingue la più nobile in virtù della sua priorità nel tempo, della sua diffusione e della sua naturalità. Osserva Mengaldo [in *ED*, *gramatica*, 263] che Dante ha trasformato «il binomio *arte-uso* in quello 'convenzione'-'natura', caricando il secondo termine del segno positivo». Si tratta quindi d'un cambiamento non tanto di giudizio, ma di «punti di vista», come già aveva intuito Parodi [1915, 267]: se nel *Convivio* si intende celebrare la superiorità del latino modello d'arte, nel *De vulgari*, col supporto di dottrine scolastiche che avvantaggiavano la natura sull'arte, si afferma la superiorità del volgare in quanto strumento primario della comunicazione fra gli uomini.

In Europa la frammentazione linguistica, direttamente conseguente alla confusione babelica, si manifesta in un idioma tripartito (*ydioma trifarium*) cioè una lingua differenziata in tre rami (a loro volta suddivisi in molteplici varietà): il germanico-slavo, il greco e infine un terzo ramo che attualmente appare triforme comprendendo le tre lingue distinte dalle particelle affermative *oc*, *oïl* e *sì*, quindi rispettivamente il provenzale, il francese e l'italiano. La parentela fra le lingue romanze, lucidamente còlta e affermata sulla base della stretta concordanza lessicale, non implica però – beninteso – il riconoscimento della comune matrice latina. Come abbiamo visto, il latino non è lingua naturale ma artificiale. Quindi è piuttosto accaduto che il latino abbia tratto le proprie forme dalle lingue natu-

---

[6] «Hinc moti sunt inventores gramatice facultatis: que quidem gramatica nichil aliud est quam quedam inalterabilis locutionis ydemptitas diversibus temporibus atque locis. Hec cum de comuni consensu multarum gentium fuerit regulata, nulli singulari arbitrio videtur obnoxia, et per consequens nec variabilis esse potest. Adinvenerunt ergo illam ne, propter variationem sermonis arbitrio singularium fluitantis, vel nullo modo vel saltim imperfecte antiquorum actingeremus autoritates et gesta, sive illorum quos a nobis locorum diversitas facit esse diversos».

rali viventi: così ad esempio i *gramatice positores* hanno preso
sic come particella avverbiale affermativa da *sì*, episodio che
induce ad attribuire al volgare italiano una certa preminenza
sugli altri[7]. Una rapida comparazione fra le tre lingue riconosce comunque al francese e al provenzale di aver raggiunto
l'eccellenza rispettivamente nella prosa e nella poesia lirica;
quanto alla lingua degli italiani si citano come titolo di merito
poeti come Cino da Pistoia e l'amico suo (ovvero Dante), che
hanno poetato in volgare più dolcemente e profondamente
(*dulcius subtiliusque*) e mostrano di appoggiarsi maggiormente
alla comune lingua grammaticale.

Procedendo dal generale al particolare e definendo quindi
spazi sempre più circoscritti, l'attenzione si concentra sull'Italia
il cui volgare – definito *vulgare latium* – si suddivide in quattordici varietà, a loro volta differenziate in una serie infinita di
sottovarietà che possono arrivare a distinguere perfino le zone
interne di una stessa città (già nel cap. IX 4 si era osservato
come ad esempio a Bologna la lingua parlata a Borgo San
Felice fosse diversa da quella di Strada Maggiore). Prendendo
dunque come discriminante la catena appenninica, da un punto
di osservazione idealmente situato sulle Alpi, si individuano
a destra l'Apulia, Roma, il Ducato di Spoleto, la Toscana e la
Marca Genovese, oltre alla Sicilia e alla Sardegna; a sinistra
l'altra parte dell'Apulia, la Marca Anconitana, la Romagna,
la Lombardia, la Marca Trevigiana con Venezia, il Friuli e
l'Istria[8]. Il ragionamento dantesco si addentra quindi in un'a-
nalisi comparativa delle singole varietà, un'analisi che – com'è
detto preliminarmente – è funzionale a un intento ben preciso:
trovare la lingua migliore, più elegante e illustre (*decentiorem
atque illustrem Ytalie [...] loquelam* I XI 1). Ma nessuno dei
volgari passati in esame nei loro tratti caratterizzanti e col

[7] Per un approfondimento della concezione dantesca del latino come
lingua artificiale, alla luce anche di alcuni riscontri contenuti nella *Vita
nuova* e nel *Convivio*, cfr. Tavoni [1984].

[8] La rappresentazione dantesca è ispirata a una visuale etnogeografica
che, come ha messo in evidenza Francesco Bruni [2002, 28-31; 2012], trova
puntuale riscontro nella cartografia medievale dove, ribaltando la prospettiva
a cui siamo abituati, si pone in alto l'est (sede del Paradiso terrestre e origine
della vita) e si raffigura quindi un'Italia protesa nel Mediterraneo dalle Alpi
(in basso) alla Sicilia, con il Tirreno a destra e l'Adriatico a sinistra. Con
Apulia s'intende il territorio del Regno angioino dell'Italia meridionale,
che viene quindi attribuito parte al settore destro e parte a quello sinistro.

supporto di citazioni appare in sé degno. Tutti rivelano difetti
più o meno gravi, compresi i volgari della Toscana, distinti in
fiorentino, pisano, lucchese, senese e aretino: è quindi con
folle stoltezza che gli abitanti di quella regione rivendicano a
sé l'onore del volgare illustre (per un approfondimento della
parte dedicata alla Toscana e l'analisi dei brani citati v. *Testi*
1). Quell'ideale linguistico, che non ha riscontro in nessuna
singola varietà, viene tuttavia realizzato dai migliori poeti,
il cui canone si va definendo via via attraverso la rassegna
stessa dei volgari italiani, che è anche rassegna delle rispettive letterature, dove lo sguardo di Dante discerne, con salda
coscienza storica e intelligenza critica militante, le esperienze
degne di lode da quelle di natura municipale. Emergono così,
in questo panorama storiografico, gli illustri maestri (*doctores
illustres*) che furono detti siciliani, stretti per la prima volta
in una definizione di «scuola», intesa «come unità dei poeti,
non solo siciliani, che fanno capo alla *curia* di Federico II e
Manfredi e ne riflettono l'unità culturale» [Mengaldo in *ED, De
vulgari eloquentia*, 414]. E addirittura si afferma che l'attributo
di «siciliano» compete a tutto quello che gli italiani hanno
prodotto in fatto di poesia (I XII 2, 4). Quanto alla Toscana,
si distinguono due gruppi di poeti: da una parte, condannati
come municipali, i rappresentanti della vecchia scuola, a partire
da Guittone, scelti con perfetta simmetria rispetto alle cinque
varietà già individuate nella regione (*Guittonem Aretinum [...]
Bonagiuntam Lucensem, Gallum Pisanum, Minum Mocatum
Senensem, Brunectum Florentinum, quorum dicta [...] non
curialia sed municipalia tantum invenientur* I XIII 1); dall'altra
parte, celebrati per aver raggiunto l'eccellenza del volgare, gli
stilnovisti, fra cui – celatamente – Dante stesso (*[...] nonnullos
vulgaris excellentiam cognovisse sentimus, scilicet Guidonem,
Lapum et unum alium, Florentinos, et Cynum Pistoriensem [...]*
I XIII 4)[9]. Infine, trattando del bolognese, cui è riconosciuta
una certa gradevolezza intrinseca (non tale però da privilegiarlo
in assoluto), viene elogiato un gruppo di rimatori fra i quali

---

[9] Fra i rappresentanti del canone stilnovistico, accanto ai nomi di Guido
Cavalcanti (*Guidonem*) e Cino da Pistoia (*Cynum Pistoriensem*), figura un
terzo poeta fiorentino, tradizionalmente identificato con Lapo Gianni: si
deve però tener presente che a *Lapum* (messo a testo da Mengaldo e dalla
maggior parte degli editori) corrisponde concordemente, nei codici, *Lupum*
(lezione ora ripristinata da Fenzi [2012, CVII-CVIII, 98]).

primeggia Guido Guinizzelli. Tutti questi poeti accomunati da un giudizio positivo hanno però avuto la capacità di deviare (*devertere*) dalle rispettive parlate locali per elevare artisticamente il loro mezzo espressivo e raggiungere per questa via una lingua regolata e relativamente unitaria. È d'obbligo ricordare, per inquadrare obiettivamente il pensiero dantesco, che all'epoca le composizioni dei siciliani erano note non nella veste originale ma attraverso il filtro linguistico dei copisti toscani.

Se dunque la caccia, cui metaforicamente Dante paragona la propria ricerca, non ha dato frutti, si procederà per altre strade. Dopo la *pars destruens*, empirica, si ha dunque la *pars construens* del discorso, affidata a mezzi più razionali (ossia astratti e deduttivi). Il volgare «ideale», positivamente caratterizzato dai quattro attributi di *illustre, cardinale, aulicum* e *curiale*, è quello virtualmente presente in ogni città senza appartenere a nessuna (e per questo simile alla pantera di cui favoleggiavano i bestiari medievali, che effondeva ovunque il suo odore senza mai manifestarsi in un luogo):

Ecco dunque che abbiamo raggiunto ciò che cercavamo: definiamo in Italia volgare illustre, cardinale, regale e curiale quello che è di ogni città italiana e non sembra appartenere a nessuna, e in base al quale tutti i volgari municipali degli Italiani vengono misurati e soppesati e comparati (I XVI 6)[10].

Il volgare è definito *illustre* in ordine alla sua essenza, perché illumina (diffonde luce) e illuminato (investito dalla luce) risplende su tutto, dove si evocano le due modalità dell'illuminare per luce propria o per luce riflessa (così il volgare ha il potere attivo di commuovere e di conferire gloria e onore a chi lo coltiva, ma diviene ancora più fulgido attraverso l'opera dei suoi massimi artefici); *cardinale* in quanto perno attorno a cui ruota la selva multiforme e disordinata dei volgari municipali; *aulicum* cioè 'regale' perché se gli italiani avessero una reggia (*aula*) esso prenderebbe posto in quella sede; e infine *curiale* perché conforme alla *curialitas*, l'equilibrata norma dell'agire che si pratica nella *curia*, anch'essa mancante in Italia (ma ciò

---

[10] «Itaque, adepti quod querebamus, dicimus illustre, cardinale, aulicum et curiale vulgare in Latio quod omnis latie civitatis est et nullius esse videtur, et quo municipalia vulgaria omnia Latinorum mensurantur et ponderantur et comparantur».

non toglie che esistano anche in Italia, sia pur materialmente disperse, le membra che la costituiscono – poeti, letterati, uomini colti – unite dalla luce divina della ragione). Se dunque il volgare così definito è stato adottato dai migliori poeti italiani, com'è ribadito (*Hoc enim usi sunt doctores illustres qui lingua vulgari poetati sunt in Ytalia* I xix 3), esso acquista una dimensione anche civile attraverso la potenziale presenza di quelle strutture politiche e giuridiche unitarie (l'*aula* e la *curia*) cui è riconosciuto pertinente.

Libro II, capp. i-xiv. Al volgare illustre che si manifesta attraverso la forma eccellentissima della poesia, e in particolare della canzone, è dedicato quanto ci resta del secondo libro. Si espongono così i fondamenti di una vera e propria dottrina dell'eloquenza volgare applicata a quello che è riconosciuto il genere più alto, in una gradazione delle forme poetiche e degli stili fondata sul criterio della *convenientia* alla materia trattata, che qui trova la sua espressione più compiuta:

Nell'ambito poi degli argomenti che si presentano come materia di poesia, dobbiamo aver la capacità di distinguere se si tratta di cantarli in forma tragica, o comica, o elegiaca. Con tragedia vogliamo significare lo stile superiore, con commedia quello inferiore, con elegia intendiamo lo stile degli infelici. Se gli argomenti scelti appaiono da cantare in forma tragica, allora bisogna assumer il volgare illustre, e di conseguenza annodare la canzone. Se invece siamo a livello comico, allora si prenderà talora il volgare mediocre, talora l'umile, e i criteri di distinzione in proposito ci riserviamo di esibirli nel quarto di quest'opera. Se infine siamo a livello elegiaco, occorre prendere solamente il volgare umile (II iv 5-6)[11].

Si tratta in realtà di un brano tanto importante quanto discusso che, pur movendosi sulla scorta della preesistente tradizione retorica (da cui deriva anche l'uso estensivo dei termini *trage-*

---

[11] «Deinde in hiis que dicenda occurrunt debemus discretione potiri, utrum tragice, sive comice, sive elegiace sint canenda. Per tragediam superiorem stilum inducimus, per comediam inferiorem, per elegiam stilum intelligimus miserorum. Si tragice canenda videntur, tunc assumendum est vulgare illustre, et per consequens cantionem ligare. Si vero comice, tunc quandoque mediocre quandoque humile vulgare sumatur: et huius discretionem in quarto huius reservamus ostendere. Si autem elegiace, solum humile oportet nos sumere».

dia, comedia, non più limitati all'ambito teatrale), lascia aperti
non pochi problemi interpretativi, aggravati naturalmente dalla
parzialità della trattazione dantesca, che di fatto affronta solo
il supremo livello stilistico e linguistico lasciando in sospeso i
livelli inferiori [cfr. Mengaldo 1966; in *ED, stili, dottrina degli*].

Competono dunque al volgare illustre solo i temi sommi
(*magnalia*), corrispondenti alle finalità supreme dell'uomo,
salvezza (*salus*), amore (*venus*) e virtù (*virtus*), e agli oggetti a
esse attinenti come la prodezza delle armi (*armorum probitas*),
l'amore ardente (*amoris accensio*) e la retta volontà (*directio
voluntatis*). Fra le forme metriche, spicca per eccellenza la
canzone; mentre, fra i versi, il migliore è l'endecasillabo. Lo
stile coinciderà, come abbiamo visto, con quello tragico, il più
elevato di tutti, che si ha solo quando con la profondità del
pensiero (*gravitate sententie*) s'accordano sia la magnificenza
dei versi (*superbia carminum*) sia l'altezza della costruzione
(*constructionis elatio*) e l'eccellenza dei vocaboli (*excellentia
vocabulorum*). E nella scelta dei vocaboli una rigorosa cernita
(*discretio, cribrum* sono le parole d'ordine) eleggerà i termini
più nobili, quasi levigati e che lasciano un sentore di soavità in
chi li pronuncia, come ad esempio *amore, donna, disio, virtute,
donare* ecc., escludendo le voci infantili (*puerilia*) come *mamma*
e *babbo, mate* e *pate*, o femminee (*muliebria*) come *dolciada* e
placevole, o agresti (*silvestria*) come *greggia* e *cetra*, o cittadine
ora leccate ora scarruffate (*urbana lubrica et reburra*) come
femina e *corpo*. Si prende quindi in esame la canzone come
costruzione metrica per indagarne a fondo tutti gli elementi
costitutivi: la stanza, la sua articolazione melodica, la sua architettura, la disposizione dei versi e delle rime, l'estensione
(cfr. Baldelli [in *ED, canzone*]; per un approfondimento delle
componenti musicali Lannutti [2000; 2008]). A proposito delle
rime, vengono apertamente indicati, quali procedimenti che il
poeta aulico dovrà evitare, l'eccessivo ripetersi del suono di
una stessa rima (*nimia [...] eiusdem rithimi repercussio*), l'inu-
tile gusto dell'equivocazione (*inutilis equivocatio*) che sottrae
sempre qualcosa al pensiero, e l'asprezza (*asperitas*) a meno
che non sia mescolata a morbidezza. In questo secondo libro,
in cui ragionamento teorico e fase applicativa procedono in
stretto contatto, s'infittiscono i riferimenti ai poeti dell'epoca
e alla propria personale esperienza. Fra le autocitazioni dantesche, unite di solito a brani tratti da altri autori provenzali

o francesi, assume un significato particolare il riferimento a *Donne ch'avete intelletto d'amore*, proposta in assoluto come esempio di canzone alla fine del capitolo VIII in cui si riassume tutto il discorso sull'eccellenza di questo genere poetico (v. *Testi* 2 per un'analisi delle prime due stanze della canzone in rapporto ai principi fissati nel trattato).

Il *De vulgari eloquentia* s'arresta bruscamente prima d'aver portato a termine il secondo libro. Da vari accenni interni è tuttavia possibile intuire alcuni dei temi destinati a essere trattati nei libri successivi, i quali peraltro ben s'inquadrano in quel piano generale dell'opera delineato a conclusione del primo libro (v. sopra, p. 37). L'indicazione più precisa, ripetuta tre volte (II IV 1, 6, II VIII 8), riguarda il progetto di dedicare il IV libro allo stile comico e al relativo volgare mediocre o umile. Significativa anche la dichiarazione posta in apertura del secondo libro (II I 1): Dante accorda priorità alla trattazione della poesia in quanto essa precede la prosa e ne costituisce il modello (come del resto le vicende letterarie italiane dimostravano), tuttavia precisa che il volgare illustre può legittimamente manifestarsi in entrambi i generi (*ante omnia confitemur latium vulgare illustre tam prosayce quam metrice decere proferri*), il che riconferma l'attenzione teorica di Dante ai problemi stilistici della prosa, facendo intravedere l'intenzione di riservare ad altra parte (presumibilmente al III libro) il tema della prosa illustre (cfr. Grayson [1963, 35], che nota anche come, usando il verbo asseverativo *confitemur*, Dante sembra proprio voler correggere un'interpretazione restrittiva del volgare illustre pertinente alla sola poesia, che poteva evincersi dalla lettura del primo libro)[12].

3. ll *De vulgari eloquentia*, nella sua concreta realizzazione e quindi anche con l'elemento della sua incompletezza, assume un ruolo preciso all'interno dell'itinerario dantesco, ponendosi in stretto e palese rapporto con la produzione lirica. «Se un autocommento è esplicitamente il *Convivio*, non lo è meno nella sostanza il *De vulgari*: e non solo perché le autocitazioni vi preponderano, ma perché tutti i suoi nodi concettuali

---

[12] La stretta relazione fra poesia e prosa è affermata anche laddove si additano come modelli per il volgare illustre, quanto alla *constructio*, sia i *poete regulati*, sia gli storici latini con le loro altissime prose (II VI 7).

rispecchiano il senso dell'esperienza lirica dantesca, alla cui *explication* sono funzionalizzati i densi scorci di storiografia letteraria italiana e "romanza"» [Mengaldo 1979, 3-4]. Non è difficile constatare come tutta una serie di argomentazioni (fra cui eloquentissime quelle relative alla definizione dello stile tragico della canzone, ai suoi temi, alle sue scelte lessicali ecc.) e le numerose autocitazioni (culminanti con *Donne ch'avete intelletto d'amore*, proposta in assoluto come esempio di canzone nelle sue supreme prerogative) stabiliscano una fitta rete di corrispondenze con la prassi poetica dantesca nel momento delle più alte liriche d'ispirazione stilnovistica e delle poco posteriori canzoni di argomento morale e dottrinario. In questo quadro s'inseriscono anche i giudizi negativi su alcuni predecessori, fra cui in primo luogo Guittone, di cui Dante probabilmente coglieva, insieme con le componenti municipali di tipo aretino, una tendenza all'eclettismo linguistico (lo osserva Serianni [2002, 114], movendo da alcuni rilievi fatti dalla Frosini sulla lingua del canzoniere Laurenziano: v. cap. I, p. 18 nota 5). Il *De vulgari eloquentia* può dunque essere considerato la poetica, «la sistemazione teorica e oltranzista – per dirla con Baldelli [1978, 65] – di quanto realizzato nelle grandi canzoni di amore e di scienza». La stessa improvvisa interruzione dell'opera, spiegabile solo con delle ipotesi, può comunque trovare una sua coerenza nel dinamismo interno all'itinerario artistico di Dante: nell'esaurirsi di quella determinata esperienza lirica che ne aveva così potentemente ispirato le teorie, e nell'affacciarsi della *Commedia*, con tutto quello che di radicalmente nuovo essa comporta nella prassi linguistica e stilistica.

D'altro lato, il *De vulgari eloquentia* è profondamente radicato nell'esperienza personale dell'esilio, che non solo consente a Dante di cogliere sul campo le tante facce del plurilinguismo italiano, ma conferisce alla sua visione sovra-municipale il crisma di un'aspirazione alta che scaturisce dal «retto giudizio di chi ha allargato all'Italia intera e al mondo il proprio orizzonte» [Fenzi 2012, XXII]. Al tempo stesso è indispensabile sottolineare il legame strettissimo che salda il *De vulgari* al *Convivio*, a cui è contemporaneo e di cui condivide l'afflato etico-politico. L'ampia teoria sul linguaggio sviluppata nel trattato latino, che trova il suo fondamento in un ben noto principio aristotelico-tomistico (l'uomo, dotato della facoltà

distintiva del linguaggio, è animale politico), permette a Dante
di reinterpretare la sua esperienza di poeta lirico amoroso alla
luce di un supremo ideale – il volgare illustre – nel quale
s'incarna un profondo valore etico-civile, poiché capace non
solo di prefigurare una comunità letteraria italiana, ma anche
di informare a sé i fondamenti stessi della convivenza civile
rappresentati dall'*aula* e dalla *curia* [cfr. Tavoni 2011a, 1068-
1069, 1098-1099; e v. anche Mengaldo in *ED*, *aulico*, *curiale*;
Mazzocco 1993, 108-158].

4. Il significato che il *De vulgari eloquentia* acquista in
rapporto alla cultura medievale e alla storia del pensiero
linguistico è fondamentale. Si tratta infatti di un'opera eccezionale per la novità dei temi affrontati, per la ricchezza delle
argomentazioni e per la vastità e l'originalità dell'impianto, che
lega organicamente temi di filosofia del linguaggio e di storia
linguistica, di retorica e di storiografia e critica letteraria. E
sul ruolo specifico che la linguistica assume in questo contesto
si può affermare con Marazzini [1993, 233] che «mai come in
questo trattato la linguistica si è trovata al centro di interessi
culturali tanto vasti, con la funzione di cardine, determinante
per tutte le nozioni collocate in posizione ad essa dipendente,
e da essa discendenti come corollari».

Pur non essendo costruito su nessun modello precedente, il *De vulgari eloquentia* utilizza, rielabora e contamina
numerose fonti, che sono state via via additate: da quelle
bibliche a quelle teologico-filosofiche a quelle enciclopediche
(imprescindibile, sotto questo aspetto, il recente commento
di Irène Rosier-Catach [2011]). Per quanto riguarda i temi
di grammatica e retorica, esso attinge sia alle fonti classiche
(dal *De inventione* di Cicerone all'*Ars poetica* di Orazio, dalla
Rhetorica ad Herennium alle *Institutiones* di Prisciano) sia alle
fonti contemporanee nei due filoni dell'*ars dictaminis* (Guido
Faba, Boncompagno da Signa, Bene da Firenze, Brunetto Latini) e delle *poetriae* d'Oltralpe (Matteo di Vendôme, Goffredo
di Vinsauf, Giovanni di Garlandia). Si è a lungo discusso se
fra le fonti che hanno fornito a Dante soluzioni e modelli
analogici su cui costruire la sua teoria si debbano includere,
come ha proposto Maria Corti [cfr. Corti 1982; 1992; 1993,
75-112], le opere dei cosiddetti grammatici «speculativi» o
«modisti» parigini (Boezio di Dacia e Martino di Dacia) che

egli avrebbe potuto conoscere attraverso l'ambiente universitario bolognese e soprattutto attraverso l'insegnamento
svolto in quello studio da Gentile da Cingoli[13]. Certo è che il
riconoscimento delle fonti non impedisce al pensiero dantesco
di rivelarsi innovativo e aprirsi a squarci di riflessione che
spesso ci sorprendono per la loro modernità: basterà pensare
al principio della mutevolezza delle lingue parlate nel tempo e
nello spazio e all'estrema e inusitata sensibilità con cui Dante
lo coglie e lo rappresenta.

Di grandissimo rilievo la teoria sugli idiomi volgari euro-
pei, dove s'inserisce, con tutta la sua ampiezza e originalità, il
tentativo di classificazione e descrizione delle varietà italiane,
cui si attribuisce il merito di aprire la strada alla moderna
indagine dialettologica [cfr. Cortelazzo 1980, 28-29; 1988,
446-448]. L'Italia dialettale delineata da Dante, che non ha
precedenti a noi noti e resterà a lungo senza riprese o imi-
tazioni, rivela – per l'epoca in cui fu concepita – notevole
lucidità e acume interpretativo, offrendo peraltro una scorta
di informazioni fonologiche, morfosintattiche e lessicali sulle
varietà della penisola. È verosimile che, soprattutto per quanto concerne le parlate settentrionali, venga messa a frutto la
personale competenza acquisita attraverso l'esilio; mentre
un'informazione più carente giustificherà la trattazione più
approssimativa delle varietà meridionali. Si è comunque
concordi nel riconoscere che l'esame comparativo dei volgari
italiani, pur fondato realisticamente, si realizza all'insegna di
un evidente intento parodistico: in esso «si intrecciano e so-
vrappongono la curiosità e lo sperimentalismo "scientifici" e
il libero ludismo del letterato non nuovo alla frequentazione
di un dato genere poetico» [Mengaldo 1968, 92; cfr. anche
Segre 1963, 397-400; Corti 1992, 191; Paccagnella 1994,
499-502]. Si pensi all'insistente rapporto fra componenti linguistiche municipali e difetti o atteggiamenti riprovevoli sul
piano dei modi e dei costumi; ma soprattutto sono indicativi
gli *exempla* in cui spesso viene a concentrarsi icasticamente
la caratterizzazione del dialetto e la sua valutazione negativa.
Questi ultimi vanno pertanto a inserirsi a pieno diritto nel

---

[13] Cfr. anche Alessio [1984] e, d'altro lato, fra gli interventi di dissenso,
Lo Piparo [1983], Mengaldo [1983], Maierù [1983; 1984] e ultimamente
Tavoni [2010, 50-54].

vivace filone della parodia linguistica e della letteratura *in improperium* (manifestazioni particolarmente spinte del genere comico-realistico), alla cui tradizione in alcuni casi visibilmente attingono: ad esempio, per il marchigiano, si citano due versi del Contrasto del Castra (I XI 4); mentre l'inserto veneziano *Per le plaghe di Dio tu no verràs* (I XIV 6) coincide quasi esattamente con l'*incipit* del sonetto *Pelle chiabelle di Dio, no ci arvai* [cfr. rispettivamente Mengaldo 1979, 94-95 e 118-119 nota 1]. Significativa dell'intento caricaturale può essere anche la presenza, nei brani dialettali, di ipercaratterizzazioni, quali ad esempio *messure* (con metafonesi indebita in corrispondenza di *e* finale) nella frase attribuita ai romani *Messure, quinto dici?* 'Signore, che dici?' I XI 2; e *ces* (invece di *ce*) nel brano friulano *Ces fas-tu?* 'che fai?' I XI 6[14].

Nell'ambito della storia linguistica italiana viene tradizionalmente riconosciuto al *De vulgari eloquentia* un ruolo «istituzionale» anche per quanto concerne la formazione di una lingua letteraria comune e il dibattito a essa inerente. Non c'è dubbio che l'opera meriti appieno questo ruolo. Essa per la prima volta propone in termini problematici una riflessione sulla situazione linguistica italiana e sul suo policentrismo, proclamando l'esigenza d'un ideale unitario. Come ha osservato Bruni [2002, 29-30], Dante, traendo stimolo dal prestigio delle altre lingue romanze, promuove la letteratura nella lingua materna, con «l'atteggiamento lungimirante di chi intende costruire, sulla base di ciò che c'è e soprattutto di ciò che potrà esserci, una linea letteraria italiana, non subalterna alle altre letterature, e tuttavia non provinciale né chiusa in sé». Il fatto che tale lingua letteraria, e precipuamente poetica, si configuri – col concorso di un'immagine distorta della lingua dei siciliani dovuta alla mediazione toscana – in termini così selettivi e antimunicipali non toglie niente al significato più

---

[14] Nella frase *Messure, quinto dici?* si noteranno, come elementi caratterizzanti del romanesco (considerato da Dante fra i volgari più brutti), l'allocutivo *tu* in luogo di *voi* rivolto a persona di riguardo e l'interrogativo *quinto*, anticamente diffuso nell'area mediana, di etimo discusso, comunque imparentato con una larga famiglia romanza entro cui si colloca anche il toscano *chente*. In *Ces fas-tu?* sono tratti specificamente friulani, individuati con precisione da Dante, il passaggio di [kw] a [tʃ] in *ces* (QUĪD) e la conservazione di *s* finale nella forma verbale *fas* (e, con propagginazione ipercorretta, in *ces*) [Mengaldo 1979, 92-93 nota 4, 96-97 nota 3].

profondo di questa azione. «L'idea base di uno spazio letterario italiano – continua Bruni [*ibidem*, 35] – è l'acquisizione
durevole del *De vulgari eloquentia*, cui Dante dette corpo proprio col suo poema» (sia pur ispirato a una prassi linguistica
diversa dai principi professati nel trattato). E si tratta – gioverà
ribadirlo – di «una conquista intellettuale audacissima, che
arricchisce da allora in poi l'immagine dell'Italia geografica,
accompagnandola con l'idea di un volgare del *sì* (che più
tardi si potrà chiamare propriamente italiano) scritto (e anche
parlato) nei confini dell'Italia» [Id. 2010, 76].

Si può quindi ben comprendere come dal classico volume
di Vitale [1978] a quello di Marazzini [1999] e fino alla recente
antologia di Raffaella Scarpa [2012], il *De vulgari eloquentia*
sia obbligatoriamente assunto come la prima tappa del lun-
ghissimo percorso in cui si articola la nostra «questione della
lingua». Ed è pure significativo il fatto che il trattato dantesco,
con la complessità teorica che lo distingue, si trasformi per sé
stesso in oggetto di discussione e polemica, divenga insomma
un'esperienza cruciale cui per secoli si farà riferimento [cfr.
Marazzini 1990]. Sappiamo che l'opera rimase pressoché sco-
nosciuta per tutto il Medioevo; nel Cinquecento balzò in primo
piano grazie alla scoperta da parte del Trissino dell'esemplare
oggi Trivulziano (T), che fu fatto conoscere a Firenze nella
cerchia degli Orti Oricellari (secondo quanto afferma una
tradizione che fa capo al Gelli) e a Roma, dove il Bembo se
ne procurò una copia. Sempre nel Cinquecento venne alla luce
il manoscritto di Grenoble (G); mentre un terzo testimone,
più antico e autorevole, conservato a Berlino (B), fu scoperto
solo all'inizio del secolo scorso da Ludwig Bertalot.

Fin dalla prima divulgazione a opera del Trissino, che fra
l'altro nel 1529 lo pubblicò in traduzione[15], il *De vulgari*, pur
con fraintendimenti e forzature, offrì un supporto ai sostenitori delle posizioni eclettiche e cortigiane. E d'altro lato fu
guardato con disagio e sospetto dai fiorentinisti, cui risultava
particolarmente ostico l'atteggiamento di severità nei confronti
dei toscani e della loro «folle presunzione» di arrogarsi il pri-

---

[15] La prima edizione del trattato in lingua originale uscì quasi un cin-
quantennio dopo (nel 1577) a Parigi, curata dall'esule fiorentino Iacopo
Corbinelli. Il testo della traduzione del Trissino è ora riproposto da Montuori
[2012] (in appendice all'edizione Fenzi [2012]).

vilegio del volgare illustre (per tutto il dibattito cinquecentesco
in merito cfr. Marazzini [1993, 252-259], Pulsoni [1997],
Pistolesi [2001]). Al Manzoni, che espresse la sua opinione
nel 1868 in una *Lettera intorno al Libro «De vulgari eloquio»
di Dante Alighieri*, spetta il merito di aver ribadito l'intento
retorico-letterario dell'opera, contro una lettura in chiave
prettamente linguistica, su cui facevano perno l'interpretazione
e la strumentalizzazione trissiniana e neotrissiniana[16]. Tuttavia
l'assunto manzoniano che oggetto del *De vulgari* sia la poesia,
anzi «un genere particolare di poesia», e che «in esso non si
tratt*i* di lingua italiana né punto né poco» [Manzoni 1868, 611]
ha a sua volta creato una cesura fra componente stilistica e
componente linguistica, che ha condizionato a lungo la critica
e che oggi è decisamente superata: come abbiamo visto, c'è un
nesso profondo e inscindibile fra teoria della lingua e teoria
della letteratura, al quale s'ispira l'architettura generale dell'o-
pera (solo attraverso un'ampia ricognizione filosofica e storica
dei fatti linguistici si può arrivare alla fondazione retorico-
letteraria con tutte le sue implicazioni etico-civili) e che viene
continuamente a riflettersi nella trama delle argomentazioni.

[16] La tendenza a considerare l'opera come un manuale di lingua era
avallata dal titolo erroneo utilizzato fino agli inizi del secolo scorso: *Liber
de vulgari eloquio sive ydiomate*, desunto dai due codici T (Trivulziano) e G
(Grenoble) che avevano così supplito alla mancanza di titolazione dell'archetipo. Il terzo codice, B (Berlino), s'intitola invece *Rectorica Dantis*, ma
esso è stato scoperto solo nel 1917. Il titolo *De vulgari eloquentia*, adottato
nella prima benemerita edizione critica curata da Pio Rajna (1896), si ricava
dal già citato riferimento contenuto nel *Convivio* (v. cap. IV, p. 36), cui si
aggiungono le due testimonianze concordi della *Nuova cronica* di Giovanni
Villani, secondo il codice Riccardiano 1533 («Altressì fece uno libretto che
l'intitola *De vulgari eloquentia*» [Porta 1990-91, II 337 nota 48]) e del
Trattatello in laude di Dante del Boccaccio («[...] compuose uno libretto in
prosa latina, il quale egli intitolò *De vulgari eloquentia*, dove intendea di dare
dottrina, a chi imprender la volesse, del dire in rima» [Ricci 1974, 488]).

Capitolo sesto

Il linguaggio poetico dalle liriche della gioventù a quelle della maturità

1. Le *Rime* di Dante [ediz. De Robertis 2002; cfr. anche Id. 2005a; 2005b] non ebbero un'organizzazione unitaria da parte dell'autore e ci sono pervenute attraverso una tradizione estremamente complessa, disomogenea e disforme (si va da componimenti affidati a oltre cento testimoni ad altri a testimone unico), che lascia aperti numerosi problemi di attribuzione, di cronologia, oltre che di ricostruzione del testo. Si devono poi considerare i trentun componimenti inclusi nella *Vita nuova*, parte dei quali godono di una doppia tradizione, una «inorganica» di tipo autonomo, e una «organica» facente capo a quella del prosimetro[1]. In modo analogo ci sono pervenute attraverso una duplice tradizione le tre canzoni illustrate nel *Convivio*. Questa intricatissima situazione relativa alla trasmissione dei testi (già sintetizzata da Folena [1965, 8-14] e Ciociola [2001, 144-157], e quindi riconsiderata ed esposta nel modo più ampio ed esaustivo a corredo dell'edizione critica delle *Rime* da De Robertis [2002, I e II]), si ripercuote naturalmente sulla veste linguistica dei componimenti, che andrà di volta in volta valutata in stretto rapporto con le particolari modalità attraverso cui il testo ci è pervenuto (*ibidem*, II 1200-1221). Resta il fatto che il complesso della lirica dantesca ha un valore importantissimo: con la sua eterogeneità e ricchezza di sperimentazioni, testimoniate anche sul versante metrico (sonetti, sonetti doppi, canzoni, stanze di canzoni, ballate, una sestina e un'altra cosiddetta «doppia»), esso illumina sulla formazione di Dante e sul lungo tirocinio poetico che lo ha impegnato per oltre un ventennio prima

---

[1] La presenza di una tradizione estravagante, che attesta la diffusione dei componimenti anteriormente al loro ingresso nel prosimetro, consente in alcuni casi di supporre una variantistica d'autore. È quanto accade al v. 7 del famoso sonetto *Tanto gentile e tanto onesta pare*.

della *Commedia*, e che nella *Commedia*, nella pluralità dei suoi stili e linguaggi, si riflette (per un inquadramento generale v. il classico saggio di Contini [1939]).

Si dovrà tener conto che prima dell'edizione De Robertis, le *Rime* si leggevano nell'edizione Barbi [1921], riproposta in Barbi e Maggini [1956] e Barbi e Pernicone [1969], la quale adottava un diverso ordinamento dei componimenti, a cui torna a ispirarsi la recente edizione di Claudio Giunta [2011] e a cui si atterrà anche la nuova edizione delle *Rime* programmata nell'ambito della *NECOD* [cfr. Brugnolo 2012, 77-79][2]. All'edizione Barbi fanno riferimento anche alcuni tradizionali studi incentrati sulle strutture linguistiche che restano tuttora essenziali [Boyde 1979; Baldelli 1978, 62-74; e v. anche la sintesi di Coletti 1993, 37-43].

Dei due numeri con cui contrassegniamo i componimenti, quello in cifre romane, posto entro parentesi, fa riferimento all'edizione Barbi.

2. Le prime liriche di Dante, da riconoscere con sicurezza nei sonetti della tenzone con Dante da Maiano (*Rime* 85 [XL], 78 [XLII], 80 [XLIV], 83 [XLVII]), senz'altro i più arcaici, e in non molti altri componimenti, fra cui probabilmente la canzone *La dispietata mente* (*Rime* 12 [L]) e il primo sonetto della *Vita nuova*, *A ciascun'alma presa* (*Rime* 26 [I], *Vita nuova* III 10-12), s'inseriscono con coerenza nel panorama della produzione poetica toscana della seconda metà del Duecento, di stampo guittoniano, di cui riprendono temi, modi e strutture linguistiche. Assai rilevante la presenza di sicilianismi e gallicismi. Fra i primi spiccano i tipi verbali *saccio* 'so' e *aggio* 'ho' che ricorrono più volte nella tenzone con Dante da Maiano (*saccio* 80 [XLIV] 4, *sacci* 80 [XLIV] 10, *sacciate* 78 [XLII] 5; *aggio* 80 [XLIV] 10, *aggiate* 85 [XL] 9). Per i gallicismi disseminati nelle liriche giovanili, molti dei quali restano isolati nella produzione dantesca, citiamo *avenente*, *certanamente*, *parvente* 'parere', *dolzore*, *riccore*, *coraggio* 'opinione, parere' (letteralmente 'cuore'), *paraggio* 'pari'; e tutta la serie in *-anza*: *accordanza*, *addimoranza*, *allegranza*, *dottanza* 'timore, dubbio', *erranza*, *orranza* 'onore', *pesanza*, *sicuranza*. Dal punto di vista stilistico-sintattico la testimonianza più tipica della dipenden-

---

[2] Quest'ultima è ora affidata alle cure di Marco Grimaldi.

za dai modelli tradizionali si ravvisa nei sonetti indirizzati a Dante da Maiano, dove abbondano i giuochi verbali, le ripetizioni (si veda il sonetto 78 [XLII] tutto costruito, nella sua esilità concettuale, sul tema del «sapere» secondo la tecnica guittoniana della *replicatio*: *saver* 3, *sacciate* 5, *saver* 6, *saggia* 7, *saver* 9, *saggio* 11), le rime ricercate, equivoche e composte (si vedano nello stesso sonetto *gioco*:*coco*:*moco*:*voco*; e nel sonetto 83 [XLVII] *arte*:*sparte*:*parte*:*parte*, *riccore*:*core*, *adovra*:*ovra*). Ma si tratta d'un'esperienza particolarmente spinta: si è osservato che Dante fin dall'inizio della sua carriera poetica tende a superare gli schemi convenzionali della lirica dell'epoca, evitando sia il sicilianismo insistito, sia soprattutto la fitta ripetizione di rime e la forte presenza di versi brevi, che cedono a strutture sintattiche più libere e distese coincidenti con le strutture strofiche (cfr. Pazzaglia [1968] per un'analisi della canzone *La dispietata mente*; e Baldelli [1978, 63-64]).

Appartiene decisamente al periodo giovanile anche il sonetto sulla Garisenda *No me poriano zamai far emenda* (*Rime* 42 [LI]), che s'impone per antichità e modo di trasmissione, essendoci pervenuto in veste linguisticamente padana attraverso un Memoriale del 1287 del notaio bolognese Enrichetto delle Querce: è questa la più antica registrazione oggi nota di un testo dantesco. De Robertis [2002, II 1202] ha avanzato l'ipotesi, certo suggestiva, che tale componimento, in accordo col suo soggetto, sia stato originariamente composto da Dante poco più che ventenne in volgare bolognese.

3. Il momento stilnovistico, che ha la sua più piena manifestazione nelle grandi liriche confluite nella *Vita nuova*, cui si possono assimilare per coerenza di stile le prime due canzoni filosofiche del *Convivio*, *Voi che 'ntendendo il terzo ciel movete* e *Amor che nella mente mi ragiona* (rispettivamente *Rime* 2 [LXXIX], 3 [LXXXI]), può essere considerato la fase «classica» della poesia di Dante, cui egli stesso fornisce una sistemazione teorica nel *De vulgari eloquentia* (v. cap. V). Il nuovo atteggiamento linguistico è messo a fuoco da Baldelli [1978, 64, 67]:

l'ideale di stile dolce tende [...] a coincidere con una lingua più unitaria e fusa, attraverso l'attenuazione del provenzalismo e del sicilianismo insistito, mentre perfino la terminologia amorosa si riduce e si essenzializza [...]. Si punta non tanto sulla parola nella sua individualità, nella sua corposità, quanto sui legami sintattico-ritmici, sulla dolcezza e sulla soavità dell'impasto fuso e continuo.

Del ristretto contingente di parole-chiave dello stilnovismo dantesco, evidenziate dalle statistiche di Boyde [1979, 133-136], fanno parte i sostantivi *donna, amore, core* (in assoluto i più frequenti, rispettivamente con 56, 54 e 48 occorrenze), *occhi* e *pietà* (oltre 20 occorrenze ciascuno), e poi *anima, mente, spirito, cielo, morte, pensiero, viso* (tutti con oltre 10 occorrenze); gli aggettivi *gentile* (25 occorrenze), *dolente* e *novo* (8 occorrenze), *amoroso, bello, degno, pensoso, soave, umile* (6 occorrenze), *dolce* (5 occorrenze); i verbi *dire, fare, vedere* (una cinquantina di occorrenze), *venire, piangere, andare* (tutti con oltre 20 occorrenze). Si tratta in ogni caso di voci appartenenti al lessico di uso comune e prive di connotazioni particolarmente realistiche, che si accordano, e in parte coincidono, con i nove vocaboli (*amore, donna, disio, virtute, donare, letitia, salute, securtate, defesa*) citati nel *De vulgari eloquentia* e raccomandati per la loro capacità di lasciare soavità in chi li pronuncia. Seppure molte di queste voci si erano già fissate nel lessico stilnovistico, Dante le adegua a situazioni psicologiche trattate «con una nuova sottigliezza e precisione» [Boyde 1979, 139]: basterà pensare ai raffinati rapporti semantici che legano i tre termini cardine dell'interiorità dell'io, *cuore, mente, anima* [cfr. Librandi 1988]. *Leggiadro* e *leggiadria* hanno perduto la connotazione negativa ('leggero' e quindi anche 'frivolo', 'vanitoso') che perdura in Guittone e si ripropongono nel loro valore positivo inaugurato da Cavalcanti, rimarcando le consonanze lessicali che stringono la lirica dantesca della *Vita nuova* a quella di Guido [cfr. Leonardi 2001]. Rari gli usi metaforici e scarse anche le similitudini. Le rime, che spesso accolgono tali parole emblematiche, sono «poco vistose, frequentemente desinenziali, di solito costituite di parole terminanti con due vocali che comprendono una sola consonante, spesso anzi con due vocali» [Baldelli in *ED*, *rima*, 935].

La componente siciliana sopravvive solo in quelle forme e in quei tipi più saldamente acquisiti, che hanno ormai attenuato o addirittura perduto l'originaria carica allusiva. Scompare del tutto *saccio* ed è evitato, in questa fase, anche *aggio*, che pure tornerà altrove nel linguaggio poetico dante-

sco, compreso quello della *Commedia* (v. cap. X, p. 107). Per
contro si mantengono le forme del condizionale in *-ia*, in libera
alternanza con quelle indigene in *-ebbe* (più rari gli imperfetti
in *-ia*). Permangono le forme con la vocale semplice in luogo
del dittongo del tipo *core*, *novo*, *fera*, anch'esse di ascendenza
siciliana, ma senz'altro largamente favorite dal riscontro latino.
Nel lessico si confermano *disio* e *disiare* (da *DĒSIDIUM con
sviluppo prettamente meridionale [Castellani 2000, 503-504]),
mentre *desiderio*, *desiderare*, *di-* sono normali nella prosa, sia
della *Vita nuova* che del *Convivio*. Fra i gallicismi che, pur
ridimensionati, sono ancora abbastanza numerosi, sopravvi-
vono soprattutto quelli di tipo meno spinto, che poi avranno
insediamento stabile nella lirica dantesca, come *bieltà*, *bieltate*.
Anche la componente latineggiante risulta nel complesso ri-
dotta. Questa rigorosa opera di selezione e raffinamento del
materiale linguistico fa spesso intravedere soluzioni che si
stabilizzeranno nella futura poesia italiana. Si pensi alla sorte
dei meridionalismi citati sopra: il filone delle forme come
saccio e *aggio* va di fatto a esaurirsi; mentre i condizionali in
-ia, come pure le forme senza dittongo del tipo *novo*, *core*,
resteranno vitali per secoli [cfr. Serianni 2001, 51-57, 195-
196]. Bisogna infatti riconoscere che, se è giusto attribuire
al vaglio linguistico attuato dalla scuola stilnovistica nel suo
insieme (e da Cavalcanti in particolare) un'importantissima
opera di «decantazione dei risultati delle scuole precedenti»
e di «fissazione del fiorentino letterario», è in primo luogo
attraverso Dante e la sua lirica che l'esperienza stilnovistica
filtrerà nella tradizione poetica successiva [cfr. Migliorini 1978,
143 da cui la citaz.; Bruni 1986, 155-157].

Alla selezione di un lessico profondamente rinnovato nelle
scelte e nei significati corrisponde una sintassi che, pur nella
sua solidità argomentativa, tende a essere limpida e lineare.
Un tratto caratterizzante la poesia dantesca in questa fase
può essere additato nella presenza delle consecutive forti,
anticipate da un avverbio o un aggettivo nella sovraordinata,
che intervengono continuamente nella descrizione degli effetti
che l'amore provoca nell'animo umano. Tale costrutto, al pari
delle componenti lessicali viste sopra, può essere considerato
tipico della tecnica stilnovistica: si riscontra infatti anche in
altri rimatori della scuola, specialmente in Cavalcanti, senza
però raggiungere l'incidenza che ha nella poesia dantesca.

Fra le liriche più alte e famose che incarnano il nuovo stile ricorderemo la canzone *Donne ch'avete intelletto d'amore* (*Vita nuova* XIX 4-14), riconosciuta da Dante stesso nel *De vulgari eloquentia* esempio di componimento dotato delle supreme qualità della canzone tragica, e di nuovo citata nella *Commedia*, attraverso le parole di Bonagiunta Orbicciani da Lucca, come decisivo momento di svolta della propria esperienza poetica (*Ma dì s'i' veggio qui colui che fore / trasse le nove rime, cominciando / 'Donne ch'avete intelletto d'amore'* Purg. XXIV 49-51). Per un'analisi puntuale delle prime due stanze, v. *Testi* 2. Altrettanto esemplare il famosissimo sonetto *Tanto gentile e tanto onesta pare* (*Rime* 64 [XXII], *Vita nuova* XXVI 5-7), celebrato modello di equilibrio, compostezza formale e perspicuità linguistica, pur nel necessario rispetto degli originali valori lessicali, non sempre coincidenti con i moderni, su cui ha invitato a riflettere Contini [1947; 1975]; così ad esempio ben tre vocaboli del primo verso, vocaboli comuni anche oggi, hanno un senso diverso da quello attuale: *gentile* è, coerentemente con l'etimologia da GENS, 'nobile' ma nell'accezione etico-intellettuale che gli attribuisce il linguaggio cortese dell'epoca (ampiamente illustrata da Dante stesso nel *Convivio* IV XIV 8); *onesta*, latinismo, è voce di significato affine, appena più marcata nell'alludere al decoro esterno; *pare* va inteso, ancora più pregnantemente che 'appare', come 'appare evidentemente, è' o 'si manifesta nella sua evidenza'. E al verso successivo *donna* va inteso come 'signora' (da DOMINA). L'esordio del sonetto (che citiamo dalla *Vita nuova*) offre inoltre uno dei più mirabili esempi di quel costrutto consecutivo che infonde tensione emotiva al rapporto fra sentimento amoroso e moti dell'animo, sottolineando «da una parte l'impossibilità di riversare nelle parole tutta la pienezza del sentimento e dall'altra l'irrinunciabile aspirazione del poeta a esternare in qualche modo il valore unico e irripetibile della sua esperienza» [Agostini in *ED*, *App.*, 385]:

> Tanto gentile e tanto onesta pare
> la donna mia quand'ella altrui saluta,
> ch'ogne lingua deven tremando muta,
> e li occhi no l'ardiscon di guardare.

4. Il superamento della fase stilnovistica, negli anni della maturità, porta a soluzioni assai diverse e per molti aspetti in

netto contrasto con la poetica delle rime «dolci» e «soavi», oltreché naturalmente con quanto esposto nel *De vulgari eloquentia*. Queste nuove prove, diverse fra loro ma caratterizzate comunque da un alto impegno tecnico-stilistico, protese verso una maggiore complessità sintattica e portatrici di un eccezionale incremento lessicale nell'ambito della produzione lirica dantesca, avranno un valore decisivo nei confronti della grande fucina di elaborazione della *Commedia*.

I sonetti della tenzone con Forese (*Rime* 87 [LXXIII], 89 [LXXV], 91 [LXXVII]), dipendenti dalla produzione comica di Rustico Filippi, esibiscono un linguaggio popolaresco e realistico calcato sulla tonalità dell'invettiva e dell'improperio, di cui sfruttano tutti i *topoi*, dai traslati osceni alla ricca esibizione di nomi propri, spesso in posizione di rima. Si prenda la quartina iniziale del 91 (LXXVII), con le sue basse allusioni agli oscuri natali e alla golosità dell'avversario (che non a caso sarà collocato fra i golosi in Purg. XXIII 37-133):

> Bicci novel, figliuol di non so cui
> (s'i' non ne domandassi monna Tessa),
> giù per la gola tanta rob'hai messa,
> ch'a forza ti convien torre l'altrui.

Anche nei cinque sonetti indirizzati a Cino (*Rime* 99 [XCV], 101 [XCVI], 104 [CXI], 106 [CXIII], 107 [CXIV]) notiamo un vistoso ampliamento del vocabolario cortese tradizionale, che si realizza attingendo ai poli opposti del lessico concreto, spesso di stampo umile (v. voci come *foro*, *minera*, *poro*, *ponte*, *spron*, *stecco*, *uncino*), e della terminologia astratta consona a un argomentare filosofico (v. ad es. nel 104 [CXI] *circulazion*, *consiglio*, *libero albitrio*).

Nelle quattro canzoni tradizionalmente unite nel gruppo delle cosiddette «petrose» (*Rime* 1 [CIII], 7 [CI], 8 [CII], 9 [C]), che riprendono i modi del *trobar clus* attraverso la lezione del provenzale Arnaut Daniel (celebrato in Purg. XXVI 117 come *miglior fabbro del parlar materno*), il linguaggio dantesco si caratterizza ancora per un marcato realismo, puntando vigorosamente sulla parola corposa, rara, che naturalmente tende a collocarsi, per un rafforzamento di energia, in rima. Il rapporto fra termini astratti e concreti, che nelle liriche della *Vita nuova* era di 2 a 1, ora si rovescia passando a 1 a 2. Il lessico, pur attinto alla realtà concreta, è di continuo metaforizzato, anticipando quanto avverrà a un più alto livello espressivo in tanta parte della poesia della *Commedia*. A definire in modo vistoso la fisionomia dei componimenti intervengono poi le rime, volutamente difficili, rare, ad alta densità consonantica (si realizzano in pratica quelle prerogative della rima che nel *De vulgari eloquentia* erano giudicate sconvenienti alla poesia aulica della canzone: la *repetitio*, l'*equivocatio* e l'*asperitas*: cfr. cap. V, p. 45). L'organizzazione del discorso si fa più complessa e decresce sensibilmente l'indice della coincidenza fra metro e sintassi. Per esemplificare questi caratteri si prenda la famosa canzone 1 [CIII] *Così nel mio parlar*, il cui esordio è anche proclama della poetica che ispira l'intero gruppo delle petrose, facendo perno sulla parola-chiave *pietra* usata in maniera energicamente metaforica:

> Così nel mio parlar vogli'esser aspro
> com'è negli atti questa bella pietra
> la quale ognora impietra
> maggior durezza e più natura cruda [...]

Rimandando alla parte antologica una dettagliata analisi delle prime due stanze della canzone (v. *Testi* 2), ricordiamo che in essa si susseguono una serie di parole robustamente concrete, del tutto nuove rispetto alla precedente produzione (e talora destinate a rimanere degli *hapax* in tutto il volgare di Dante): *arretrare, atro, borro, brucare, diaspro, faretra, ferza, guizzo, ignudo, increspare, latrare, lima, manducare, orso, rezzo, rimbalzare, rodere, scherana, scherzare, scorza, scudiscio, sferzare, spezzare, squatrare, squilla* ecc., alcune delle quali entrano per la prima volta in assoluto nella lingua letteraria italiana (così *borro, guizzo, scudiscio, rezzo*). Nella sestina *Al poco giorno ed al gran cerchio d'ombra* 7 [CI] (direttamente esemplata sul modello dell'arnaldiana *Lo ferm voler qu'el cor m'intra*) e nell'ancor più virtuosistica sestina doppia *Amor, tu vedi ben che questa donna* 8 [CII], l'obbligo di rispettare una fitta rete di parole-rima rifuggendo dall'*aequivocum* stringe il componimento entro circuiti lessicali soggetti a un gioco sottile di variazioni semantiche. Come nella sestina arnaldiana, Dante accoglie fra le parole-rima voci bisillabe costituite da sostantivi, ma fa eccezione per *verde*, accolto ora come aggettivo, ora con funzione di sostantivo, ora con senso proprio, ora con senso metaforico (cfr. Frasca [1992, 155 e 123-157] per un'analisi puntuale dell'intera sestina *Al poco giorno*; cfr. inoltre Baldelli [in *ED*, *sestina*]).

Al di là di tali esperienze, dotate di una forte se non esasperata connotazione stilistica, i componimenti che concludono l'itinerario lirico di Dante, alle soglie del poema, mettono a frutto lo strenuo tirocinio ormai maturato, le cui fasi si succedono senza elidersi reciprocamente. Così le prove più significative di quest'ultimo periodo, come le grandi canzoni morali *Tre donne intorno al cor mi son venute* e *Doglia mi reca nello core ardire* (*Rime* 13 [CIV] e 14 [CVI]), considerate «i due punti d'approdo dell'evoluzione poetica dantesca prima della *Commedia*» [Boyde 1979, 88], offrono soluzioni di lingua e di stile assai varie, «trascorrendo dal linguaggio più piano a quello più aspro, in cui in un equilibrio alto e rischioso, cogliamo appunto la lezione della lirica della lode e della lirica petrosa» [Baldelli 1978, 71].

Va infine ricordata, come esperienza del tutto particolare, la canzone trilingue *Aï faus ris, puor quoi traï aves*, che alterna entro ciascuna stanza versi in francese, latino e italiano. Già inclusa fra i componimenti di dubbia attribuzione [Barbi e Pernicone 1969, App. V] e ora accolta a pieno titolo nell'edizione derobertisiana delle *Rime* (18), essa segna senza dubbio il culmine dello sperimentalismo formale realizzato da Dante nell'ambito della sua produzione lirica, nonché un'assoluta novità per la tradizione poetica italiana (per la questione attributiva v. anche De Robertis [1996]; inoltre Brugnolo [1983], Giunta [2011, 632-640], utili anche per approfondire i rapporti fra la canzone e la tradizione del plurilinguismo medievale).

Capitolo settimo

L'esperienza (dantesca?) del «Fiore» e del «Detto d'Amore»

In posizione necessariamente decentrata rispetto al profilo del linguaggio poetico dantesco fin qui delineato, si collocano i due poemetti *Il Fiore* e il *Detto d'Amore* [ediz. Contini 1984], la cui attribuzione a Dante, a lungo discussa, è stata avvalorata da Contini [1965c] sulla base di una larga concomitanza di riscontri linguistici e stilistici[1] [e v. inoltre Contini in *ED*, *Fiore, Il*; Vanossi in *ED*, *Detto d'Amore*]. In realtà tale attribuzione non manca di suscitare delle riserve, che peraltro si sono rafforzate nel tempo, come si desume anche dal puntuale riepilogo dei diversi atteggiamenti critici offerto da Luciano Formisano, ultimo editore dei testi [cfr. Formisano 2012, LI-LXI].

Ammettendo la paternità dantesca dei due poemetti, pare d'obbligo pensare a opere giovanili, testimonianze di una tecnica poetica presto superata e, si potrebbe dire, sconfessata (Dante nel suo esercizio di riflessione continua sulla propria opera non ne fa mai menzione), anche se non per questo da sottrarre come tassello in quel quadro di forte sperimentalismo formale che caratterizza il percorso artistico dell'autore. Le due opere presentano peraltro un carattere dirompente rispetto agli schemi tradizionali proprio per quanto riguarda la lingua: si tratta quindi di esperienze di grande interesse anche nel quadro delle vicende linguistiche della Toscana due-trecentesca.

Il *Fiore* (tramandato da un unico testimone ritenuto dei primi del Trecento, di mano toscana, e più precisamente fiorentina, conservato a Montpellier, Bibliothèque Interuniversitaire, Section Médecine, H 438) e il *Detto d'Amore* (che si lega

---

[1] I quali si aggiungono al ben noto argomento esterno da tempo additato dai sostenitori della paternità dantesca: l'autocitazione dell'autore come Durante, di cui Dante è ipocoristico.

indissolubilmente al primo, in quanto scritto dalla stessa mano e tramandato da quattro fogli che in origine appartenevano al codice di Montpellier e sono poi passati alla Biblioteca Medicea Laurenziana di Firenze, inseriti nel codice Ashburnhamiano 1234 bis) rappresentano delle singolari prove di rielaborazione del materiale del *Roman de la Rose*, sia nella parte di Guillaume de Lorris che in quella di Jean de Meun.

Il più ampio dei due poemetti, il *Fiore* (costituito da una serie o «corona» di 232 sonetti), col suo esorbitante numero di francesismi innestati su una struttura fonomorfologica fondamentalmente fiorentina, «è, della moda e della cultura francese nella Firenze della prima giovinezza di Dante, l'espressione più singolare e più oltranzista» [Baldelli 1978, 63]. Ne danno un saggio eloquente versi come questi (in corsivo i gallicismi), che riprendiamo dalla classica edizione continiana, alla quale sostanzialmente si conforma anche Formisano [2012] (mentre se ne discosta per una più radicale fedeltà all'assetto grafico del manoscritto unico l'edizione curata da Paola Allegretti [2011]):

> Ma sse m'avessi avuto al tu' consiglio,
> tu non saresti gito co·llui a danza:
>   ché, sie *certano*, a cu' e' dà di piglio,
> egli 'l tiene in tormento e *malenanza* (IX 10-13);

> E s'ella nonn è bella di *visaggio*,
> cortesemente lor *torni* la testa,
> e sì lor mostri, sanza far *aresta*,
> le belle bionde treccie d'*avantaggio* (CLXVI 1-4).

La stripante componente francese, che talora si presenta strutturalmente autonoma travalicando quanto suggerisce l'originale, aveva addirittura indotto Parodi [1922, XI-XII] ad attribuire l'opera (non riconosciuta come dantesca) a «uno di quei fiorentini per i quali la Francia e le Fiandre, campo della loro attività, erano quasi una seconda patria, e il francese, quindi, una seconda lingua, che poteva alquanto intorbidare nei loro ricordi la nativa schiettezza della lingua materna». Ipotesi non respinta da Contini [in *ED, Fiore, II*], che, acquisendo l'opera al *curriculum* dantesco come ulteriore episodio di sperimentazione nel genere comico in linea con la tenzone con Forese, osservava:

Se il manoscritto unico ha forti probabilità di essere stato vergato in Francia (e la bontà complessiva della copia prova una notevole vicinanza all'originale), può perfino soccorrere la congettura, a mero titolo d'ipotesi di lavoro, che in Francia sia stato addirittura composto il testo. Un segno potrebb'esser fornito dall'«orgia di sfacciati francesismi», come la chiama il Parodi [...], che è una caratteristica vistosa del *Fiore* e va certo interpretata secondo parametri di accusata, caricaturale espressività, ma difficilmente, anche al lume dei grandi moderni di questa famiglia (Joyce, Gadda...), un simile meticciato linguistico sembra poter essere stato meramente libresco (*ibidem*, 896).

Per un quadro completo dei francesismi del *Fiore*, già raccolti nel glossario di Parodi [1922], si può ricorrere a Vanossi [1979, 223-258] e ai contributi più recenti di Viel [2006] e Stoppelli [2011, 75-90], nonché all'Indice dei gallicismi che correda l'edizione Formisano [2012, 467-474]. L'aver oggi a disposizione strumenti come il *TLIO* e il *Corpus TLIO* consente di verificare assai meglio che in passato il carattere isolato ed effimero di molte di queste voci, che restano degli *hapax* assoluti non solo nell'uso dantesco ma anche nell'intera tradizione linguistica italiana: così *amoniera* 'borsa' (fr. *aumosnière*) CLXXV 8, *blezzare* 'ferire' (fr. *blecier*) XLV 11, *dighisamento* 'travestimento' (fr. *desguisement*) CII 3, *ghillare* 'ingannare' (fr. *guiler*) LXXII 14, *maletta* 'borsa' (fr. *male, malete*, che pure non figurano nel corrispondente brano del *Roman de la Rose*) CLXXI 8. Fra i tanti francesismi che si affacciano in qualche altro testo due-trecentesco legato alla cultura d'Oltralpe, ricordiamo *giadisse* 'una volta, già' (fr. *jadis*) CL 13, da connettere con *giadì, giadie*, attestato in alcuni volgarizzamenti; *misprendere* 'fallire, commettere fallo' (fr. *mesprendre*) CXIX 14; *petitto* 'piccolo' (fr. *petit*) nell'espressione *un petitto* 'un poco' CLXXI 13; *scondire* 'rifiutare, respingere' (fr. *escondire*) XLIII 2, LIX 4 e *scondetto* 'rifiuto' (fr. *escondit*) LIX 2 di cui il Boccaccio nel *Filocolo* attesterà la variante femminile *scondetta*. Non mancano voci che trovano isolata corrispondenza in testi mercantili dovuti a toscani residenti in Francia: così *covriceffo* 'copricapo' (fr. *couvre-chef*) CXC 13 che compare anche in un libro contabile del 1296-1305 tenuto da Renieri Fini de' Benzi e fratelli da Figline alle Fiere di Sciampagna [Castellani 1952, 687, 692][2]; *gioeletti* 'gioiellini' (fr. *joelez*) LII 8 che è anche in

---

[2] Il *covriceffi* del sonetto LII 10 è propriamente *covricieri*, voce che non va corretta in quanto deriva dal fr. *cuevrechier* ed è a sua volta fornita di

un documento fiorentino trecentesco [Cella 2003, 434]; inoltre *ligire* (*per ligire* 'ad agio' [fr. *par loisir*] CLV 2) già attestato in una lettera scritta nel 1262 da Troyes dal mercante senese Andrea de' Tolomei («quando avaremo *lisgire* di richordarlo» [Castellani 1982, 284 n. 75]). All'esuberanza lessicale del *Fiore* concorrono anche i numerosi traslati e usi metaforici, coerenti con la natura comica del testo: interessante, ad esempio, *tranello* LI 7 per 'ingannatore', precursore del significato destinato ad avere larga fortuna nell'italiano[3].

La componente francesizzante si impone anche a livello fonetico, manifestandosi nei vari settori del vocalismo e del consonantismo: si pensi a casi come *adrezza* 'addirizza' CLXXXIII 7, CCXIV 13; *sieva* 'segua' CXV 10; *bilanza* VII 11; e alle varie forme che presentano esiti palatali come *ciamberiera* 'cameriera' CLXXV 5, *attacci* CLXXI 2, *riccezza* CIX 3 (anche queste non prive di riscontri in testi pratici scritti da toscani residenti in territori galloromanzi, inclini a imitare o emulare un tratto fonetico fra i più caratterizzanti [cfr. Cella 2000, 372-373 e soprattutto 2003, 108-123]. Un vistoso esempio di adattamento morfologico si ha nella voce verbale (3ª sing. perf. indic.) *isvanoìo* VI 2, che presuppone *isvanoire* 'svanire' (fr. *esvanoire*) su cui si innesta la desinenza fiorentina arcaica *-io*. La dipendenza dal francese si estende fino alla ripresa di parole grammaticali («ma 'l Die d'amor non fece *pa* sembiante» CIV 3) e investe spesso anche la sintassi [cfr. Vanossi 1979, 244-252]. Fra i costrutti calcati sul francese che ricorrono con particolare insistenza segnaliamo i genitivi partitivi, i dativi di possesso del tipo *la camera a la donna mia* CXLI 1, gli imperfetti congiuntivi usati in luogo del condizionale (ad esempio, in apodosi di periodo ipotetico: «E se lla donna punto s'avedesse / [...] allora in presto domandar *dovesse*» CLXXVII 1-6)[4]. Il

---

riscontri in documenti toscani di tipo pratico dei secoli XIV e XV [cfr. Castellani 1989b, 104].

[3] La voce non compare nelle altre opere dantesche, ma ricorre ancora nel corso del secolo XIV, nel senso di 'inganno', con esempi nella *Nuova cronica* di Giovanni Villani e nella *Cronica* di Matteo Villani [rispett. Porta 1990-91, II 162; 1995, I 451]. *Trainello* nell'originario senso concreto (che rimanda a *tranare, trainare*) è già attestato alla fine del secolo XIII nella traduzione pisana del trattato di mascalcia di Giordano Ruffo per indicare la fune che trattiene i cavalli alla mangiatoia [cfr. Olrog Hedvall 1995, 167].

[4] Oltre questi moduli di stampo francese, altro elemento caratterizzante la sintassi del *Fiore*, legato alla natura comico-parodistica dell'opera, è costitui-

legame con la lirica siciliana e siculo-toscana è ben testimoniato dal frequente ricorrere del tipo *saccio* (LXII 1, CXXVI 6 ecc.), che, come abbiamo visto, ha riscontri danteschi limitati alle primissime composizioni (cfr. cap. VI).

Dell'accoglimento del fiorentino dell'epoca nella sua dimensione più larga è sintomatica la presenza, alla 3ª pers. plur. del perf. indic. (forme forti), dell'intero sistema di desinenze documentato fra la fine del Duecento e gli inizi del Trecento: -*ero* e -*ono* (assai frequenti: ad es. *fecer* XCV 12, *disson* CCIV 9) ma anche -*oro* (*cognobbor* CCVI 3, *ricaddor* XXXII 8). Notevole, nel sistema dei possessivi, il ricorrere delle forme invariabili *mie, suo*: «*mie* pelligrinaggio» CCXXIV 4, «*suo* minaccia» XX 14, «*suo* gioie e noie» XLIV 7. Si tratta di forme d'origine assimilativa, dovute a indebolimento della vocale finale in posizione protonica (con analogo processo si ha *die* da *dio* X 2, XV 12 ecc.), che si affermeranno in epoca più tarda [cfr. Manni 1979, 131-135], pur non mancando di attestazioni precoci, offerte anche dallo stesso manoscritto Vaticano latino 3793 («cole *suo* mani», «Le *tuo* 'mpromesse» ecc.: cfr. *CLPIO*, CXa). La loro presenza, in questo contesto, si spiega pensando a quella cifra popolaresca e a quella agilità di ritmo che caratterizzano i sonetti del *Fiore* (pervenuti peraltro in copia dei primi decenni del Trecento) e che non a caso hanno indotto taluni ad accostamenti tutt'altro che impropri con il mondo dei cantari [cfr. Fasani 2004].

Per quanto concerne il *Detto d'Amore* (480 distici di settenari a rime equivoche o composte, con varie lacune e mutilo della parte finale), all'abbondanza di pretti francesismi, spesso condivisi dal *Fiore*, ma talora anche autonomi (fra i più spinti ricorderemo *cors* 'corpo' 165), fa riscontro una presenza particolarmente insistita di elementi siciliani [Contini 1966], siano stilemi ripresi dai classici della scuola o singole forme (fra queste ad es. *la dia* 'il dì' 209 e *avento* 'riposo', 'riparo' 342).

---

to dal ricorrere di alcuni costrutti di tipo anacolutico che restano isolati nell'insieme della produzione dantesca. Tale ad esempio l'anticipo a scopo espressivo di un elemento successivamente ripreso attraverso il pronome personale: «Pregar ti fo che tti si' a piacimento / ch'*a quel valletto* ch'è ssì buon e saggio, / tu non sie *verso lui* così salvaggio» XIV 5-7. Cfr. Brambilla Ageno [in *ED*, *App.*, 442-444] e D'Achille [1990, 153], entrambi propensi a interpretare *a quel valletto* con funzione tematizzante: *a* = 'quanto a'.

Assolutamente divergenti i sistemi rimici che caratterizzano le due opere [cfr. Baldelli in *ED*, *rima*, 933-934]: mentre nel *Fiore* le rime sono nella stragrande maggioranza costituite da desinenze verbali e esiti suffissali, confermando l'impressione d'una certa frettolosità e noncuranza, che è tuttavia prerogativa comune a parte della tradizione del sonetto comico; nel *Detto* la rima concentra in sé il massimo grado di attenzione virtuosistica, sul modello del precedente di Jean de Meun e delle esperienze della lirica toscana di poco anteriore, fra cui in primo luogo Guittone.

Capitolo ottavo

La prosa della «Vita nuova» e del «Convivio»

1. La prosa di Dante è testimoniata dalla *Vita nuova* [ediz. Barbi 1932] e dal *Convivio* [ediz. Brambilla Ageno 1995], opere che – come occorre precisare subito – ci sono giunte attraverso copie lontane dall'epoca di composizione (presumibilmente gli anni fra il 1292 e il 1295 per la prima e fra il 1304 e il 1307 per la seconda) e, nel caso del *Convivio*, caratterizzate da un alto grado di corruzione [cfr. Ciociola 2001, 154-157 e 157-161; Bellomo 2008, 58-59 e 84-85].

Per la *Vita nuova* la tradizione manoscritta consta di una quarantina di codici, databili a partire dalla metà del Trecento (unica eccezione il Laurenziano Martelli 12)[1], vagliati e sistemati da Barbi nella sua edizione critica che ha segnato una tappa di capitale importanza nella storia della filologia italiana e che, per molti aspetti (fra cui quelli relativi alla fisionomia linguistica), resta insuperata.

Ancora più tarda la tradizione del *Convivio*, affidata a quarantacinque codici, quasi tutti fiorentini e quattrocenteschi (solo due sono trecenteschi), risalenti a un archetipo assai disastrato, com'è ribadito in Brambilla Ageno [1995, I 900]: «Complessivamente, la tradizione del *Convivio*, benché ricca di testimoni, è tutt'altro che sufficiente a una ricostruzione completa e sicura del testo, perché dipende da un archetipo *x* già molto guasto e in più punti lacunoso». Si aggiunga che già a suo tempo Barbi nella sua Prefazione a Parodi e Pellegrini [1921, XIII-XVI] aveva osservato che l'archetipo è caratterizzato da una coloritura dialettale definibile «all'ingrosso aretina», di cui si conservano cospicue tracce nel più autorevole dei testimoni, il Barberiniano latino 4086, fiorentino del secondo

---

[1] Per quest'ultimo codice, esemplato nei primi decenni del Trecento, probabilmente in area eugubina, cfr. Castellani [1998].

quarto del Trecento, ritenuto il codice che meglio ci raffigura le condizioni fonetiche e morfologiche dell'archetipo.

È evidente, dunque, come una simile situazione testuale non consenta nessuna ricognizione sicura sulla prosa dantesca nel suo aspetto fonomorfologico e come proprio quest'ultimo costituisca un nodo critico assai insidioso ma ineludibile per chi si è ultimamente apprestato o si sta apprestando ad allestire nuove edizioni. Per la *Vita nuova* è d'obbligo segnalare l'edizione procurata da Gorni [1996] (e riproposta con qualche emendamento in Id. [2011]), che non manca di introdurre delle novità apprezzabili, fra cui il titolo dell'opera, restaurato nella forma senza dittongo *Vita Nova*, coerente con l'esordio latino esibito all'inizio del primo capitolo (*Incipit Vita Nova*) e confermato dalle citazioni contenute nel *Convivio* (I i 16, II II 1, II XII 4 con accordo di tutti i testimoni [Brambilla Ageno 1995, I 905])[2]. Resta però il fatto che le scelte linguistiche di Gorni sono talora orientate verso soluzioni più compromissorie e «moderne» laddove l'edizione Barbi si mantiene più aderente al fiorentino tardoduecentesco. In particolare, di fronte a diverse varianti fonomorfologiche, Gorni accoglie le forme accreditate dalla maggioranza dei testimoni. Tale criterio determina la scomparsa di una serie di tratti coerenti col fiorentino della fine del secolo XIII: da *ogne*, che cede al più moderno *ogni*, fino a *udio*, *partio* rimossi a favore di *udì*, *partì*, e a *aggie* e *diche* (2ª pers. sing. del pres. cong.) sostituiti da *aggi* e *dichi*. Appare quindi preferibile, in questi e in altri casi, rispettare le forme più antiche, fondando la fisionomia linguistica del testo – come appunto aveva fatto Barbi – sui manoscritti più conservativi di mano fiorentina (nella fattispecie il Chigiano L VIII 305 e il Magliabechiano VI 143). Per il vivace dibattito innescato dall'edizione Gorni, che coinvolge nel senso più profondo il delicatissimo problema della restituzione formale di testi a tradizione plurima in assenza di autografi, cfr. Trovato [1998; 2000, 50-86 e 87-92], e d'altra parte Gorni [1998; 2000]; inoltre Bellomo [2004b], Carrai [2007]. A quest'ultimo si deve una nuova edizione del *libello* [Carrai 2009] che, pur accettando il titolo nella forma senza dittongo, offre un testo che per le scelte linguistiche si

---

[2] L'edizione Gorni adotta anche un nuovo sistema di partizione interna, suddividendo il testo in trentun capitoli contro i quarantadue tradizionali.

conforma al manoscritto Chigiano. Tale criterio è programmaticamente accolto anche da Calenda [2012] in vista della
nuova edizione che si sta allestendo nell'ambito della *NECOD*
(edizione che ora sta curando Donato Pirovano). Quanto
al *Convivio*, si attende la nuova edizione messa in cantiere,
sempre per la *NECOD*, da Andrea Mazzucchi, di cui sono
già stati delineati i fondamenti metodologici: pur muovendo
dall'edizione Brambilla Ageno, essa intende riconsiderare la
questione relativa all'assetto fonomorfologico, che anche in
questo caso andrà ricostruito sulla base del manoscritto dia-
topicamente e diacronicamente meno distante dall'originale,
ovvero il già citato Barberiniano latino 4086 [cfr. Mazzucchi
2012, part. 90-100].

2. Oggetto di attenzione teorica continua da parte di Dante,
la prosa prende campo in due opere che hanno un comune
nucleo generativo, in quanto entrambe «nascono da [...] esperienze poetiche e devono il loro essere al bisogno di spiegarle
e di abbellirle in qualche altro modo. Esse [...] dimostrano la
stessa tendenza a estendere e a interpretare in prosa ciò che
[Dante] aveva scritto in versi» [Grayson 1963, 41]. Si tratta
comunque di opere profondamente differenti per contenuti e
ambizioni, testimoni di un processo di maturazione della prosa
stessa, che perviene a risultati originali rispetto alla tradizione
e si organizza in forme sempre più salde e complesse.
    La prosa nella *Vita nuova* ha, come abbiamo visto (v. cap.
IV.1), la funzione di *aprire la ragione*, chiarire il *verace intendimento* sotteso nelle liriche, legandole nella continuità di un
tessuto discorsivo, sul modello del *prosimetrum* medievale (componimento misto di prosa e versi il cui capostipite si ravvisa nella
Consolatio philosophiae di Boezio) mediato dalla tradizione più
specializzata in senso ermeneutico delle *razos* provenzali (e si
noti che il termine *ragione* è qualche volta usato da Dante stesso
come tecnicismo perfettamente corrispondente al provenzale
razo, nel senso quindi di 'prosa', 'didascalia esplicativa')[3].

---

[3] Così ad esempio nella presentazione del sonetto *Videro li occhi miei
quanta pietate*, dopo la parte in prosa che ne ha illustrato il contenuto: «E
però proposi di dire uno sonetto, ne lo quale io parlasse a lei [alla donna
gentile], e conchiudesse in esso tutto ciò che narrato è in questa *ragione*»
XXXV 4. Cfr. Gorni [1996, XLI, 199 in nota].

Sono elementi d'immediato rilievo nella prosa della *Vita nuova*, segnalati fin dai primi commentatori (fra cui Lisio [1902], Parodi [1902], Schiaffini [1943], Terracini [1957]), l'andamento «tra contemplativo e pensoso» [Terracini 1957, 247], il senso di elementarità espressiva, il tono rarefatto, antirealistico, cadenzato, la musicalità interna: tutti elementi che sottolineano in modo inequivocabile il forte debito nei confronti del parallelo linguaggio poetico, ribadito da molti critici [cfr. Baldelli 1978, 81-88; Tateo in *ED, prosa*, 715-716; Garavelli 1982; Serianni 1993, 468]. Recentemente Stefano Carrai [2006] ha proposto una lettura del *libello* in chiave di elegia (genere che nel Medioevo volgare poteva trascorrere dalla poesia alla prosa), segnalando una serie di elementi linguistici e stilistici che ne percorrono il dettato, a partire dal ricorrere di vocaboli tipici del registro doloroso e lacrimevole: *dolore, doloroso, lagrima, lagrimare, pianto, piangere, lamento* ecc.; inoltre *misero* e *miseria* che rimandano alla definizione tecnica dell'elegia (*stilus miserorum*), sottoscritta da Dante stesso nel *De vulgari eloquentia* (cfr. cap. V, p. 44). E come già nella poesia, anche nella prosa si susseguono i riecheggiamenti dalle sacre scritture, che ora invero si potenziano e vengono a costituire una fitta trama di richiami e analogie, ben percepibili sia a livello lessicale che sintattico [cfr. Beccaria 2012]. Lo stesso titolo *Vita nuova* rimanda a un'espressione ricorrente nella letteratura cristiana (da san Paolo a sant'Agostino) per indicare la vita 'rinnovata', 'rigenerata' dalla salvezza.

Non si possono tuttavia negare a questa prosa movenze e aspetti propri, connessi anche ai diversi modi in cui essa esplica la sua funzione chiarificatrice: ora narrando l'occasione delle poesie, ora illustrandone le componenti secondo gli schemi di una collaudata tradizione esegetica medievale nelle cosiddette *divisioni*[4], ora allargandosi in dichiarazioni e digressioni sull'arte poetica. Nella prima parte (capp. I-XX) le prose presentano spesso un'ampiezza e uno svolgimento che travalicano le liriche; in seguito il legame diviene più stretto e organico, facendo talora supporre – come accade per il cap. XXIII (connesso alla canzone *Donna pietosa e di novella etate*) da cui il brano citato nell'antologia (*Testi* 3.1) – che addirittura

---

[4] Le *divisioni*, ritenute materiale inerte, puramente didascalico, furono scorporate dal testo della *Vita nuova* e confinate nei margini, come delle vere e proprie chiose, nei due codici dell'opera di mano del Boccaccio.

la poesia si sia rimodellata sulla prosa [cfr. De Robertis 1970, 154-155]. Ed è naturalmente in questi casi, dove i due codici linguistici e stilistici procedono in modo parallelo, che certi particolari procedimenti della prosa (e anche della poesia) si possono mettere meglio in evidenza.

Sul piano del lessico, uno dei tratti più caratterizzanti della prosa rispetto alla poesia è dato dalla massiccia presenza di latinismi, che sottolineano il forte legame con la prosa letteraria fiorentina contemporanea, formatasi alla scuola dei volgarizzamenti. Sono latinismi che non hanno riscontro nel corrispondente linguaggio lirico *amaritudine, erroneo, inebriato, intimo, menimo, nebula, nebuletta, propinquissimo, puerizia, riprensione, sanguinitade, singulto, infallibile, mirabile, orribile, intollerabilmente*; inoltre *obumbrare, redundare* e *risibile* (che restano degli *hapax* nell'opera dantesca). Un termine di grande interesse è *ineffabile*, che fa il suo ingresso nel volgare proprio attraverso la *Vita nuova* (III 1). Mutuato dal linguaggio mistico-religioso, questo aggettivo è usato con riferimento del tutto nuovo alla donna, attribuito in particolare alla *cortesia* di Beatrice che porge a Dante il suo saluto beatificante [cfr. Colombo 1987, 11-36]. È da considerare come latinismo proprio della prosa anche il modulo del superlativo assoluto in -*issimo* (*amarissima, gentilissima, grandissima* ecc.)[5], il cui largo uso s'inquadra in una generalizzata tendenza verso le forme e i costrutti elativi, testimoniata anche dall'insistente ricorrere di voci come *maraviglia, maravigliarsi, maraviglioso*. Aumentano, nel complesso, i termini concreti, spesso dettati dall'aggiunta, nella prosa, di qualche particolare realistico; e si accolgono pure, all'occorrenza, termini specialistici, come ad esempio *farnetico, farneticare* (che rimandano all'ambito medico). Invece tendono a ridursi le componenti di ascendenza galloromanza e lirico-siciliana. Alla drastica riduzione dei suffissati in -*anza* resistono *baldanza, lamentanza, simiglianza, speranza, usanza* (mentre si perdono forme meno acclimatate come *accordanza, allegranza, dottanza, erranza, orranza*). Passa però alla prosa *gabbare* (fr. ant. *gaber*, pr. *gabar*) 'ingannare, schernire' (mentre di pertinenza solo poetica è il sost. *gabbo*). Il sicilianismo *disio, disiare* cede decisamente a *desiderio, desiderare* (*di-*).

---

[5] Della natura dotta del superlativo in -*issimo* è spia la *i* tonica in luogo di ĭ latina (-ĬSSIMUS).

Dal punto di vista sintattico, la *Vita nuova* s'innesta sulla già vitale tradizione della prosa narrativa toscana, di cui riprende con somma perizia certi procedimenti espositivi ispirati alla analiticità e alla linearità, come ricorda Roberta Cella [2013, 27], formulando un giudizio che sintetizza molto bene i caratteri più evidenti del periodare del *libello*:

l'andamento analitico per «blocchi» sintattici coordinati o «scomparti» (come lo ha definito Benvenuto Terracini) o «stazioni» (secondo Leo Spitzer, che lo descrive per la narrativa epica francese) [...] narra la storia nel suo svolgersi, segmentandola in singole azioni non gerarchizzate ma ordinate secondo uno sviluppo lineare, e affidando agli avverbi o ad altre espressioni temporali o causali e all'aspettualità verbale il compito di stabilire i rapporti reciproci tra gli eventi. Questo tipo di procedimento ricrea il racconto nel suo divenire, quasi come se, nonostante sia narrato al passato, si svolgesse sotto gli occhi del lettore [Cella 2013, 28].

Tratto particolarmente vistoso, congruente con le correnti ritmiche e foniche che percorrono questa prosa, è la tendenza a «un andamento subordinante fittamente ripetitivo dei tipi sintattici e degli elementi lessicali» [Baldelli 1978, 82]. Fra i moduli reggenti più insistiti *mi parea*, *parve*, *io dico*, *vedea*, *avvenne*, da cui spesso si diramano strutture periodali brevi e simmetricamente disposte. Occorre peraltro ricordare che la tendenza alla ripetizione, certo una delle caratteristiche più evidenti dell'assetto sintattico-stilistico dell'intera opera, ha ben noti riscontri nella prosa contemporanea a tutti i livelli e va pertanto sottratta alla valutazione negativa che talora, in passato, è stata espressa: «anzi negli scrittori coscienti dei fatti dello stile, l'atteggiamento non sfavorevole all'iterazione della stessa parola si traduce in una forte disposizione a servirsi vastamente della ripetizione della parola-chiave» [*ibidem*, 87]. Inoltre la ripetizione, specie quella di natura lessicale, era all'epoca necessitata dall'assenza di un sistema di segni paragrafematici come quello moderno, funzionale a scandire logicamente il testo [cfr. Cella 2013, 33]. Talora la ripetizione lessicale è accompagnata al gioco etimologico (ad es. *queste parole che io parlo* XII 17, *salute salutava* XI 3). Si deve altresì precisare che i modi ripetitivi, sia di tipo formulistico sia di tipo parallelistico e anaforico, che sostengono la struttura narrativa della *Vita nuova* e contribuiscono decisamente alla

coesione del testo, sono spesso legati alla presenza di modelli
evangelici, da tempo indicati fra le fonti più scoperte dell'o-
pera: così i già citati *avvenne* (corrispondente a *factum est
autem*), *io dico* (*amen dico vobis*), *mi parea* (affine al biblico
videbatur). Anche gli avverbi temporali che spesso aprono i
capitoli (*appresso, poi che, poi, poscia che*) fanno pensare agli
avvii ricorrenti soprattutto nel Vangelo di Giovanni (*post
haec, post hoc*). Altri stereotipi si hanno nella presentazione
delle poesie, in quella che è stata definita una vera e propria
«liturgia del testo, dal *proponimento* al *cominciamento*» [Gorni
1996, XXVIII]: *propuosi di fare un sonetto* (o *una canzone,
o una ballata*), *propuosi di dire parole, cominciai (allora) una
canzone* ecc.

Fra i singoli procedimenti sintattici che stabiliscono una
continuità rispetto alla prosa duecentesca segnaliamo le costruzioni infinitive del tipo «converrebbe *essere me laudatore di
me medesimo*» XXVIII 2, «io ponga *Amore essere corpo*», «io
ponga *lui essere uomo*» XXV 2; le varie forme di inversione,
fra cui – particolarmente frequenti – quelle del soggetto [cfr.
Cernecca 1966]; le dense concatenazioni di relative, che si
colgono fin dal periodo iniziale:

In quella parte del libro de la mia memoria dinanzi *a la quale* poco
si potrebbe leggere, si trova una rubrica *la quale* dice: «Incipit vita
nova». Sotto *la quale* rubrica io trovo scritte le parole *le quali* è mio
intendimento d'assemplare in questo libello (I 1);

nonché certe forme di schematizzazione logico-sintattica che
richiamano molto da vicino il linguaggio espositivo di Brunetto
[cfr. Segre 1952, 243 e 197]:

[...] mi cominciaro molti e diversi pensamenti a combattere [...] tra li
quali pensamenti, *quattro* mi parea che ingombrassero più lo riposo de
la vita. *L'uno de li quali* era questo: buona è la signoria d'Amore, però
che trae lo intendimento del suo fedele da tutte le vili cose. *L'altro* era
questo: non buona è la signoria d'Amore, però che [...]. *L'altro* era
questo [...]. *Lo quarto* era questo [...] (XIII 1-5).

Abbastanza frequenti le strutture paraipotattiche: «*E quando mi
domandavano*: "Per cui t'ha così distrutto questo Amore?", *ed*
io sorridendo li guardava» IV 3; «*E quando ei pensato alquanto
di lei, ed* io ritornai pensando a la mia debilitata vita» XXIII

3; «avvenne uno die che, *sedendo io pensoso in alcuna parte, ed io mi sentio cominciare un tremuoto nel cuore*» XXIV 1 ecc.

Assumono una notevole incidenza, anche nella prosa, le consecutive «forti», che corrispondono a un modulo ampiamente utilizzato dagli stilnovisti, e da Dante in particolare, per esprimere gli stati di beatitudine o sofferenza che l'amore, di per sé ineffabile, provoca nell'animo umano (cfr. cap. VI, pp. 57-58). Esemplare il loro susseguirsi nel racconto della prima apparizione di Beatrice:

Apparve vestita di nobilissimo colore, umile e onesto, sanguigno, cinta e ornata a la guisa che a la sua giovanissima etade si convenia. In quello punto dico veracemente che lo spirito de la vita, lo quale dimora ne la secretissima camera de lo cuore, cominciò a tremare *sì fortemente, che apparia ne li menimi polsi orribilmente* [...]. D'allora innanzi dico che Amore segnoreggiò la mia anima, la quale fu sì tosto a lui disponsata, e cominciò a prendere sopra me *tanta sicurtade e tanta signoria* per la virtù che li dava la mia imaginazione, *che me convenia fare tutti li suoi piaceri compiutamente.* Elli mi comandava molte volte che io cercasse per vedere questa angiola giovanissima; onde io ne la mia puerizia molte volte l'andai cercando, e vedeala di *sì nobili e laudabili portamenti, che certo di lei si potea dire quella parola del poeta Omero*: «Ella non parea figliuola d'uomo mortale, ma di deo» (II 3-4, 7-8).

Né mancano, nella *Vita nuova*, nella sua sintassi periodale pur dominata da forme di coordinazione lineari e simmetriche, procedimenti di natura ipotattica che preannunciano gli sviluppi assai più complessi e vigorosamente strutturati che caratterizzeranno la sintassi del *Convivio* [cfr. Segre 1952, 242; Vallone 1963; Herczeg 1972, 7-26]. Per l'esemplificazione v. il successivo paragrafo 3.

3. Del diverso carattere della prosa del *Convivio* è consapevole Dante stesso, che definisce la sua opera più matura *temperata e virile*, mentre la *Vita nuova* è detta *fervida e passionata* (I 1 16). L'affermazione teorica della dignità della prosa, anzi il privilegio riconosciuto a quest'ultima di rivelare la bellezza della lingua nella sua naturalità scevra da artifici (v. cap. IV.2), trova coerente riscontro in una prosa che – com'ha detto Grayson [1963, 51] – «si libera dal giogo poetico sia nel contenuto sia nella forma»: una prosa che si costruisce tutta attingendo alle risorse intrinseche della lingua nell'alto com-

pito di trasmettere agli uomini il sapere. L'intento di offrire il commento a tre canzoni allegoriche e dottrinali diviene infatti il pretesto per una trattazione che tende a svilupparsi in modo sostanzialmente autonomo, sorretta da impalcature retoriche tutte tese nella volontà di esprimere la saldezza della ragione nella sua ricerca della verità-sapienza: in opposizione alla simbiosi poesia-prosa della *Vita nuova*, si è parlato appunto, per il *Convivio*, di una «robusta autonomia razionalizzante» [Baldelli 1978, 89] (v. inoltre, per un'analisi centrata sulla lingua, oltre allo stesso [*ibidem*, 88-93], Segre [1952, 227-270], Vallone [1967], Coletti [1993, 70-74], Mazzucchi [1995]; sulla peculiarità del IV trattato cfr. Corti [1983, 123-145]).

Il lessico, che nel prosimetro giovanile era tutto imperniato sull'amore e sulla celebrazione di Beatrice, subisce un forte incremento sia quantitativo che qualitativo, accogliendo una miriade di termini appartenenti in larga misura al lessico intellettuale (ma non solo a quello), molti dei quali ricevono per la prima volta una consacrazione letteraria. Di fatto, com'è stato messo in evidenza da Mazzucchi [1995, 338], attraverso il *Convivio* entra in circolazione e si fissa nel suo valore tecnico una vasta terminologia designante i concetti fondamentali della metafisica, della gnoseologia, dell'etica e della logica: si pensi a lemmi come *essere, essenza, forma, atto, cagione, principio, materia, sustanza, effetto, abito, accidente, affezione, disposizione, innato, intelletto, intenzione, obietto, speculare, speculazione, silogismo* e *silogizzare, consequente, contradizione;* e *idea* di cui Dante sembra offrire in assoluto la prima attestazione volgare. E fra gli altri latinismi di origine prevalentemente scolastica ricordiamo: *abominare* e *abominazione, calunnia, calunniare* e *calunniatore, inreverente, inreverenza, inreverentemente, adolescente, imbecillitade, impulsione, induzione* e *induttrice, macula, pullulazione* ecc. Insieme con *ineffabile* (già presente nella *Vita nuova*), s'introduce il sostantivo *ineffabilitade* e nelle varie occorrenze dei due termini si riconferma il riferimento alla donna (la *donna gentile* che nelle canzoni allegoriche incarna la filosofia) accanto a quello tradizionale mistico-religioso [Colombo 1987, 36-48]. Un *hapax* interessante è *amicizia* («sì come dello amico nasce lo vocabulo del suo propio atto, cioè *Amicizia*» III XI 6), dato che il termine comune, usato anche da Dante, è a quest'epoca *amistà, amistade* (35 occorrenze nel *Convivio*). Lo stesso titolo dell'opera *Convivio* è un latinismo, se non del tutto nuovo alla tradizione volgare, certamente non consueto (lo aveva già usato Bonvesin da la Riva: cfr. *TLIO*). Moltissimi gli aggettivi in *-issimo*; e quelli in *-abile, -ibile, -evole, -ale, -ivo*, utilizzati anch'essi in larga misura in voci dotte dell'uso filosofico (ad esempio *abituale, attuale, intellettuale, abominevole, salutevole, attivo, inventivo, passivo, speculativo* ecc.). Ma è pure significativo, al polo opposto, l'apporto del lessico comune, anche di stampo fortemente realistico, per cui si accolgono voci come *gallina* (*schiamazzare come gallina* III VIII 12), *sarchiare, tetta* 'mammella', *zappa*; e nomi di mestiere come *spadaio, frenaio, sellaio, scudaio* (IV VI 6). Certi settori della lingua scientifica, ampiamente documentata nel *Convivio*, permettono di vedere bene le due componenti terminologiche, l'una di tipo dotto e l'altra di tipo popolare, che di fatto spesso coesistevano nel sapere dell'epoca e rimarranno ben vive fino al rinascimento, e anche oltre. Prendiamo il settore della geometria: accanto ai termini dotti euclidei *quadrangulo, triangulo, pentangulo, diametro, piramidale, superficie, retta linea, circulo* e *cerchio* (il secondo più frequente), troviamo termini di tipo più marcatamente empirico come *canto* 'angolo', *arco* e *dosso* («*arco* o vero *dosso* di questo cerchio» II III 16), *corda*. In campo medico notiamo: *cerebro, matrice* 'utero', *omore, palato, pupilla, tunica* 'membrana che riveste la pupilla', *stomaco*, e *patire* nel senso di 'digerire'. In campo fisico-astronomico: *eclipsi, epiciclo, equatore, galassia, polo, revoluzione* («per questa *revoluzione* si girava lo sole intorno a noi» III V 4). Talora i termini di ambito dotto sono affiancati da un corrispondente termine di uso più comune introdotto da una congiunzione esplicativa, secondo un procedimento glossatorio tipico delle summe enciclopediche medievali, già ben assimilato dai volgarizzamenti: *magnificare, cioè fare grandi* (I X 7); *Cristallino, cioè diafano o vero tutto trasparente* (II III 7)[6].

Altro aspetto che caratterizza decisamente il lessico del *Convivio* è dato dall'abbondanza di usi metaforici, a partire da quelli relativi al banchetto, che danno il titolo al trattato e si propagano all'inizio del primo libro in una ricca serie di traslati e similitudini che investono voci come *mensa, cibo, pane, vivanda*, e *gustare* e *patire*, verbi che si riferiscono alle

---

[6] Non è del resto completamente da escludere che queste chiose siano dovute all'intervento di qualche copista.

due valenze del cibo, una legata al gusto e l'altra al processo digestivo che converte il cibo in nutrimento [cfr. Bartoli 2012, 84]. E si veda anche l'esordio del secondo libro in cui alla ripresa della metafora del nutrimento si intreccia quella della navigazione:

Poi che proemialmente ragionando, me ministro, è lo mio *pane* nello precedente trattato con sufficienza preparato, lo tempo chiama e domanda la mia *nave uscir di porto*; per che, *dirizzato l'artimone della ragione all'òra* ['vento' dal lat. AURA] *del mio desiderio, entro in pelago* con isperanza di dolce cammino e di salutevole *porto* e laudabile nella fine della mia *cena* (II I 1).

La sintassi del *Convivio* trova il suo costante punto di riferimento nel latino della trattatistica scolastica di cui ricalca continuamente gli schemi. Sia all'interno del periodo, sia nei rapporti fra i periodi, sia anche nell'organizzazione più ampia dei capitoli, dominano strutture largamente simmetriche che si realizzano sia attraverso forme usuali come parallelismi e correlazioni, sia attraverso procedimenti più ricercati come le perissologie ovvero moduli stilistici che si collegano al «procedimento scolastico di far seguire un'affermazione dalla negazione del suo contrario, o viceversa» [Segre 1952, 263]. Ne dà esempio il seguente brano:

La vera obedienza conviene avere tre cose sanza le quali essere non può: vuole essere dolce, e non amara; e comandata interamente, e non spontanea; e con misura, e non dismisurata. [...] Ciascuna cosa che da perverso ordine procede è laboriosa, e per consequente è amara, e non dolce, sì come dormire lo die e vegghiare la notte, e andare indietro e non inanzi. Comandare lo subietto allo sovrano procede da ordine perverso – ché ordine diritto è lo sovrano allo subietto comandare –, e così è amaro, e non dolce (I VII 2-4)[7].

Una manifestazione esemplare della strategia sintattico-argomentativa della prosa del *Convivio* si ha nel cosiddetto periodo «a festone», «che è la riproduzione nella sintassi del processo dimostrativo del sillogismo» (*ibidem*, 257): prendendo avvio con una congiunzione che si riferisce alla principale,

---

[7] La citazione è ripresa da Mazzucchi [1995, 345], che sottolinea come il modulo perissologico ricorra anche nella precedente prosa volgare non narrativa, e particolarmente in quella di Ristoro d'Arezzo.

il periodo s'inarca in una serie di proposizioni secondarie prolettiche (per lo più di tipo causale) per poi concludersi pianamente con la principale o con un suo prolungamento. Esempi di tale procedimento compositivo già si affacciavano in alcune parti della *Vita nuova*, come mostra il seguente brano:

> *Onde con ciò sia cosa che* cotale partire sia doloroso a coloro che rimangono e sono stati amici di colui che se ne va; e nulla sia sì intima amistade come da buon padre a buon figliuolo e da buon figliuolo a buon padre; e questa donna fosse in altissimo grado di bontade, e lo suo padre, sì come da molti si crede e vero è, fosse bono in alto grado; *manifesto è* che questa donna fue amarissimamente piena di dolore (XXII 2).

Nel *Convivio* tale struttura logico-sintattica scandisce tutto il procedere dell'opera. Qualche esempio:

> *Onde, con ciò sia cosa che* la Galassia sia uno effetto di quelle stelle le quali non potemo vedere, se non per lo effetto loro intendiamo quelle cose, e la Metafisica tratti delle prime sustanze, le quali noi non potemo simigliantemente intendere se non per li loro effetti, *manifesto è* che lo Cielo stellato ha grande similitudine colla Metafisica (II xiv 8);

> *Onde, quando* lo figlio è conoscente del vizio del padre, e quando lo suddito è conoscente del vizio del segnore, e quando l'amico conosce che vergogna crescerebbe al suo amico quello amonendo o menomerebbe suo onore, o conosce l'amico suo non paziente ma iracundo all'amonizione, *questa figura è bellissima e utilissima*, e puotesi chiamare 'dissimulazione' (III x 7);

> *Ma però che*, dinanzi dall'aversario se ragiona, lo rettorico dee molta cautela usare nel suo sermone, acciò che l'aversario quindi non prenda materia di turbare la veritade; *io*, che al volto di tanti aversarii parlo in questo trattato, *non posso lievemente parlare* (IV viii 10).

Talora la principale è preceduta da un segnale di ripresa (una congiunzione o un avverbio) che aiuta a riannodare il filo del discorso [cfr. Tesi 2001, 79-80 da cui l'esempio]:

> *E però che* [nel]l'ordine intellettuale dell'universo si sale e discende per gradi quasi continui dalla infima forma all'altissima, [e dall'altissima] alla infima, sì come vedemo nell'ordine sensibile; e tra l'angelica natura, che è cosa intellettuale, e l'anima umana non sia grado alcuno, ma sia quasi l'uno all'altro continuo per li ordini delli gradi; e tra l'anima

umana e l'anima più perfetta delli bruti animali ancor mezzo alcuno non sia; e noi veggiamo molti uomini tanto vili e di sì bassa condizione, che quasi non pare [loro] essere altro che bestia: *e così è da porre e da credere fermamente* che sia alcuno tanto nobile e di sì alta condizione che quasi non sia altro che angelo (III VII 6).

Periodi di questo tipo possono in qualche caso presentare un prolungamento di proposizioni esplicative che fungono da contrappeso rispetto alla spinta ascendente della prima parte, dando luogo ad architetture potentemente simmetriche [cfr. Segre 1952, 260-263]:

> *Ma però che* in ciascuna maniera di sermone lo dicitore massimamente dee intendere alla persuasione, cioè all'abellire dell'audienza, sì come a quella ch'è principio di tutte l'altre persuasioni, come li rettorici sanno, e potentissima persuasione sia, a rendere l'uditore attento, promettere di dire nuove e grandissime cose; *séguito io alla preghiera fatta dell'audienza questa persuasione, cioè, dico abellimento, annunziando loro la mia intenzione, la quale è di dire nuove cose, cioè la divisione che è nella mia anima, e grandi cose, cioè lo valore della loro stella* (II VI 6)[8].

Fra le singole costruzioni subordinanti che sostengono la solida tessitura argomentativa del *Convivio* hanno larghissima diffusione le causali, che spesso si accumulano scandendo i vari gradi del procedere dimostrativo[9]; le concessive introdotte sia da congiunzioni (fra cui il pretto latinismo *etsi*) sia dalla formula *avvegna che*; le relative che garantiscono la coesione non solo fra le proposizioni, ma anche fra i periodi, essendo frequentissimo l'uso di iniziare il periodo coi nessi relativi *il quale, la quale* seguiti da un sostantivo ripreso dal periodo precedente o da un iperonimo riassuntivo come *cosa* o *cagione*; inoltre le frasi ipotetiche che possono organizzarsi anche in

---

[8] Si noterà, in questo brano, la coordinazione di indicativo e congiuntivo («però che [...] lo dicitore massimamente *dee* intendere alla persuasione [...] e potentissima persuasione *sia* [...]») che è diffusa nella prosa antica, ed è particolarmente frequente nel *Convivio*, proprio nel periodo a «festone» con prolettica causale [cfr. Segre 1952, 208-209; inoltre Brambilla Ageno 1973].

[9] Fra le locuzioni con valore causale, ricorrenti nel *Convivio* (e nella *Vita nuova*), notevole *con ciò sia cosa che* (e *con ciò fosse cosa che*), seguita normalmente dal congiuntivo, che rappresenta un modulo formulistico tipico della lingua della prosa antica (anche in Dante esso non compare mai in poesia).

forme molto complesse. Numerose anche le comparative in connessione con l'uso frequentissimo del paragone che, nella duplice figura della comparazione e della similitudine, costituisce – come abbiamo già rilevato – «un punto di riferimento assiomatico o *ragione* su cui si fonda l'enunciazione» [Pelo in Dardano 2012, 442]. Naturalmente abbondano anche i costrutti latineggianti come le dichiarative prolettiche, le infinitive preposizionali sul modello delle gerundive latine, le oggettive con accusativo + infinito (frequenti soprattutto con i *verba dicendi* e *sentiendi*), gli ablativi assoluti, le inversioni ecc.; mentre è molto significativo il regresso di un costrutto sostanzialmente antilatino come la paraipotassi. Per tutti questi costrutti si troverà ampia esemplificazione negli studi sulla sintassi del periodo dantesca di Agostini e Brambilla Ageno [in *ED*, *App.*], che possono essere utilmente integrati attraverso i contributi raccolti nel recente volume di Dardano [2012], ricchissimo di riferimenti alla prosa dantesca e al *Convivio* in particolare.

D'altro lato, è tipico della prosa del *Convivio*, e ne frange il dominante andamento logico-enunciativo, il ricorrere di elementi enfatici che esprimono la passionalità dell'autore. Questi ultimi, «lungi dal rappresentare un impaccio alla struttura logica di quella prosa, le conferiscono una «letterarietà» quasi del tutto assente nei testi in volgare di argomento scientifico precedenti e contemporanei, e mettono in circuito livelli e registri di formalizzazione prosastica differenziati e specifici, tanto da creare un archetipo modellizzante per la successiva prosa d'arte della tradizione italiana» [Mazzucchi 1995, 346; e v. anche 2003]. Rientrano in questo quadro le esclamazioni e le interrogative retoriche, che talora intensificano il loro valore emozionale proponendosi in figure iterative, come accade nei seguenti esempi, tratti dal IV trattato (dove simili costrutti raggiungono la massima incidenza):

Oh *quanti* falli rifrena esto pudore! *quante* disoneste cose e dimande fa tacere! *quante* disoneste cupiditati raffrena! *quante* male tentazioni non pur nella pudica persona diffida, ma eziandio in quello che la guarda! *quante* laide parole ritiene! (IV xxv 9);

E *non puose Iddio le mani propie* alla battaglia dove gli Albani colli Romani dal principio per lo campo del regno combattero, quando uno solo Romano nelle mani ebbe la franchigia di Roma? *Non puose Iddio le mani propie*, quando li Franceschi, tutta Roma presa, prendeano di furto Campidoglio di notte, e solamente una voce d'una oca fé ciò sentire? *E non puose Iddio le mani*, quando per la guerra d'Annibale avendo perduti tanti cittadini che tre moggia d'anella in Africa erano portate, li Romani volsero abandonare la terra, se quel benedetto Scipione giovane non avesse impresa l'andata in Africa per la sua franchezza? *E non puose Iddio le mani* quando uno nuovo cittadino di picciola condizione, cioè Tulio, contra tanto cittadino quanto era Catellina la romana libertate difese? Certo sì (IV v 18-19).

Il potente condizionamento del latino sulla prosa del *Convivio* trova conferma nell'omogeneità che il normale sviluppo della trattazione presenta rispetto ai numerosi inserti dichiaratamente tradotti da fonti latine (sia classiche che aristotelico-tomistiche): tale confronto mette in pieno risalto come Dante si sia impossessato degli schemi logico-sintattici del latino, sviluppandoli in modo duttile e autonomo per le proprie necessità espressive[10]. Grande rilievo acquista inoltre il rapporto organico che lega la lingua del *Convivio* alla prosa latina della *Monarchia*. Osserva Segre [1952, 244] che «tutti i procedimenti espositivi e dimostrativi della scolastica, dall'assetto esteriore del trattato, alle divisioni, alla tecnica sillogistica, al modo di introdurre le citazioni, perfino a certe formule sintattiche sono nel *Convivio* identici a quelli della *Monarchia*»: così *Dico adunque che...* corrisponde a *Dico igitur quod...*; *Ad evidenzia di questa, è da sapere che...* ricalca *Ad cuius evidentiam advertendum quod...*; *Per che manifesto è che...* è *Unde manifestum est quod...* Altri studi dimostrano come le strutture sintattico-stilistiche dei modelli classici, e in particolare di Cicerone, si riflettano in modo parallelo sulla prosa dantesca latina e volgare [cfr. Leoncini 2007]. E si ricorderà anche che, in concomitanza con il *Convivio*, Dante scrive in latino il *De vulgari eloquentia*[11].

Il *Convivio* si pone sulla scia di una vigorosa tradizione della trattatistica fiorentina, già largamente ispirata al modello latino, che aveva avuto il suo massimo esponente in Brunetto Latini: l'opera tuttavia assimila al volgare l'esperienza costruttiva della prosa latina, elaborando un linguaggio saldamente organico,

---

[10] Alle traduzioni dantesche è dedicato il volume di Chiamenti [1995].
[11] Per un orientamento complessivo sul latino di Dante, cfr. Brugnoli [in *ED, latino (la lingua latina)*], Mengaldo [in *ED, cursus*], Vallone [1981, 559-622], Del Popolo [1990], Bellomo [2008, 139-146].

che supera le titubanze, gli squilibri, gli sfaldamenti riscontrabili nelle opere precedenti. Nel quadro della produzione dantesca, la prosa del *Convivio*, con la sua generosa apertura sulla realtà, col suo ricco e variato repertorio lessicale, con il sapiente equilibrio e la duttilità delle sue strutture sintattiche e retoriche, dove pure s'intessono più registri e livelli espressivi, costituisce un'esperienza che si ripercuoterà in modo decisivo sull'elaborazione linguistica e stilistica del poema [cfr. Grayson 1963, 54-60; Baldelli 1978, 90; Trovato 1997].

Capitolo nono

La «Commedia» e il suo plurilinguismo: fra teoria e prassi

1. L'ideazione della *Commedia*, la novità e la grandiosità della sua realizzazione (il cui inizio viene attribuito agli anni 1306-07) comportano un superamento di quanto teorizzato in fatto di lingua e di stile sia nel *Convivio* sia nel *De vulgari eloquentia*[1].

Anzitutto il termine *comedìa* che per due volte, nell'Inferno, Dante attribuisce al poema (*per le note / di questa comedìa, lettor, ti giuro [...]* Inf. XVI 128; *Così di ponte in ponte, altro parlando / che la mia comedìa cantar non cura, / venimmo* Inf. XXI 2), in parallelo con *tragedìa* che designa, attraverso le parole di Virgilio, l'*Eneide* (*canta / l'alta mia tragedìa* Inf. XX 113), è difficilmente interpretabile alla luce della gradazione degli stili sancita nel *De vulgari eloquentia* (II IV 5-6), secondo la quale il «comico», cui si addice il volgare mediocre e umile, occupa un livello intermedio fra il supremo stile tragico che si esprime nel volgare illustre, adatto al genere lirico della canzone, e lo stile elegiaco che assume solo il volgare umile (cfr. cap. V pp. 44-45). Si ammette dunque che il «comico» della *Commedia* implichi un valore diverso rispetto a quello espresso nel trattato latino[2]. Appare importante, a questo proposito, la testimonianza

---

[1] Resta marginale rispetto alla realtà concreta della *Commedia*, ma merita comunque un cenno, l'ipotesi di una primitiva ideazione del poema in lingua latina, che si fonda sulla discussa «epistola di frate Ilaro», conservata alla c. 67r del manoscritto Laurenziano XXIX 8, autografo del Boccaccio, nella quale si riferisce fra l'altro l'*incipit* che avrebbe avuto l'opera (*Ultima regna canam, fluvido contermina mundo, / spiritibus que lata patent, que premia solvunt / pro meritis cuicunque suis*) e, indipendentemente, su una testimonianza data da Filippo Villani nel suo *Commento* alla *Commedia*. Per i termini della questione e un riepilogo dei diversi argomenti con corredo bibliografico cfr. Malato [1999, 229-236] e v. anche Bellomo [2004c].

[2] Come pure il termine *canzone* è utilizzato nella *Commedia* con un senso palesemente diverso rispetto a quello che gli era attribuito nel *De*

dell'epistola a Cangrande, documento tradizionalmente discusso
e controverso, che viene oggi attribuito dalla maggior parte
degli studiosi a Dante (ediz. e traduzione in Cecchini [1995];
per un ultimo riepilogo delle diverse posizioni in merito cfr.
Bellomo [2008, 116-121]; e v. anche Barański [1997, 279-365]
e Malato [1999, 208-215]). Nell'epistola, che, avendo per oggetto la dedica a Cangrande della cantica del Paradiso, si ritiene
scritta nel secondo decennio del Trecento, il termine *comedia*
è giustificato sulla base di un'argomentazione contenutistica, il
felice esito verso cui è orientata la vicenda, contrastivamente
alla *tragedia*, caratterizzata da un'evoluzione drammatica degli
avvenimenti. All'esposizione di questo principio (già parzialmente
attestato nelle *Magne derivationes* di Uguccione da Pisa, da cui
le argomentazioni dantesche dipendono anche per altri versi),
si aggiunge una notazione relativa al mezzo espressivo, che è
definito *dimesso e umile* in quanto si tratta del *linguaggio volgare,
nel quale comunicano anche le donnette*. Ma riproduciamo le
parti salienti del brano (nella traduzione di Cecchini):

> Il titolo del libro è: 'Comincia la Commedia di Dante Alighieri,
> fiorentino di nascita, non di costumi'. [...] Ed è la commedia un genere
> di narrazione poetica che differisce da tutti gli altri. Quanto all'argo-
> mento differisce dunque dalla tragedia in ciò, che la tragedia all'inizio
> è assai gradevole e quieta e alla fine o nell'esito fetida e orribile [...].
> Invece la commedia presenta all'inizio una situazione perturbata, ma
> la sua vicenda si conclude felicemente [...]. Similmente differiscono nel
> modo dell'esposizione: la tragedia si esprime con linguaggio altisonante
> e sublime, la commedia invece con linguaggio sommesso ed umile,
> come vuole Orazio nella sua Arte Poetica, dove autorizza i comici ad
> esprimersi talvolta come i tragici, e viceversa [...].
> E pertanto è evidente che la presente opera è detta Commedia.
> Infatti, se guardiamo all'argomento, all'inizio essa è orribile e fetida,
> dato che si tratta dell'Inferno, ma alla fine è prospera, desiderabile
> e gradita, dato che si tratta del Paradiso; se guardiamo al modo di
> esprimersi, questo è dimesso ed umile, poiché è linguaggio volgare,
> nel quale comunicano anche le donnette (X 28-31)[3].

---

vulgari eloquentia: si veda l'inizio del canto XX dell'Inferno (*Di nova pena
mi conven far versi / e dar matera al ventesimo canto / de la prima canzon
[...]*), dove con *canzone* si allude alla prima cantica (che è peraltro quella
in cui domina – stando almeno alle partizioni del *De vulgari* – la poesia
«comica» per eccellenza) [Baldelli in *ED, canzone*, 801].

[3] «Libri titulus est: 'Incipit Comedia Dantis Alagherii, florentini natione,
non moribus'. [...] Et est comedia genus quoddam poetice narrationis ab

In realtà anche la testimonianza dell'epistola a Cangrande non manca di suscitare perplessità per diversi aspetti, fra cui quella distinzione contenutistica fra commedia e tragedia che non è coerente con l'attributo di *tragedia* conferito all'*Eneide*, opera orientata anch'essa verso un felice esito. Inoltre l'allusione finale al linguaggio dimesso e umile usato anche dalle *donnette* (*muliercule*) è parsa poco consona a designare una lingua che implica le vette espressive del Paradiso, dove peraltro Dante, sulle orme di Macrobio che aveva detto l'*Eneide sacrum poema*, parla della sua opera nei termini di *sacrato poema* o *poema sacro* (Par. XXIII 62, XXV 1). Permane quindi un certo disagio di fronte alla definizione di *Commedia*, raffrontata con la realtà poetica del capolavoro dantesco: un disagio di cui si sono fatte interpreti generazioni di commentatori, a partire dal Boccaccio che, riprendendo le giustificazioni dell'epistola a Cangrande (da lui sicuramente conosciuta anche se non considerata dantesca), afferma francamente nelle *Esposizioni* che il nome di *comedìa* non pare appropriato allo stile dell'opera:

lo stile comico è umile e rimesso, acciò che alla materia sia conforme; quello che della presente opera dire non si può, per ciò che, quantunque in volgare scritto sia, nel quale pare che comunichino le feminette, egli è nondimeno ornato e leggiadro e sublime, delle quali cose nulla sente il volgare delle femine [Padoan 1965, 5][4];

fino a Rajna [1921] cui pare opportuno ipotizzare un cambiamento d'indirizzo nell'elaborazione del poema: «concepito in origine come semplice commedia, [...] diventò con

omnibus aliis differens. Differt ergo a tragedia in materia per hoc, quod tragedia in principio est admirabilis et quieta et in fine seu exitu fetida et horribilis [...]. Comedia vero inchoat asperitatem alicuius rei, sed eius materia prospere terminatur [...]. Similiter differunt in modo loquendi: elate et sublime tragedia, comedia vero remisse et humiliter, sicut vult Oratius in sua Poetria, ubi licentiat aliquando comicos ut tragedos loqui, et sic e converso [...]. Et per hoc patet quod Comedia dicitur presens opus. Nam si ad materiam respiciamus, a principio horribilis et fetida est, quia Infernus, in fine prospera et desiderabilis et grata, quia Paradisus; ad modum loquendi, remissus est modus et humilis, quia locutio vulgaris, in qua et muliercule comunicant».

[4] Sembra che anche il Petrarca, in una lettera di cui c'informa Francesco da Buti, a proposito del titolo del poema, abbia scritto: *Nec cur comoediam vocet video* [cfr. Alessio 1981, 104]. Per questa testimonianza e quella del Boccaccio cfr. anche Paolazzi [1983, 218-221; 1989, 81-82].

l'andar del tempo anche altra cosa; ciò tanto sotto il rispetto del contenuto quanto sotto quello dello stile, che Dante non sapeva ammettere altrimenti che proporzionato alla materia» (*ibidem*, 36). La questione è stata affrontata anche da Baldelli che, aggiungendo alle dichiarazioni contenute nell'epistola a Cangrande il supporto di un passo dell'egloga dantesca responsiva a Giovanni del Virgilio, dove l'espressione *comica verba* si propone come corrispondente del termine *vulgaria* usato dall'interlocutore[5], arriva a concludere «che Dante dà a comico il valore di 'volgare' senz'altro. Il comico cioè, in quanto comprensivo di tutti gli stili, viene identificato con la lingua volgare, sulla misura del concreto operare della *Commedia* appunto» [Baldelli 1978, 81; e 1965b, 710-713]. In altre parole, rispetto al *De vulgari eloquentia*, si verificherebbe uno slittamento della definizione di «comico» dal piano dello stile a quello della lingua adottata, da cui una nuova poetica del «comico» come volgare realizzato al suo massimo grado, in quanto assunto in tutta la gamma delle sue possibilità espressive. Riepilogando: è ipotizzabile che il termine *comedia* sia stato inizialmente adottato da Dante con riferimento alla prima cantica e al suo stile; esso si sarebbe poi fissato trovando avallo nella nuova definizione del «comico» proposta nell'epistola a Cangrande, dove la spiegazione contenutistica si impone sulle argomentazioni formali, le quali si precisano in termini non di stile ma di mezzo linguistico adottato, che è il volgare (*locutio vulgaris*) ossia la lingua dell'uso, per sua natura umile e dimessa (ma – resta inteso – capace all'occorrenza di adeguarsi anche ai registri espressivi più alti)[6]. Per la discussione su questi temi, che è ancora attuale e s'innesta sulla delicata questione attributiva dell'epistola a Cangrande, cfr. almeno Quaglio [in *ED*, *Commedia*, 79-81], D'Alfonso [1982], Paolazzi [1989, 81-110] (che offre un approfondimento delle fonti da cui le

---

[5] Giovanni del Virgilio aveva obiettato che nessuno dei cinque grandi poeti, nella cui schiera Dante si era trovato come sesto, *sermone forensi descripsit* e *clerus vulgaria temnit*. Nella risposta Dante, riprendendo punto per punto gli argomenti dell'interlocutore, si riferisce al rimprovero di adoperare *vulgaria* utilizzando l'espressione *comica verba* (*comica nonne vides ipsum reprehendere verba [...]*) [*ED*, *App.*, 821-822].

[6] Del resto Dante stesso, nel brano dell'epistola a Cangrande citato sopra, ammette che i comici sono autorizzati talvolta a esprimersi come i tragici e viceversa.

dichiarazioni dantesche dipendono, dalla *Poetria* di Giovanni
da Garlandia ai testi ciceroniani e pseudociceroniani), Folena
[1991], Barański [1991a; 1991b]. Di grande interesse la proposta avanzata da Tavoni [1998] che, tornando a riconsiderare
il titolo del poema, valorizza un'accezione della poesia comica
che, secondo una tradizione risalente a Orazio e ripresa da
varie fonti medievali (fra cui Isidoro), comprende la satira.
Il termine *commedia* consentirebbe così a Dante di dare al
poema una definizione contrastiva rispetto alla tragedia virgiliana e anche di alludere al valore della propria poesia «come
denuncia militante della corruzione morale e politica, violento
attacco 'nominativo', portato a fondo dal poeta con sprezzo
dell'incolumità personale» [*ibidem*, 22-23; e v. anche Id. 2000].

Non ci sono invece dubbi che l'attributo *divina* sia stato
aggiunto alla dizione *commedia* soltanto nel Cinquecento, a
partire dall'edizione curata da Lodovico Dolce (Venezia, Gabriele Giolito, 1555), che lo riprese probabilmente dal *Cesano*
di Claudio Tolomei (stampato dal Giolito nello stesso anno),
che a sua volta lo aveva desunto dal *Trattatello* del Boccaccio, che è dunque il primo a sottolineare con quest'aggettivo
l'eccellenza del poema[7]. Opportunamente, dunque, il titolo
del poema è stato ristabilito da Petrocchi (e da altri recenti
editori) nella forma *Commedia* (o *Comedia*), piuttosto che
Divina Commedia, come intitolano con continuità le edizioni
a partire dalla metà del Settecento (dove *divina* si addice sia
all'altezza della materia trattata, sia all'eccezionale livello artistico dell'opera). Propriamente, nei manoscritti, si ha *comedia* o
commedia (forma, la prima, accolta in entrambe le occorrenze
del termine: Inf. XVI 128, Inf. XXI 2) con alternanza fra la
nasale scempia (propria dell'etimo) e la geminata: la pronuncia
dovrebbe comunque porre l'accento sulla *i*, sul modello del
greco e come suggerisce l'impiego stesso di Dante nei due
passi dell'Inferno citati all'inizio di questo capitolo.

Tornando alla riflessione di Dante, è certo che la continuità
ideale fra la grande tradizione latina e la propria opera, e in
particolare fra la tragedia latina di Virgilio e la propria com-

---

[7] Si noti tuttavia che il Boccaccio adotta l'aggettivo riferendosi in particolare al Paradiso, i cui ultimi tredici canti si ritenevano perduti (*[...] gli
mostrò dove fossero li tredici canti, li quali alla divina Comedia mancavano*
[Ricci 1974, 485]).

media volgare, acquista un rilievo centrale anche dal punto di vista teorico-linguistico. Osserviamo anzitutto che questa continuità non solo è spesso proclamata nel corso del poema, costituendo fra l'altro uno dei grandi temi su cui s'incentra il canto XX dell'Inferno, ma è sottolineata anche attraverso i modi con cui Dante allude alla *Commedia* [cfr. Baldelli 1978, 80; 1993, 593-594; 1996]. Si veda intanto, nelle citazioni all'inizio del presente capitolo, come il verbo *cantare* è adottato, con perfetto parallelismo, per indicare sia la *tragedia* virgiliana sia la *comedia* dantesca. Ma è significativo, soprattutto, l'uso dei termini *poeta, poema, poetare* [su cui cfr. anche Bargagli Stoffi-Mühlethaler 1986, 68-165; Tavoni 1996; Santagata 2011, LXXVI-LXXXI]. Abbiamo già detto che nel Paradiso, riecheggiando Macrobio che aveva definito l'*Eneide sacrum poema*, la *Commedia* è designata come *sacrato poema* o *poema sacro*; per contro, attraverso le parole di Virgilio stesso, l'*Eneide* viene indicata col termine *rima* (*ciò c'ha veduto pur con la mia rima* Inf. XIII 48), che è proprio della poesia volgare (si ricordi l'opposizione fra *poete* latini e *dicitori per rima* o *rimatori* volgari nella *Vita nuova*: cfr. cap. IV.1). Si rileva inoltre che delle 30 attestazioni della parola *poeta* nella *Commedia*, 29 si riferiscono a poeti classici (Virgilio in primo luogo) e l'ultima a Dante stesso, che grazie al *poema sacro / al quale ha posto mano e cielo e terra*, nel suo *bello ovile* ritornerà *poeta, e in sul fonte* del suo *battesmo* prenderà *'l cappello* (Par. XXV 1-9), dove *poeta* acquista un valore indubbiamente pregnante: unico fra tutti i moderni, Dante si sente degno di essere unito nel nome e nella fama ai grandi poeti latini. E si veda ancora come il verbo *poetare* è usato per designare la propria poesia, suggerita da Stazio e Virgilio (*Elli givan dinanzi, e io soletto / di retro, e ascoltava i lor sermoni, / ch'a poetar mi davano intelletto* Purg. XXII 127-129), dopo che lo stesso verbo è stato messo per due volte in bocca a Stazio. Tenendo conto di tutto questo, si può concludere cogliendo nel poema l'estrema parola dantesca su quel rapporto dialettico fra latino e volgare che aveva impegnato tutta la precedente teorizzazione:

Un altro dei problemi essenziali del poeta trova così nella *Commedia* la sua più alta soluzione. Se nella teoria linguistica e stilistica sul volgare infatti, dalla *Vita nuova* al *Convivio* e al *De vulgari eloquentia*, lo scoperto oggetto oppositivo del discorso dantesco è il latino, Dante, proponendo nella *Commedia* sé stesso come continuatore dei grandi latini, in particolare dell'*Eneide* appunto, porta a grandeggiare accanto alla *Tragedia* latina di Virgilio, la sua *Commedia*, che è di quella tragedia la cristiana continuazione [Baldelli 1978, 81].

Appaiono dotate di un implicito valore autoesegetico anche le parole che Dante attribuisce ad Adamo, in contrasto con la teoria espressa nel *De vulgari eloquentia*, secondo la quale l'ebraico sarebbe rimasto l'incorrotto continuatore del primitivo e universale linguaggio assegnato da Dio all'uomo (cfr. cap. V, p. 38). Ora Dante afferma, per bocca del progenitore, la mutevolezza e la caducità di ogni lingua, compresa la prima, anch'essa creazione umana:

> La lingua ch'io parlai fu tutta spenta
> innanzi che a l'ovra inconsummabile
> fosse la gente di Nembròt attenta:
>   ché nullo effetto mai razïonabile,
> per lo piacere uman che rinovella
> seguendo il cielo, sempre fu durabile.
>   Opera naturale è ch'uom favella;
> ma così o così, natura lascia
> poi fare a voi secondo che v'abbella.
>   Pria ch'i' scendessi a l'infernale ambascia,
> *I* s'appellava in terra il sommo bene
> onde vien la letizia che mi fascia;
>   e *El* si chiamò poi: e ciò convene,
> ché l'uso de' mortali è come fronda
> in ramo, che sen va e altra vene (Par. XXVI 124-138).

A commento di queste terzine e del significato che esse assumono nel contesto del poema che ha eletto a propria lingua il volgare, riproduciamo quanto ha scritto Mengaldo [1978a, 245-246] (riprendendo un'osservazione di Contini [1958, 42]):

Il passo avanti che Dante fa nel XXVI del Paradiso è a questo riguardo fondamentale: la mutevolezza naturale delle lingue non è più effetto della punizione babelica, ma carattere costitutivo di ogni lingua in quanto tale: quella del padre Adamo non è meno trasmutabile del volgare di cui è costruita la *Commedia*. [...] va ancora pienamente sottoscritto l'acuto rilievo di Contini: «L'agonismo del mutabile volgare all'immutabile *'gramatica'* è un motivo sottinteso dell'opera dantesca... Quei versi sulla lingua di Adamo sono una sorta di blasone interno alla *Commedia*, ad autogiustificare il paradosso del poema sacro scritto

in una lingua peritura». Con questo appare in luce un motivo tanto
sottile quanto radicale di congruenza dell'episodio di Adamo con la
situazione entro la quale è incapsulato: alla definitiva sanzione teolo-
gale che garantisce la liceità dell'alta missione alla quale il pellegrino
è chiamato, si collega la sanzione linguistica dell'opera che di quella
missione è veicolo e forma.

2. Nello straordinario viaggio dantesco il volgare è chiamato
dunque a descrivere il mondo umano e il divino, dalla realtà
più sordida alla visione metafisica più esaltante, adeguando via
via i propri mezzi alla materia trattata in base al non rinnegato
principio della *convenientia*, desunto dalla retorica classica e
già posto nel *De vulgari* a fondamento della distinzione fra i
livelli stilistici (cfr. cap. V, p. 44). Ai poli estremi dell'escursio-
ne espressiva richiesta dall'adeguamento dei *verba* alle *res*, la
tensione delle risorse linguistiche si manifesta nella definizione
di una poetica che, di fronte agli abissi dell'abiezione e della
ripugnanza, chiama programmaticamente in causa lo stile aspro
e difficile già esperito nelle «petrose»:

> S'ïo avessi le rime aspre e chiocce,
> come si converrebbe al tristo buco
> sovra 'l qual pontan tutte l'altre rocce,
>   io premerei di mio concetto il suco
> più pienamente; ma perch'io non l'abbo,
> non sanza tema a dicer mi conduco;
>   ché non è impresa da pigliare a gabbo
> discriver fondo a tutto l'universo,
> né da lingua che chiami mamma o babbo (Inf. XXXII 1-9);

mentre nel Paradiso crea famose e sublimi terzine di approssimazione all'ineffabile divino:

> Trasumanar significar *per verba*
> non si poria; però l'essemplo basti
> a cui esperïenza grazia serba (Par. I 70-72);

> Se mo sonasser tutte quelle lingue
> che Polimnìa con le suore fero
> del latte lor dolcissimo più pingue,
>   per aiutarmi, al millesmo del vero
> non si verria, cantando il santo riso
> e quanto il santo aspetto facea mero (Par. XXIII 55-60);

Omai sarà più corta mia favella,
pur a quel ch'io ricordo, che d'un fante
che bagni ancor la lingua a la mammella (Par. XXXIII 106-108).

Entro questi limiti, fra il «comico» esasperato dei canti infernali e i vertici del «tragico» paradisiaco, tutti i tasti della gamma espressiva sono utilizzati, dal dolce e soave all'aspro e dissonante, dal narrativo allo speculativo, dal realistico al lirico e all'elegiaco, dall'invettiva alla profezia, dando luogo a una lingua che, anche nella concretezza delle sue strutture, rompe gli schemi delle poetiche anteriori, manifestandosi attraverso un'ampiezza e una libertà di modi, per cui si è soliti utilizzare le fortunate formule continiane di «plurilinguismo» o «multilinguismo» (cfr. nel complesso Contini [1976]). Per quanto le tre cantiche abbiano un loro registro di base, una loro fondamentale tonalità, la mescolanza degli stili percorre tutto il poema, ora fondendosi in sapienti impasti, ora creando giustapposizioni e rotture di dirompente effetto. Fra gli episodi che consentono di cogliere in massimo grado questa dialettica l'incontro infernale con maestro Adamo, da cui il brano citato nell'antologia (*Testi* 4.1); mentre a testimonianza degli squarci di linguaggio comico-realistico che si aprono nel Paradiso basterà ricordare versi come *e lascia pur grattar dov'è la rogna* nel discorso di Cacciaguida (Par. XVII 129), *Quelli ch'usurpa in terra il luogo mio, / [...] che vaca / ne la presenza del Figliuol di Dio, / fatt'ha del cimitero mio cloaca /del sangue e de la puzza [...]* nell'invettiva di san Pietro contro Bonifacio VIII (Par. XXVII 22-26); o anche una semplice espressione come *ficcar lo viso* (Par. XXXIII 83) che, a descrivere l'atto supremo dell'inoltrarsi nella visione di Dio, accosta audacemente a un puro latinismo (*viso* nel senso di 'sguardo') un verbo di marcata concretezza come *ficcare* (cfr. nel contesto infernale: *[...] se l'altro non ti ficchi / li denti a dosso* Inf. XXX 34-35).

E tuttavia la *Commedia*, con la sua eccezionale ricchezza e versatilità espressiva, è – come via via vedremo attraverso i capitoli successivi – opera saldamente ancorata alla realtà linguistica della Firenze degli ultimi decenni del Duecento (che sono gli anni della giovinezza dell'autore, anteriori all'esilio); anzi, come ha precisato Baldelli [1978, 93], «risulta nel suo insieme l'opera più fiorentina di Dante, nella sua struttura fonetica, morfologica e sintattica e nel lessico fondamentale», tanto da far pensare a «un recupero del fiorentino, anche sul piano teorico», che, per quanto non suffragato da nessuna esplicita dichiarazione, trova riscontro nei brani del poema in cui Dante stesso allude in modo esplicito alla propria toscanità e fiorentinità linguistica: le parole rivolte al poeta dal concittadino Farinata degli Uberti (*O Tosco che per la città del foco, / vivo ten vai così parlando onesto / [...]. / La tua loquela ti fa manifesto / di quella nobil patria natìo [...]* Inf. X 22-26) o dal pisano Ugolino della Gherardesca che più sottilmente coglie la fiorentinità del pellegrino (*ma fiorentino / mi sembri veramente quand'io t'odo* Inf. XXXIII 11-12)[8]. Da ricordare anche la notazione che introduce il discorso di Cacciaguida in Par. XVI 32-34 (*così con voce più dolce e soave, / ma non con questa moderna favella / dissemi*) la quale, voglia o no alludere – come comunque sembra molto probabile – all'arcaicità del linguaggio dell'avo, propone un'ulteriore diretta identificazione della lingua della *Commedia* con la lingua che risuonava nella Firenze dell'epoca. È peraltro significativo quanto già Migliorini [1978, 190-191], sulla scorta dei precedenti studi di Parodi, additava come «una limitazione rigorosa» alla straordinaria vastità di orizzonte della lingua della *Commedia*: il fatto cioè che «mentre il poeta ammette senz'altro, ove gli occorrano, le forme e i vocaboli fiorentini, gli altri devono aver avuto una qualche consacrazione letteraria». Se «quindi i vocaboli latini possono essere accolti di diritto», le ulteriori componenti, pure largamente accettate (occidentalismi toscani, dialettalismi, sicilianismi, gallicismi ecc.), si appoggiano solitamente su dei precedenti della tradizione letteraria, siciliana, siculo-toscana o stilnovistica. Questa considerazione costituisce una premessa da tenere ben presente nel passare in rassegna le componenti fonomorfologiche e lessicali della *Commedia*.

---

[8] Altre esplicite allusioni alla toscanità linguistica si hanno in Inf. XXIII 76 (*E un che 'ntese la parola tosca*) e in Purg. XVI 137 (*parlandomi tosco*).

Capitolo decimo

Fonologia e morfologia della lingua della «Commedia»

1. Prima di qualsiasi ricognizione sulla lingua della *Commedia*, specie sotto il profilo fonomorfologico, s'impone la necessità di riflettere sulla situazione testuale e sulle scelte editoriali che – in assenza di autografi – hanno il compito delicatissimo di restituire un testo che si avvicini quanto più possibile al colorito linguistico dell'originale.

Arrivare a stabilire il testo della *Commedia*, mettendo ordine nella congerie dei manoscritti che la tramandano (v. cap. XV), ha costituito uno dei problemi più spinosi affrontati dalla moderna filologia, sul quale è ancora apertissima la discussione [cfr. Ciociola 2001, 174-197; Bellomo 2008, 213-235; Leonardi 2009; e ultimamente Coluccia 2012].

Un risultato di portata storica si è avuto con la pubblicazione della *Commedia secondo l'antica vulgata* da parte di Giorgio Petrocchi nell'ambito dell'Edizione Nazionale delle Opere di Dante procurata dalla Società Dantesca Italiana: alla prima edizione [Petrocchi 1966-67] ne è seguita una seconda, con alcuni emendamenti [1994], alla quale noi facciamo riferimento (lo stesso testo, con ritocchi minimi, è ora riproposto in *Opere* [2012]). La precisazione *secondo l'antica vulgata* spiega immediatamente che non siamo di fronte a un'edizione critica in senso proprio basata su una *recensio* totale, ma a un'edizione che si fonda su una parte della tradizione, che è quella più antica – e purtuttavia già caratterizzata da un diffuso inquinamento del dettato – costituita dai 27 testimoni anteriori al 1355. Resta fuori da questo canone, e lo delimita, «l'affettuosa ma non perspicua *editio* del Boccaccio» [Petrocchi 1994, I 9], affidata a tre manoscritti autografi del Certaldese (il Chigiano L VI 213, il Toledano 104 6 e il Riccardiano 1035), che assume anzi una decisiva funzione discriminante all'interno della tradizione della *Commedia*, dando il via a un più profondo processo di corruttela del testo. Due, in sintesi, le famiglie in cui la tradizione viene poi suddivisa, l'una toscana (α), l'altra settentrionale (β). La più precoce e limitata diffusione, e quindi il minor indice di erroneità, orientano a favore del ramo settentrionale, quando le due tradizioni si fronteggiano in lezioni indifferenti.

Inevitabilmente, quindi, l'edizione Petrocchi non può garantire una veste linguistica fedele all'originale, anche se l'approssimazione alla fisionomia di quest'ultimo è stata ritenuta di massima importanza nel guidare la ricostruzione del testo. Sotto questo aspetto il codice Trivulziano 1080, della famiglia α, assume particolare rilievo e autorevolezza sia per la sua antichità (esso risale al 1337), sia per l'affidabilità del copista, Francesco di ser Nardo, originario di Barberino di Val d'Elsa, che fondò a Firenze una bottega specializzata nella trascrizione di codici della *Commedia*. Sarà utile citare quanto afferma Petrocchi nell'ampio capitolo dedicato alle annotazioni linguistiche [cfr. Petrocchi 1994, I 413-477]:

L'impossibilità di risalire a un testo che tramandi la veste linguistica 'all'altezza' dell'archetipo o che possa offrire anche qualche parziale spiraglio sulla specie di quel colorito, pone l'editore dinanzi al dilemma: sono i manoscritti di genesi padana a trasmetterci la 'volontà' linguistica dell'autore, o i toscani, e in particolare i fiorentini? La zona d'esplorazione deve ovviamente escludere quei luoghi dove una specifica citazione locale di Dante non può essere intesa che nel senso desiderato dal poeta (l'esempio di *istra ten va* ecc. è il più orientativo fra tutti); ma dobbiamo ritenere di necessità che i fiorentinismi di Farinata e di Ciacco non possano essere in qualche parte abbellimento di copisti fiorentini? Direi che in questo sforzo d'approssimazione, e in piena consapevolezza di non poter toccare una legge di solidissima certezza, occorre anzitutto procedere a un'attenta ricerca del valore delle testimonianze, affrontare la scelta sapendo che le alternanze vanno rispettate entro ampi limiti (un poeta come Dante pretende d'essere considerato libero di usare la maggiore varietà possibile dei tipi), e conservare accuratamente forme non toscane quando ci sono tramandate da codici fiorentini, e in ispecie da Triv.

Il Trivulziano, infatti, è di salda base linguistica fiorentina, ma tutt'altro che restio ad accogliere fenomeni della fascia mediana ovvero, più sovente, dell'area padana. Ci sembra che egli rispecchi, nonostante le inevitabili contraddizioni ed eccezioni, quello che dové essere fondamentalmente l'abito linguistico dantesco: profondamente radicato nella cultura e nel gusto espressivo della Toscana letteraria, e pure aperto ad accogliere suggerimenti e modi da altri ambienti e da altre parlate.

Ma tutto ciò non dovrà mai significare supina osservanza del colorito linguistico di Triv contro chiarimenti e documenti che possono venirci da testi anche lontanissimi [*ibidem*, I 413-414].

La rigorosa classificazione dei testimoni, il tentativo di definire uno stemma, la ricchezza degli argomenti che giustificano le scelte e la documentazione puntualmente raccolta in apparato e offerta alla valutazione del lettore, fanno dell'edizione Petrocchi un punto di riferimento imprescindibile per chi affronti il capolavoro dantesco, anche se dichiaratamente aperto a ulteriori sviluppi (sul testo stabilito da Petrocchi si fondano, fra l'altro, le concordanze e gli strumenti informatici attualmente disponibili per accedere al poema)[1].

Sviluppi che di fatto non sono mancati. Nel 1996 è uscita la nuova edizione della *Commedìa* curata da Antonio Lanza [1996], che mette in discussione le scelte ecdotiche di Petrocchi e presenta un testo fondato sul solo manoscritto Trivulziano 1080. L'editore si rende conto di non accogliere affatto l'abito linguistico di Dante («che tuttavia – dice – nessuno può ricostruire» [*ibidem*, XXXI]), ma quello di Francesco di ser Nardo, testimone di una fiorentinità più tarda e probabilmente non immune da interferenze di contado. È innegabile però che la fedeltà a un unico testimone garantisce un testo più omogeneo, che ha in sé una sua coerenza linguistica ed evita di incorrere in soluzioni frutto di livellamenti *a posteriori* (un esempio indicativo: l'edizione Lanza ristabilisce l'alternanza fra *ogni* e *ogne*, documentata nel Trivulziano, laddove Petrocchi aveva uniformato *ogne*, pur essendovi fra i testimoni continue oscillazioni fra il tipo con *e* finale e quello con *i*, l'uno tipico del fiorentino duecentesco, l'altro affermatosi presso le generazioni nate dopo il 1280).

All'inizio del nostro secolo Federico Sanguineti [2001a], avvalendosi del metodo di collazione già suggerito da Barbi, ha offerto un testo «critico» del poema fondato su uno stem-

---

[1] Oltre agli strumenti di accesso all'intera opera di Dante che abbiamo citato al cap. III, ricorderemo le concordanze cartacee della *Commedia* di Lovera, Bettarini e Mazzarello [1975] e il formario curato da Alinei [1971], che registra alfabeticamente le forme occorrenti nella *Commedia* accompagnate dal riferimento topografico (senza contesto) e dal numero di frequenza. Si basano sull'edizione Petrocchi anche altri strumenti ben noti, utili alla ricerca in campo linguistico e letterario, come *LIZ, BIT, TLIO* ecc.

ma di sette codici. Un ruolo determinante è riconosciuto al manoscritto Urbinate latino 366 (da cui anche il titolo nella forma latina *Dantis Alagherii Comedia*), datato 1352, ritenuto di area emiliana o emiliano-romagnola, dal quale vengono tuttavia espunti, attraverso il confronto con testimoni fiorentini e toscani, i tratti settentrionali imputabili al copista (metafonesi, mancanza di anafonesi, cambi di vocali finali ecc.). La fisionomia del testo risulta rinnovata per molti aspetti, compreso quello linguistico, come mostrano alcune rilevanti lezioni antitradizionali (ad es. la forma *potte* in luogo di *poté* nel famoso verso finale dell'episodio del Conte Ugolino «poscia, più che 'l dolor, *potte* 'l digiuno», ricavata espungendo il dittongo antitoscano a *puotte* dell'Urbinate). È chiaro però che l'aver assunto come testo-base un codice non toscano aumenta, proprio sul piano della fisionomia linguistica, le difficoltà e i dubbi, moltiplicando vistosamente il ricorso all'emendazione e facendo approdare a un testo che, sotto questo punto di vista, offre un minor grado di approssimazione all'originale dell'edizione Petrocchi[2].

In tempi ancora più recenti ha visto la luce l'edizione curata da Giorgio Inglese [2007; 2011] che riesamina la tradizione dell'antica vulgata, aggiornandola e riorganizzandola in un nuovo stemma semplificato. Quanto alle scelte formali, tiene conto del Trivulziano 1080, accanto al quale promuove come autorevole termine di confronto il manoscritto Palatino 313 della Biblioteca Nazionale di Firenze, di copista fiorentino e di datazione presumibilmente molto alta. Il testo di Petrocchi è invece preso come fondamento dell'edizione di Ossola [2011] e di quella che sarà allestita nell'ambito della *NECOD*, a cura di Enrico Malato, che pure si riserva la possibilità di «interventi modificativi giustificati di volta in volta con argomenti suggeriti dalla *interpretatio*» [cfr. Malato 2007, 4; e 2004, 139-145].

Questo fermento di iniziative editoriali, e in particolare la decisa novità costituita dall'edizione Sanguineti, hanno avuto sicuramente il merito di richiamare l'attenzione sulle profonde implicazioni di natura linguistica che si connettono alla questione ecdotica, mettendo in risalto come la ricostruzione

---

[2] L'edizione Sanguineti è stata corredata da un volume di *Appendice bibliografica* [Sanguineti 2005]. Per le scelte in merito alla lingua si veda Sanguineti [2001b].

della veste formale della *Commedia* non si possa affrontare sulla base di criteri meccanicistici e di natura aprioristica, ma richieda un vaglio accurato della plausibilità delle singole scelte che molto si giova di un'esplorazione quanto più ampia e diretta dei singoli codici alla luce del loro contesto spaziale e temporale. In questa prospettiva appaiono di grande interesse gli studi raccolti nel volume curato da Paolo Trovato [2007a] che, muovendo da un'adesione alle proposte editoriali di Sanguineti già precedentemente dichiarata dal curatore [Id. 2001], portano a nuove acquisizioni sulla tradizione manoscritta e approfondiscono l'analisi linguistica di alcuni importanti testimoni; nonché altri interventi dello stesso Trovato espressamente dedicati al colorito linguistico della *Commedia*, dove si delineano anche le direttrici di una nuova futura edizione critica [Id. 2010 e 2007b]. Fondamentalmente coerenti con queste linee di ricerca anche gli studi ora raccolti in Tonello e Trovato [2013]. D'altro lato, le numerose recensioni di dissenso all'edizione Sanguineti, molte delle quali incentrate sull'aspetto linguistico (da Mengaldo [2001] a Inglese [2002], fino a Serianni [2007]), hanno messo in discussione il criterio e i risultati di una retroversione in toscano delle forme settentrionali dell'Urbinate, che va contro la soluzione tradizionale di attenersi alla veste formale di un testimone che offra la lingua più vicina geograficamente e cronologicamente a quella dell'autore: soluzione, quest'ultima, che appare in effetti più corretta nel metodo oltreché più economica. Si tende quindi a ribadire il ruolo cardine del Trivulziano, che tuttavia dovrà essere sottoposto a una più attenta selezione, espungendone tutte le lezioni linguisticamente spurie, ovvero i tratti imputabili a fenomeni seriori o a interferenze di contado, che s'innestano su un tessuto linguistico che comunque si conferma largamente coerente col fiorentino dell'epoca di Dante (di grande utilità a questo proposito lo studio di Geymonat [2007] su cui v. anche Serianni [2007, 149-150]). Né si può altresì escludere che l'Urbinate, dal momento che appartiene a una tradizione indipendente da quella toscana e si colloca in una posizione stemmatica alta (nonostante la datazione relativamente tarda), possa essere talora portatore di soluzioni anche linguistiche più vicine a quelle dell'originale. E in particolare saranno da valorizzare quelle forme presenti nell'Urbinate (e nella tradizione settentrionale) contrassegnate da tratti fiorentini

antisettentrionali, i quali vengono ad assumere un valore tanto
più pregnante quanto più si contrappongono alle soluzioni
alternative presenti nel ramo toscano della tradizione. Resta
comunque inteso che – come già osservava Petrocchi nel
brano sopra citato – nessuna prassi ricostruttiva potrà portare
a soluzioni rigide e omologanti, che prescindano dalla libertà
di Dante poeta di utilizzare la tastiera espressiva in tutta la
gamma delle sue possibili modulazioni.

2. Date queste premesse, è evidente che la lingua della
Commedia si sottrae a un'analisi esaustiva: non solo niente
si può dire della fisionomia grafica del testo, ma anche l'o-
riginario aspetto fonomorfologico è destinato a rimanere in
parte occultato e non può essere oggetto di conclusioni libere
da sospetti. Un doveroso atteggiamento di cautela ha quindi
tradizionalmente indotto la critica, fin dal memorabile e ancor
utile studio di Parodi [1896], ad attribuire particolare valore
alle parole in chiusura di verso, laddove il vincolo della rima
offre garanzia di rispetto dell'originale. Indubbiamente tale
metodo si riconferma anche oggi il più affidabile. Così, se
non si può affermare con sicurezza (anche se è presumibile)
che Dante impieghi *ogne* invece di *ogni*, forme mai attestate in
posizione di rima, è certo che egli usa *diece* con *e* finale come
vuole l'uso dell'epoca (Inf. XXV 33 e Par. VI 138 in rima con
fece : *biece*, Inf. XXIX 118 in rima con *fece* : *lece*); ed è pure
certo che alterna *fori*, con *i* finale secondo l'uso schiettamente
fiorentino (Purg. XXX 30 in rima con *vapori* : *fiori*) con *fore*
(Purg. III 138 in rima con *amore* : *more*) e *fora* (Inf. XVI 69
in rima con *ancora* : *dimora*).

Quanto detto sull'affidabilità delle parole in rima può
tuttavia trovare una restrizione nei casi in cui compare la rima
imperfetta di tipo siciliano (*e* chiusa in rima con *i*, *o* chiusa con
u [cfr. Casapullo 1999, 226-227]). Va ricordato a tale proposito
che Petrocchi, contrapponendosi all'orientamento precedente,
avallato da Barbi e da Parodi, che tendeva a ristabilire la perfetta
corrispondenza delle rime, adotta un atteggiamento conservativo
verso i casi di rima imperfetta, seguendo il criterio a suo tempo
difeso e utilizzato da Contini [cfr. Petrocchi 1994, I 468-472].
Egli ammette quindi *venisse* (in rima con *desse* : *tremesse*) Inf. I
44-48, *agogna* (in rima con *pugna* : *pugna*) Inf. VI 26-30, *suso* (in
rima con *sdegnoso* : *desideroso*) Inf. X 41-45, *lume* (in rima con

nome : *come*) Inf. X 65-69, *sotto* (in rima con *tutto* : *costrutto*)
Inf. XI 26-30, *fori* (in rima con *duri* : *sicuri*) Purg. XIX 77-81,
voi (in rima con *fui* : *sui*) Inf. V 95-99 e *noi* (in rima con *fui* :
sui) Inf. IX 20-24[3]. Tale criterio è stato rimesso in discussione
da Castellani [2000, 517-524] che, riproponendo il tema della
cosiddetta «rima imperfetta» nel contesto più ampio della produzione poetica due-trecentesca, rilancia l'ipotesi di una rima
originariamente perfetta che sfrutta, com'è compatibile con la
varietà linguistica della *Commedia*, alternative fonomorfologiche
presenti nell'uso toscano dell'epoca (*venesse, agugna, soso, furi*)[4]
oppure suggerite dalla tradizione letteraria (tali i sicilianismi *nui*
e *vui*; e il bolognesismo *lome* che, pronunciato da Cavalcante
mentre parla del figlio Guido, riecheggerebbe allusivamente
un verso di quest'ultimo)[5]. Quanto a *sutto*, può trattarsi di un
latinismo da SUBTUS, usato per necessità di rima.

3. La lingua della *Commedia* nelle sue componenti fonomorfologiche (per le quali, oltre al già cit. Parodi [1896], si
deve tenere presente l'analisi di Ambrosini [1978]; e v. ora
anche il sintetico profilo di Inglese e Motolese [2007]) appare

[3] Affidandosi all'autorità del Trivulziano, Petrocchi ristabilisce anche
varie presenze di dittongo: *fiera* (in rima con *severa* : *era*) Inf. XXIV 123,
vuoli (in rima con *imboli* : *soli*) Inf. XXIX 101, *suoli* e *duoli* (in rima con
soli) Inf. XXI 130, 132 ecc., fermo restando che l'oscillazione fra forme col
dittongo e forme con la vocale semplice (di ascendenza siciliana ma anche
latina) si ripropone continuamente nel poema.

[4] «Voci metaplastiche di *venire* sono attestate in Toscana occidentale e
orientale [...], e si deve presumere che Dante le conoscesse: dunque *venesse*
e non *venisse* nel primo dei casi citati sopra. *Agugna* [...]: da *agugnare*, con
o > u in posizione protonica (mancano attestazioni antiche, coll'eccezione
d'un *agugne* 3ª cong. nell'*Acerba* di Cecco d'Ascoli [...], ma *gugna* 'agogna,
brama avidamente il cibo' si sente oggi nel pisano rustico [...]). *Soso* [...]: su
gioso, usuale a Pisa e Lucca [...]. *Furi*: da *fuori*, colla riduzione del dittongo
uo alla prima componente» [Castellani 2000, 522-523].

[5] Si richiama il sonetto cavalcantiano *Ciascuna fresca e dolce fontanella*
che, rispondendo «per le rime» al sonetto di Bernardo da Bologna dove
ricorrono *come* : *nome* : *some*, doveva avere in origine *lome* : *fiome* : *costome*
[cfr. Castellani 2000, 521-523]. Queste forme, coerenti con la fonetica del
bolognese che prevede l'apertura di *u* a *o* davanti a consonante nasale [cfr.
Rohlfs 1966-69, 38 e 35], figurano tuttavia normalizzate nei codici in *lume*
: *fiume* : *costume* (cui si adeguano gli editori da Contini [1960, II 503] a
De Robertis [1986, 174-175]). Il medesimo sistema rimico è nella seconda
stanza della canzone *Donna me prega* (*come* : *lume* : *nome* : *costume* [De
Robertis 1986, 98-99]).

fondamentalmente aderente al fiorentino degli ultimi decenni del sec. XIII delineato nel cap. II. Si inseriscono con coerenza in tale contesto una serie di tratti il cui insediamento è avvalorato con piena o sufficiente sicurezza, quali ad esempio *an* in *sanza*; *e* finale in *dimane, stamane, diece*; il comune esito toscano [ggj] di -GL- in *tegghia, Tegghiaio, stregghia, mugghiare, Fegghine*; il mantenimento di *e* tonica in iato nelle forme del congiuntivo *dea, stea* (a cui però non si associano le forme plurali che sono *dieno* Inf. XXX 96 e *stieno* Inf. XXII 100, entrambe fuori rima); la desinenza in -*a* della prima persona singolare dell'imperfetto indicativo; la forma verbale di 2ª persona singolare del presente indicativo *sè* in luogo del moderno *sei*. Si può aggiungere, per quanto strettamente connessa a ragioni di numero sillabico, la propensione per le forme *operare, temperare, vespero*, le prime due controbilanciate però da esempi con la sincope (e *tempra* domina su *tempera*). Negli avverbi in -*le* + *mente* si coglie la contrapposizione fra il tipo *naturalmente* (quasi costante) e *similemente / similmente* (in alternanza).

Il fiorentino è comunque accolto nella sua dimensione più ampia e articolata: Dante sfrutta tutte le possibilità di una lingua che non solo si presenta ricca di varietà diastratiche e diafasiche (si pensi ad esempio ad alternanze come *ora* e *otta, allora* e *allotta*, dove la seconda forma, decisamente minoritaria, ha una connotazione più familiare e corrente; oppure ai pronomi *me* e *tu* sostituiti in qualche caso dalle varianti epitetiche *mee* e *tue*, di sapore certo più popolare), ma nel particolare momento a cavallo fra Duecento e Trecento si configura come un sistema altamente dinamico che ha maturato e sta maturando al suo interno diversi tratti evolutivi rispetto all'epoca più antica. Soffermiamoci sulla morfologia verbale e fra le tante oscillazioni legate alla mobilità interna al sistema, molte delle quali inerenti a singole forme (*cada / caggia, vidi / viddi, dolve / dolsi* ecc.), vediamo le alternanze relative ad alcuni tipi desinenziali. Come sempre, nell'esemplificazione, daremo la massima considerazione alle occorrenze in posizione di rima, che vengono segnalate con la sigla "r" (gli esempi citati sono indicativi):

– 1ª pers. plur. del pres. indic. dei verbi della 2ª e 3ª classe: -*emo* allato a -*iamo. Solemo* Purg. XXII 123 r, *vedemo* Par. XX 134 r, *volemo* Par. XX 138 r allato a *conosciamo* Par. XX 135, *diciamo* Par. IV 114, *repetiam* Purg. XX 103 (si noti che la prima desinenza, più frequente, è l'unica assicurata dalla posizione di rima)[6].

– 3ª pers. sing. del perf. indic. dei verbi della 2ª, 3ª e 4ª classe (coniugazione debole): *-eo*, *-io* allato a *-é*, *-ì*. *Poteo* Purg. XX 138 r, *rompeo* Purg. XVII 31 r, *appario* Purg. II 22 r allato a *compié* Inf. XXIII 34, *poté* Inf. XXXVI 75, *apparì* Purg. III 58[7].

– 2ª pers. sing. del pres. indic. dei verbi della 1ª classe: *-e* allato a *-i*. *Gride* Inf. I 94 r, *guarde* Purg. VIII 88 r, *pense* Inf. V 111 r allato a *pensi* Inf. XII 31 r, Par. II 58 r.

– 2ª pers. sing. del pres. cong. dei verbi della 2ª, 3ª, 4ª classe: *-e* allato a *-i* (*-a*). *Diche* Inf. XXV 6 r, *intende* Purg. XVII 125 r, *pinghe* XVIII 126 r allato a *credi* Inf. VII 117 r, *eschi* Inf. XXXII 113 r, *tegni* Purg. I 80 r (e *goda* Inf. VIII 57 r)[8].

– 1ª pers. sing. dell'imperf. cong.: *-e* allato a *-i*. *Io fosse* Purg. XVII 46 r, *io morisse* Inf. V 141 r, *io posasse* Purg. II 85 r allato a *io udissi* Purg. XVII 79 r.

– 3ª pers. plur. del perf. indic. della coniugazione debole: *-aro*, *-iro* (e anche *-ero*) allato ai più rari *-arono*, *-irono* (mai *-erono*), che però si presentano sempre fuori rima nelle forme apocopate *-aron*, *-iron*. Per quanto riguarda la 1ª classe si ha anche la desinenza sincopata *-arno* (2 ess. in rima). *Addrizzaro* Par. XXXIII 43 r, *poetaro* Purg. XXVIII 139 r, *saliro* Par. XXV 128 r, *udiro* Inf. XXVIII 52 r (e anche *potero* Inf. XXII 128, *rendero* Purg. XI 46) allato a *ammiraron* Par. II 17, *diventaron* Inf. XXV 116, *rapiron* Par. III 107, *udiron* Inf. XXIX 99; e *portarno* Par. XI 108 r, *rifondarno* Inf. XIII 148 r[9].

[6] Nel caso dei verbi della 1ª classe è costante *-iamo* (con la sola eccezione di *laudamo* Par. XXIV 113, che è un evidente latinismo, dato che si trova nell'*incipit* volgarizzato dell'inno di ringraziamento *Te Deum laudamus*). Ricordiamo tuttavia che l'alternanza *-amo* / *-iamo* non ricorre neppure nei documenti fiorentini di carattere pratico, essendo *-iamo* per i verbi della 1ª classe costante fin dalle prime attestazioni reperibili non anteriori al terzultimo decennio del secolo XIII [cfr. Castellani 1952, 140; 1958, 135; Manni 1994a, 327-328].

[7] Alcune voci possono presentare, oltre alle suddette desinenze, ulteriori varianti in *-ette* o anche di tipo forte (ad es. *perdeo*, *perdé*, *perdette* e *perse*).

[8] Dante estende più volte la desinenza *-e* anche alla 2ª pers. sing. del pres. cong. dei verbi della 1ª classe che etimologicamente usciva in *-i* (AMES). Qualche esempio: *abbracce* Inf. XVII 93 r, *adage* Purg. XXV 28 r, *favelle* Inf. XXXII 109 r.

[9] Per *essere* si hanno *fuoro* (raramente *furo*) allato al tipo in *-no*, che figura anch'esso di regola nella forma apocopata *furon* (eccezionali *furono*

Queste alternanze desinenziali rappresentano tutte dei tratti evolutivi interni al fiorentino nella fase che va dagli ultimi decenni del Duecento agli inizi del Trecento (v. cap. II, pp. 21-22). Più particolarmente si può osservare che i casi dal primo al quinto testimoniano una propensione dell'uso dantesco verso elementi tradizionali, se non già verso veri e propri arcaismi, in quanto si sa che, agli inizi del secolo XIV, il primo tipo desinenziale di ciascuna coppia aveva lasciato il posto al secondo o era ormai in pieno regresso. Come osservava Parodi [1896, 253] a proposito delle desinenze in -e della 2ª pers. sing. del pres. indic. e del pres. cong., pare che in certi casi Dante abbia seguito «l'uso toscano di poco più che una generazione innanzi alla sua, attingendo in quel moderato arcaismo nobiltà e solennità di linguaggio» [e cfr. anche Baldelli in *ED*, *arcaismi*]. Quanto all'opposizione fra -*aro* e -*arono*, risulta che le forme primitive si siano protratte un po' più a lungo nel corso del secolo XIV e che il nuovo tipo prenda campo presso le generazioni nate nell'ultimo ventennio del Duecento[10]. Occorre comunque tenere sempre presente come la circostanza dell'esilio abbia naturalmente «arretrato» il fiorentino di Dante ancorandolo alla fase due-centesca. Corrisponde a un uso arcaizzante (ma compatibile con la generazione cui Dante appartenne) anche la presenza di *l* scempia nelle preposizioni articolate davanti a parola iniziante per consonante, avallata dai due casi in rima «*ne la* / via» (con *ne la* in rima con *vela* : *cela*) Purg. XVII 55 e «*ne lo* / punto» (con *ne lo* in rima con *cielo* : *candelo*) Par. XI 13 (si noti comunque che nell'edizione Petrocchi la scempia è adottata in ogni caso, compresa la posizione davanti a vocale tonica, dove anche nel Duecento si aveva la doppia).

Spiccano nella morfologia verbale alcune forme non fiorentine che, con la loro eccezionalità, assumono un forte rilievo stilistico-espressivo, spesso sottolineato dal ricorrere

---

Purg. XVI 132, *fuorono* Inf. XXII 38). Notevole la concentrazione delle tre forme in Inf. III 38-39: «[...] quel cattivo coro / de li angeli che non *furon* ribelli / né *fur* fedeli a Dio, ma per sé *fuoro*».

[10] È significativo che un testo di tipo pratico degli stessi anni della *Commedia*, il *Libro del dare e dell'avere dei figli di Stefano Soderini*, 1306-25, presenti una perfetta corrispondenza con l'uso dantesco: netto dominio delle forme in -*aro* con qualche rara attestazione di -*arono* [cfr. Manni 1978, 133-134].

in posizione di rima [cfr. Baldelli 1994]. Si tratta per lo più di occidentalismi:

– 3ª pers. plur. del pres. indic. uscente in *-eno*, ovvero formata dalla 3ª pers. sing. + *-no* [cfr. Castellani 2000, 321-322]: *facen* Par. IX 78 (forma non in rima, ma ampiamente avvalorata, cfr. Petrocchi [1994, *ad loc.*]), *ponno* Inf. XXI 10, Inf. XXXIII 30 r, Par. XXVIII 101 r; inoltre sullo stesso modulo *enno* (*èn*) Inf. V 38, Purg. XVI 121, Par. XIII 97 r, che andrà interpretato come settentrionalismo [cfr. Trovato 2010, 82-83], pur non essendo estraneo ad altri autori toscani (Francesco da Barberino: cfr. *Corpus TLIO*)

– 3ª pers. plur. del perf. indic. formata anch'essa dalla 3ª pers. sing. + *-no* [cfr. Castellani 2000, 326]: *terminonno* Par. XXVIII 105 r (da raffrontare con *andonno* connotativo del pisano nel *De vulgari eloquentia*: cfr. *Testi* 1), *apparinno* Par. XIV 121 r, *dienno* 'diedero' Inf. XVIII 90 r, Inf. XXI 136 r, *fenno* 'fecero' Inf. IV 100 r, Inf. VIII 9 r, Purg. III 93 ecc.

– 3ª pers. plur. del perf. indic. dei verbi della 1ª classe in *-oro* (tipo lucchese, infiltratosi nel fiorentino fin dal primo Trecento [cfr. Castellani 2000, 327; Manni 1979, 152-153]: *levorsi* Inf. XXVI 36 r, XXXIII 60 r.

Più rari gli occidentalismi fonologici, fra i quali si è soliti citare *fersa* 'sferza' (sost.) Inf. XXV 79 r (accanto al più frequente *ferza*, ad es. *ferze* Inf. XVIII 35 r), dove si nota la sibilante in luogo dell'affricata alveolare [cfr. Castellani 2000, 136-137, 295]. Il caso lascia tuttavia qualche dubbio, data l'ipotesi avanzata da Giovanni Alessio [1979] che la voce risalga all'arabo *firṣa* 'pezzo di drappo, pannolino' passato poi a significare un flagello fatto di strisce o corde. Altra forma non fiorentina ma latamente toscana, avallata dalla tradizione lirica, è *lassare* che qualche volta sostituisce, in rima, il più frequente *lasciare* (ad es. *lassa* Inf. III 49 r). All'area umbra e all'estremità orientale della Toscana rimanda inequivocabilmente *vonno* 'vanno' Par. XXVIII 103 r[11]. Settentrionali le forme sonorizzate *sego* 'seco'

---

[11] Per l'origine e l'ampia diffusione di *ònno, vonno, stonno* in Umbria cfr. Parodi [1896, 254] e Agostini [1968, 170; 1978, 88-89]. Le medesime forme (di solito con la nasale scempia) ricorrono anche nei testi trecenteschi di Sansepolcro [Castellani 2000, 436].

Purg. XVII 58 r e *figo* 'fico' Inf. XXXIII 120 r (la seconda delle quali, pronunciata dal romagnolo Alberigo dei Manfredi, sarà piuttosto da aggiungere ai dialettalismi con funzione mimetico-espressiva citati nel successivo cap. XIII).

4. Sulla solida fiorentinità strutturale della lingua della *Commedia*, comunque ampiamente orientata e aperta a contributi esterni, s'innestano molteplici influssi di tipo culturale: anzitutto latini, secondariamente siciliani e galloromanzi, i quali in qualche caso possono anche convergere verso un medesimo esito. Alla concomitanza di questi influssi si attribuisce infatti l'assenza del dittongo in forme come *fera, vene, core, novo* ecc. (ivi comprese quelle con *e, o* dopo consonante + *r*, dato che il fiorentino due-trecentesco ha normalmente il tipo *priego* e *truovo*). Per aggiungere dei casi di pertinenza morfologica, potremo citare le forme verbali attestate più volte in rima *faci* 'fai' (Inf. X 16, XIV 135), *face* 'fa' (ad es. Inf. I 56), che sono interpretabili come latinismi, ovvero come forme di ascendenza lirico-siciliana (ma non è escluso che possa trattarsi di arcaismi)[12]. Agli stessi influssi colti si attribuisce *este* usato in un contesto di altissima solennità (*e credo in tre persone etterne, e queste / credo una essenza sì una e sì trina, / che soffera congiunto 'sono' ed 'este'* Par. XXIV 139-141), anche se si tratta d'una forma diffusa nella Toscana occidentale [cfr. Castellani 2000, 332, 502].

Della portata del condizionamento latino possono dare un saggio alternanze innumerevoli e fittissime (che però autorizzano continui dubbi, dato che in questo campo è ben difficile discriminare quanto spetti all'uso dantesco o alla responsabilità dei copisti) quali ad esempio: *littera* e *lettera*, *licito* e *lecito*, *populo* e *popolo*, *volgo* e *vulgo*, *laude* e *lode*, *laco* e *lago*, *loco* e *luogo*, *lito* e *lido*, *iudicare* e *giudicare*, *templo* e *tempio*, *laboro* e *lavoro* ecc. Sono qui naturalmente comprese le oscillazioni fra *de-/di-* (*defettivo* e *difettivo*, *devoto* e *divoto* ecc.) e *re-/ri-* (*redurre* e *ridurre*, *resplende* e *risplende* ecc.). Diffusi anche i nominativi come *draco, imago, scorpio, sermo, Dido, Giuno, Plato* ecc. Segnaliamo qui anche *speme, spene* (il secondo sempre preferito in sede di rima). Tutto ciò va considerato in stretto rapporto con quanto diremo nel successivo cap. XI.2 a

---

[12] Così sarà da interpretare *sape* 'sa' (ad es. Purg. XVIII 56): cfr. Castellani [2000, 502-503] che ricorda il proverbio cit. da Giovanni Villani *Com'asino sape, così minuzza rape.*

proposito della componente latina in ambito lessicale; mentre
per l'uso del latinismo, sia fonomorfologico che lessicale, nei
suoi aspetti stilistico-espressivi v. il cap. XII.

Fra i sicilianismi fonologici ricordiamo *canoscenza* che nel
caso di Inf. XXVI 120 r s'impone in modo inoppugnabile rispetto al più comune *conoscenza* [cfr. Petrocchi 1994, *ad loc.*][13].
Risulta pressoché costante (con dieci attestazioni contro una
di *uccidere*) *ancidere* da un precedente *aucidere*, ampiamente
diffuso nella lirica prestilnovistica[14]. In campo morfologico, è
notevole il tipo *aggio* (pres. cong.: *aggi* Par. V 127 r, *aggia* Purg.
VI 102 r; imperativo *aggi* Purg. XXXIII 55) che, ricorrente nella
prima produzione lirica dantesca, era stato abbandonato nella
fase stilnovistica (ma se ne ha un recupero anche nella tarda
canzone *Doglia mi reca nello core ardire*: *Rime* 14 [CVI] 129).
Per il pres. cong. di *avere*, 3ª pers. sing., è attestato anche *aia* Inf.
XXI 60 r, Par. XXVII 140 r, forma di ascendenza sia siciliana
sia provenzale. Si ha inoltre la serie *miso* Inf. XXVI 54 r, Par.
VII 21 r, *commisa* Purg. VI 21 r, *sorpriso* Purg. I 97 r, *ripriso*
Purg. IV 126 r. Il condizionale in *-ia* (derivante dall'infinito
+ HABEBAM) è ben documentato, soprattutto alla 3ª pers. plur.
dove *-iano* ovvero *-ieno* prevale su *-ebbero*. Qualche esempio
(sempre fuori rima): *avria* Inf. XVI 48, *dovria* Inf. XVI 42,
poria 'potrebbe' Par. I 71, *saria* Inf. XV 105, XVI 88, *avrian*
Purg. XXIII 108, *averien* Inf. XIX 27, *farieno* Purg. XII 66,
sarieno Purg. III 127. Per il condizionale di *essere*, oltre alle
forme in *-ia* (*saria*, *sarieno*, *sarian*) e a quelle in *-ebbe* (*sarebbe*,
sarebbero), si hanno *fora* (più volte, ad es. Inf. XXXII 90 r e,
come 1ª pers. sing., Purg. XXVI 25 r), *foran* Purg. XXIX 60,
Par. III 74 che, come *satisfara* Par. XXI 93 r, rappresentano
un tipo di condizionale di ascendenza siciliana derivante dal
piuccheperfetto indicativo latino in -AVERAM (cfr. *fora* anche

---

[13] Tale forma viene spiegata come riduzione da un precedente *caunoscenza*,
meridionalismo con *au* in luogo di *o* avallato anche dal modello provenzale,
ampiamente attestato nella poesia delle origini [cfr. Cella 2003, XLII].
[14] Per la diffusione di *aucidere* nella poesia duecentesca v. Cella [2003,
XL-XLII]. Sebbene lo sviluppo *au* < *o* protonico non manchi di riscontri
nell'area meridionale, per *aucidere* si deve senz'altro tener conto anche del
provenzale *aucire* [cfr. *ibidem*]. Quanto al successivo sviluppo di *an* da *au*,
esso potrebbe essere innescato dal facile scambio grafico fra *n* e *u*. Altra
ipotesi è che si tratti di esito nasalizzato della variante *alcidere* (< *aucidere*),
analogo a quello che si ha in *antro* da *altro* [cfr. Giunta 2011, 196].

in *Rime* 84 [LXXXIV] 28). Occorre ricordare che i tratti di provenienza siciliana più acclimatati nell'uso dantesco, quali il tipo *aggio* e il condizionale in *-ia*, sono sostenuti da un'ampia diffusione nell'Italia mediana, che coinvolge l'Umbria e, nel caso del condizionale in *-ia*, anche la stessa Toscana orientale.

Una considerazione a parte richiede l'imperfetto in *-ia* dei verbi della 2ª e 3ª classe, rappresentato da *vincia* Inf. IV 69 r e *avia* Par. XXIX 23, più spesso da forme di 3ª pers. sing. in *-ie* (<*-ia*) seguite da enclitiche (*cresciemi* Inf. XXXI 39, *dovieti* Purg. XXXI 48, *potiesi* Purg. XXIX 110 ecc.), e da un numero ancora più alto di forme plurali in *-ieno* (<*-iano*), sia in rima che fuori rima (*movieno* Purg. X 81 r, *moviensi* Inf. XII 29 r[15], *faciensi, moviensi, taciensi* Par. XVIII 77-81 r, *avieno* Inf. IX 39, *facieno* Inf. XII 102, *parieno* Inf. XXXIII 34 ecc.). Siamo di fronte a un tipo verbale che, sebbene in genere associato al condizionale in *-ia* e ascritto ai medesimi influssi letterari, eventualmente sostenuti dalle parlate centromeridionali e toscane sudorientali [cfr. Ambrosini 1978, 218-219], presenta aspetti autonomi legati in primo luogo alla sua diffusione nel fiorentino antico. Infatti, mentre il condizionale in *-ia* resta sostanzialmente limitato all'ambito letterario e soprattutto poetico (infiltrandosi nei testi di carattere pratico solo nel pieno Quattrocento e nel Cinquecento), l'imperfetto in *-ia* ricorre più volte nella prosa documentaria dalla fine del secolo XIII a tutto il secolo XIV, facendo supporre un insediamento minoritario, ma reale, nell'uso fiorentino dell'epoca. Induce d'altro lato a riflettere il fatto che, nella *Commedia*, questo tipo desinenziale ricorra quasi esclusivamente nelle forme plurali o in quelle singolari seguite da enclitiche, rispettando una tendenza che si osserva anche nei testi fiorentini duecenteschi e trecenteschi (cfr. cap. II nota 11). Ci sembra quindi di poter affermare che l'impiego dantesco dell'imperfetto in *-ia*, seppure continuatore d'un modulo tipico della preesistente

---

[15] La forma *movieno* è in rima con *pieno* e *freno*; *moviensi* è in rima con *pensi* e *spensi*. In entrambi i casi è dunque avvalorata una pronuncia con la *e* tonica. Un simile spostamento di accento, che di fatto si produce in posizione protonica all'interno di frase, costituisce il presupposto per spiegare le forme del tipo *doveno, aveno* che compaiono talora nei testi trecenteschi [cfr. Manni 1979, 156 nota 1] cui si assimila il dantesco *traéli* Purg. XXXII 6 accolto nell'edizione Petrocchi [cfr. Petrocchi 1994, *ad loc.*; Ambrosini 1978, 218].

tradizione lirica, s'innesta su una corrente relativamente vitale nell'uso fiorentino dell'epoca e ne recepisce certe sollecitazioni (così si spiegheranno peculiarità che risultano con decisione, quali, appunto, il dominio delle forme di 3ª pers. plur. o di 3ª pers. sing. con enclisi pronominale su quelle di 3ª pers. sing.; nonché il prevalere degli esiti -ie, -ieno su -ia, -iano, dovuti a un ben noto fenomeno assimilativo).

I gallicismi saranno trattati nel loro complesso nel cap. XI.4. Qui si noterà intanto *dispitto* Inf. X 36 (in rima con *fitto* : *dritto*) e *respitto* Purg. XXX 43 (in rima con *trafitto* : *afflitto*), entrambi con *i* tonica al posto di *e* (cfr. ant. fr. *despit, respit*), promossi anche da Petrocchi, come dai precedenti editori, in luogo dei più comuni *dispetto* e *rispetto* [cfr. Petrocchi 1994, *ad loca*].

Fra le forme con la sonorizzazione che esulano dal tipo toscano spicca, per frequenza, *sovra* prevalente sul toscano *sopra* (altri casi notevoli sono *ovra* e *scovra*, che insieme con *sovra* ricorrono in serie rimica chiusa, e quindi non dotata di valore probante, in Inf. XVI 119-123). A questo proposito andrà notato che la prevalenza della forma *sovra* su *sopra*, avallata dal codice Trivulziano, non trova riscontro nel codice Urbinate che invece predilige la forma autenticamente fiorentina *sopra*, autorizzando a ritenere che siamo qui di fronte a uno di quei casi in cui l'Urbinate, in quanto portatore di una forma antisettentrionale contrapposta a quella documentata nel ramo toscano della tradizione, sia da considerare testimone più affidabile della lingua di Dante [cfr. Trovato 2010, 81-82]. E tuttavia non si può presumere che *sovra* sia forma bandita dall'uso dantesco e che non possa ricorrere in qualche contesto, sollecitata da influssi e reminiscenze di tipo letterario, come induce a pensare la sua diffusa presenza nella più antica produzione lirica tramandata dallo stesso codice fiorentino Vaticano latino 3793 (cfr. *CLPIO* che consentono di rilevare come *sovra* sia di gran lunga prevalente su *sopra*). E questo valga come ultima prova della scivolosità del terreno e dell'estrema cautela – per non dire della consapevole impotenza – con cui deve operare chi intenda considerare l'aspetto fonomorfologico della lingua della *Commedia*, qualora non soccorra, ad assicurare della veridicità delle forme, il vincolo della rima.

Capitolo undicesimo

Il lessico della «Commedia»

1. La polimorfia della lingua della *Commedia* s'impone vigorosamente a livello lessicale.

La componente di base fiorentina è accolta in tutta la gamma delle sue varietà da quelle più auliche a quelle più colloquiali e basse, senza nessuna preclusione, il che comporta, fra l'altro, il pieno recupero di quelle voci che nel *De vulgari eloquentia* erano state esplicitamente condannate, a partire da *manicare* e *introcque* che caratterizzavano il brano fiorentino (v. *Testi* 1), fino a quelle definite *puerilia* (*mamma* e *babbo*)[1], *silvestria* (*greggia* e *cetra*), *urbana lubrica et reburra* (*femina* e *corpo*) (cfr. cap. V, p. 45).

Naturalmente l'utilizzo delle risorse lessicali del fiorentino nei livelli più realistici e popolari, pur coinvolgendo – come abbiamo detto (cap. IX.2) – l'intero poema, tocca il culmine nella rappresentazione del mondo infernale, dove Dante ammette parole e cose fino ad allora mai trattate dalla letteratura. Qui, accanto a vocaboli di pregnante concretezza, come *beffa*, *broda*, *cigolare*, *ghiottone*, *gracidare*, *graffiare*, *grattare*, *groppa*, *latrare*, *leccare*, *letame*, *lezzo*, *marcio*, *moncherino*, *muffa*, *muso*, *piaga*, *pizzicore*, *porcile*, *puttana*, *ringhiare*, *sbadigliare*, *scabbia*, *scrofa*, *sputare*, *sterco*, *succhio*, *sudore*, *teschio*, *tigna*, *zuffa*, compaiono voci che suonano prettamente basse o plebee, veri e propri idiotismi fiorentini, che non hanno mancato di suscitare riserve e critiche in lettori fedeli a ideali di decoro e di eleganza formale [cfr. Ghinassi in *ED*, *idiotismi*; Baldelli 1978, 106-107; e ora anche Trifone 2007, 15-36]. Si pensi ai canti di Malebolge, dove oltre ai già citati *manicare* e *introcque*, compaiono versi come *Già veggia, per mezzul perdere o lulla* (Inf.

---

[1] Non mancano, nella *Commedia*, inserti ancora più audaci di linguaggio infantile. Si ricorderanno le due deformazioni onomatopeiche utilizzate nella perifrasi con cui si allude, con grande efficacia espressiva, all'età della puerizia in Purg. XI 103-105: «Che voce avrai tu più, se vecchia scindi / da te la carne, che se fossi morto / anzi che tu lasciassi il 'pappo' e 'l 'dindi'».

XXVIII 22) che Della Casa (*Galateo*) reputava comprensibile soltanto ai fiorentini[2]; oppure *e non vidi già mai menare stregghia /
a ragazzo aspettato dal segnorso* Inf. XXIX 76-77 che secondo il
Bembo sarebbe stato meglio omettere (*Prose* II v 7)[3]; o ancora
terzine come le seguenti:

> Quindi sentimmo gente che si nicchia
> ne l'altra bolgia e che col muso scuffa,
> e sé medesma con le palme picchia.
> Le ripe eran grommate d'una muffa,
> per l'alito di giù che vi s'appasta,
> che con li occhi e col naso facea zuffa (Inf. XVIII 103-108)[4].

Un lessico corrente di ambito popolare e furbesco dà
vigore ai dialoghi fra i demoni: *«Vuo' che 'l tocchi», / diceva
l'un con l'altro, «in sul groppone?». / E rispondien: «Sì, fa che
gliel'accocchi»* Inf. XXI 100-102[5]. Né si esclude la voce im-
monda o oscena che approda a effetti espressivi di dirompente
drammaticità: basti ricordare l'espressione che indica il gesto
offensivo di Vanni Fucci, *le mani alzò con amendue le fiche*
Inf. XXV 2[6]; o versi di cruda descrittività come questi:

> Tra le gambe pendevan le minugia;
> la corata pareva e 'l tristo sacco
> che merda fa di quel che si trangugia (Inf. XXVIII 25-27)[7].

---

   [2] Barbarisi [1991, 88]. *Veggia* vale 'botte' e, contrariamente al giudizio
del Casa, non è oggi ritenuta voce fiorentina ma probabile settentrionalismo
(cfr. cap. XV, p. 153-154); *mezzul* e *lulla* indicano rispettivamente i pezzi
mediano e laterale del fondo della botte: cfr. *GDLI* s. vv. *mezzule, lulla*.
   [3] Dionisotti [1966, 138, 179-180]. *Ragazzo* vale qui 'mozzo di stalla'.
Signorso è forma sostantivale con possessivo enclitico (= 'signore suo'): si
tratta, sempre secondo il Bembo, di una «bassissima voce» e «per poco
solamente dal volgo usata». *Stregghia* 'striglia' presenta l'esito [ggj] < -GL-,
normale nel fiorentino trecentesco.
   [4] Notevole la sequenza dei verbi, costituiti dagli *hapax nicchiarsi* 'gemere
sommessamente', *scuffare* (*col muso*) 'soffiare rumorosamente con bocca e
narici (come fa chi mangia con ingordigia)', *appastare* 'appiccicarsi come
una pasta'. È probabile che quest'ultimo sia un neologismo dantesco.
   [5] *Accoccare* vale 'assestare' (con riferimento sottinteso a un colpo). Il
senso proprio è quello di 'mettere la cocca della freccia alla corda dell'arco
per far partire il colpo' (cfr. *GDLI*).
   [6] Sull'interpretazione del quale si è svolto un vivace dibattito: cfr. Baldelli
[1997a] con replica di Berisso [1999]; e ancora Mazzucchi [2001].
   [7] Per il significato specifico dei termini anatomici *minugia*, *corata*, *sacco*,
v. più avanti in questo capitolo.

E attraverso gli squarci di linguaggio comico-realistico che si aprono nel Purgatorio e nel Paradiso non mancano di aggiungersi altre voci prettamente «basse», che talora restano degli *hapax*, come ad esempio *bozzacchione* 'susina deformata e guasta', *paroffia* 'parrocchia' (in rima con *roffia*), *piorno* 'piovorno, pregno di vapore acqueo', *rogna* nella già citata espressione attribuita a Cacciaguida *lascia pur grattar dov'è la rogna* (Par. XVII 129).

2. D'altro lato, l'*excursus* espressivo verso il Paradiso segna la parabola di ascesa dei latinismi che, diffusi ovunque nel poema, s'infittiscono e raggiungono il loro apice nella terza cantica, in concomitanza con l'innalzamento del livello stilistico e il prevalere di strutture tematiche di natura filosofica e teologica (cfr. in generale, oltre a Baldelli [1978, 100-103], Migliorini in [*ED, latinismi*]).

I latinismi, che entrano prepotentemente nella lingua della *Commedia* e la differenziano da quella delle liriche nel loro complesso, si fondono nel discorso poetico traendo simbioticamente la loro origine sia dalla latinità scritturale e tomistico-teologale, sia dalla latinità classica. Per molte parole ed espressioni si può facilmente individuare la provenienza da Virgilio, fonte che di continuo riecheggia nel poema: il falcone che «move la testa e con l'*ali* si *plaude*» Par. XIX 35 richiama la colomba *alis plaudentem* (*Eneide* V 515); il *secreto calle* Inf. X 1 ricalca i *secreti calles* (*Eneide* VI 443); la *gente argolica* Inf. XXVIII 84 l'*Argolica de gente* (*Eneide* II 76) ecc.[8]. Un esempio interessante di come il latinismo dantesco più volte si situi al crocevia fra reminiscenze di matrice classica e scritturale è dato dall'aggettivo *conflati* 'soffiati insieme' e quindi 'amalgamati, compenetrati' Par. XXXIII 89, che può derivare dal versetto di Isaia «*conflabunt* gladios suos in vomeres», dove però il traduttore san Girolamo sembra a sua volta dipendere da un passo delle *Georgiche*: «et curvae rigidum falces *conflantur* in ensem» [Chiavacci Leonardi 1991-97, *ad loc.*][9]. Ingente anche il

---

[8] Per altri passi di ascendenza virgiliana cfr. Hollander [1993]. Da segnalare anche una lettura del canto V dell'Inferno proposta da Villa [1999], che ha messo in luce come l'episodio di Francesca, ispirato al parallelismo con Didone, riveli una trama da riferimenti sia linguistici sia contenutistici all'*Eneide* e al commento di Servio.

[9] Si noterà comunque come questo latinismo venga investito dalla potente creatività dantesca: riferito in origine alla fusione dei metalli nel fuoco,

lessico latino desunto da fonti lessicografiche ed enciclopediche medievali, a partire da Uguccione da Pisa, Isidoro da Siviglia, e su su fino a Papia e Giovanni da Genova.

Abbondano e sono particolarmente significativi i latinismi di prima mano, sconosciuti alla tradizione precedente, che possono essere anche caratterizzati da forme insolite e timbri aspri. Se nell'Inferno vocaboli di questo tipo s'assimilano ponendosi in rima con parole realistiche (e talora anche plebee): ad esempio *curro* : *azzurro* : *burro* XVII 59-63; *sepe* : *epe* : *pepe* XXV 80-84; nel Paradiso essi tendono a formare delle serie rimiche compatte che condizionano potentemente la fisionomia linguistica e stilistica della cantica: si veda ad esempio la medesima rima in *-epe* che ora allinea *recepe* : *concepe* : *repe* II 35-39 e *recepe* : *concepe* : *tepe* XXIX 137-141, tutti latinismi estremamente letterari, fra cui *repe* e *tepe* (rispettivamente da REPĔRE 'strisciare' e TEPĔRE 'esser tiepido') risultano estratti direttamente da Dante (e ancora *Pirro* : *cirro* : *mirro* VI 44-48, *cuba* : *iuba* : *tuba* VI 68-72, *colubro* : *rubro* : *delubro* VI 77-81, *olocausto* : *esausto* : *fausto* XIV 89-93, *plaude* : *laude* : *gaude* XIX 35-39, *tenèbra* : *latebra* : *crebra* XIX 65-69, *prope* : *Etiòpe* : *inope* XIX 107-111, *meritorio* : *consistorio* : *aiutorio* XXIX 65-69 ecc.). Sono localizzate esclusivamente nella seconda e nella terza cantica le quattro occorrenze di *ineffabile* (Purg. XV 67, XXIX 29, Par. X 3, XXVII 7), che già ricorreva nella *Vita nuova* e nel *Convivio*. Va tuttavia notato che nel poema l'aggettivo, restituito in pieno alla sua tradizionale sfera mistico-religiosa, è sempre usato per qualificare «la divinità oppure oggetti (o condizioni) toccati dalla grazia beatificante o che ne sono la prefigurazione» [Colombo 1987, 48].

Per ampliare l'esemplificazione dei latinismi del Paradiso citiamo ora alcuni brani in cui essi, come spesso accade, si aggregano sottolineando la densità di certi passi dottrinali: «Ogne forma *sustanzïal*, che *setta* / è da *matera* ed è con lei unita, / *specifica* vertute ha in sé *colletta*» Purg. XVIII 49-51; «sì *nescia* è la *sùbita vigilia* / fin che la *stimativa* non soccorre» Par. XXVI 74-75; «*Concreato* fu ordine e *costrutto* / a le *sustanze*; e quelle furon cima / nel mondo in che puro *atto* fu *produtto*; / pura *potenza* tenne la parte *ima*; / nel mezzo

esprime ora «la fusione dei vari elementi dell'universo quasi forgiati in un unico oggetto dal soffio divino» [Chiavacci Leonardi 1991-97, *ad loc.*; 1998].

strinse *potenza* con *atto* / tal *vime*, che già mai non si *divima*»
Par. XXIX 31-36. Ma anche al di fuori di contesti così «impegnati» dal punto di vista filosofico, un'alta concentrazione
di latinismi può intervenire a dare solennità allo stile, come
accade ancora, con la massima frequenza, nel Paradiso. Si
pensi al canto di Giustiniano (Par. VI): «i tre a' tre *pugnar*
per lui ancora» 39, «da li *egregi* Romani» 43-44, «Quinzio,
che dal *cirro /negletto* fu nomato» 46-47, «l'*alpestre* rocce, Po,
di che tu *labi*» 51, «Cesare [...] il *tolle*» 57, «là dov'Ettore si
cuba» 68, «col *baiulo* seguente» 73, «Cleopatra, / che [...] dal
colubro / la morte prese *subitana e atra*» 76-78; o al parlare
di Cacciaguida, divenuto finalmente intelligibile (Par. XV):
«del *magno volume*» 50, «*solvuto* hai, figlio» 52, «Tu credi
che a me tuo pensier *mei*» 55, «perch'io paia / più *gaudioso*»
58-59, «il pensier *pandi*» 63, «la mia risposta è già *decreta*»
69; o ancora alla preghiera di Beatrice ai beati intessuta sulla
metafora conviviale (Par. XXIV): «O *sodalizio eletto* a la gran
cena / del benedetto Agnello, il qual vi *ciba* / sì, che la vostra
voglia è sempre piena, / se per grazia di Dio questi *preliba* /
di quel che cade de la vostra *mensa*, / prima che morte tempo
li *prescriba*, / ponete mente a l'*affezione immensa*, / e *roratelo*
alquanto» (1-8). Altri esempi si troveranno nel brano del Paradiso (XXXI 1-48) antologizzato (v. *Testi* 4.2).

Per quanto sia arduo giudicare i latinismi della *Commedia*
nel loro rapporto con l'uso del tempo, pare certo che molti di
essi, come notava Baldelli, siano divenuti comuni proprio in
seguito all'impiego dantesco. Ciò vale, con ogni probabilità,
per i due aggettivi, che si confermano ignoti alla tradizione
volgare anteriore (cfr. *TLIO*), *fertile* e *ferace* (entrambi ricorrenti
nel canto di san Francesco: il primo riferito alla *costa* dove
nacque Francesco, Par. XI 45; il secondo alla Povertà sposa
del santo, Par. XI 82); e anche per *molesto* e *mesto* (altra voce
priva di precedenti attestazioni: cfr. *Corpus TLIO*) utilizzati
nel loro valore originale, rispettivamente 'gravoso, difficile da
sopportare' e 'disperato, tristissimo', per descrivere il cupo
destino delle anime dei suicidi dopo il giudizio universale
(«per la *mesta* / selva saranno i nostri corpi appesi, / ciascuno
al prun de l'ombra sua *molesta*» Inf. XIII 106-108). Questi
ultimi due casi inducono peraltro a riflettere sulla necessità
di valutare sempre con attenzione i latinismi anche nei loro
aspetti semantici, non dimenticando che molti di essi – siano

o no introdotti *ex novo* da Dante stesso – hanno attenuato il loro significato originario o hanno per lo meno assunto una connotazione più comune e vulgata (così voci come *eccellente*, *egregio*, *illustre*, *magnificare*, *preclaro*, *profano*, *puerile* dovevano avere nel primitivo uso dantesco un tono assai elevato, coerente con l'etimologia, e uno stigma di rarità che oggi si sono in parte perduti [su questo aspetto cfr. anche Nencioni 1963, 78]. Un altro latinismo che si divulgherà attraverso la *Commedia* è *quisquilia*, usato da Dante nel senso di 'impurità, elemento superfluo' con riferimento alla dinamica del processo visivo («così de li occhi miei ogne *quisquilia* / fugò Beatrice col raggio de' suoi» Par. XXVI 76-77).

3. Le voci scientifiche e tecniche, che corrispondono a una porzione non secondaria del lessico del poema, sono a loro volta in gran parte costituite da cultismi, anche se non mancano, soprattutto in determinati campi (come ad esempio la medicina), cospicui apporti di lessico popolare. Particolarmente numerosi i termini appartenenti al campo dell'astronomia, che «fornisce alla *Commedia* strutture generali, immagini, parole, forse in misura maggiore di qualsiasi altra scienza fisica» [Baldelli 1978, 103], ma ricorrono anche molti termini della matematica e della perspettiva (nella quale sono inglobate ottica e scienza prospettica). Sarà utile qui ricordare che *occhio* è il sostantivo più frequente della *Commedia*, con 263 occorrenze (seguito da *mondo* con 143 occorrenze). E fra i motivi che sostengono una presenza così incisiva del lessema, senz'altro connessa all'ispirazione profonda del poema, che è essenzialmente una visione culminante nella contemplazione di Dio, non va trascurato l'interesse di Dante per l'atto visivo nei suoi aspetti fisici (per il quale cfr. anche *Convivio* III IX)[10]. Citiamo dunque alcune voci appartenenti a questi settori, ricordando che molte di esse erano già state accolte nel *Convivio*. Per l'astronomia: *cenìt*, *emisperio*, *epiciclo*, *meridiano*, *orbita*, *orizzonte*, *plenilunio*, *settentrion*, *zona*. Per la matematica: *arco declivo*, *arco superno*, *cerchio* (mai *circulo*), *circumcinto*, *circunferenza*, *ottuso*, *quadrare*, *triangolo*; e sarà da aggiungere *caso* Par. XIV 4, solitamente interpretato dai commentatori

---

[10] Sulla centralità del tema della luce nella *Commedia*, si veda inoltre Corti [1993, 147-163].

come generico latinismo nel significato di 'caduta', ma in cui sentiamo riflettersi il significato specificamente geometrico di 'punto d'intersezione dell'altezza con la base' (cfr. Baldelli [1978, 103] che ricordava come il termine già ricorresse nel volgarizzamento pisano trecentesco della *Practica geometrie* del Fibonacci: *hoc [caso] est lo punto u' chade lo catheto*)[11]. Per la perspettiva: *lume acuto, spirto visivo, subita vigilia, stimativa*. E per il lessico della medicina ricordiamo: *cervel, coagulare, complessione, digesto, epa* 'ventre', *etico* 'tisico', *febbre aguta, idropico, membro, natural vasello* 'matrice', *nuca* 'fil delle reni, colonna vertebrale', *omor, oppilazion, quartana* 'febbre quartana', *sangue, vene* accanto a voci anatomiche di ambito prettamente popolare come *anguinaia, ascella, coppa, cuticagna, gozzo, minugia, pancia, strozza, ventraia* e ai nomi delle malattie *tigna* e *rogna*. E per la musica si hanno *arpa, giga, leuto,* e *circulata melodia* (Par. XXIII 109) per cui si è additato il senso tecnico di 'rota', forma di contrappunto medievale [cfr. Monterosso in *ED, melodia*].

Se da un lato la vasta terminologia tecnico-scientifica della *Commedia* deve essere attentamente valutata in rapporto al «sapere» di Dante e alle sue fonti, preme d'altro lato vedere come essa s'inserisca nel discorso poetico e assuma rilievo stilistico. Su tale duplice fronte si sono svolte le indagini più interessanti, dagli studi di Parronchi [1960] sulla perspettiva ai rilievi di Contini [1955] sul linguaggio medico del canto XXX dell'Inferno, fino al saggio della Bertini Malgarini [1989] anch'esso dedicato al lessico medico e anatomico. È facile constatare come quest'ultimo contribuisca in modo determinante agli effetti di violento realismo espressivo proprio dell'Inferno. Si pensi ai termini anatomici che compaiono nella già citata terzina di Inf. XXVIII 25-27: *minugia* 'budella', *corata* 'insieme dei visceri' e *sacco* 'sacco dello stomaco', che non deve essere interpretato come una metafora dantesca, ma come termine propriamente scientifico, attestato in trattati anatomici per indicare il tegumento dell'apparato digerente [cfr. Bertini Malgarini 1989, 81]. Altrettanto incisivi i puntuali riferimenti alla patologia medica contenuti nell'episodio di maestro Adamo: v. *Testi* 4.1.

Non di rado la terminologia tecnica è investita da sensi traslati o è impiegata in contesti metaforici o in similitudini.

---

[11] Il testo è stato poi pubblicato da Feola [2008], di cui si veda il gloss.

È ben noto il caso di *tetragono*, che attraverso l'uso figurato dantesco («ben *tetragono* ai colpi di ventura» Par. XVII 24), di cui s'è individuato il precedente nel commento all'*Etica* aristotelica di san Tommaso, ha assunto il senso aggettivale di 'incrollabile' [Migliorini in *ED*, *grecismi*]. Passando ad altro campo, si ricorderà il termine medico *letargo* denotante uno stato patologico di sonnolenza e amnesia (secondo la glossa che è anche in Uguccione da Pisa), impiegato metaforicamente per 'dimenticanza, oblio' («Un punto solo m'è maggior *letargo* / che venticinque secoli a la 'mpresa, / che fe' Nettuno ammirar l'ombra d'Argo» Par. XXXIII 94). Un tecnicismo della tessitura: *aggueffarsi* 'ammatassarsi, far matassa' (dal long. *wiffa*) nell'espressione «Se l'ira sovra 'l mal voler s'*aggueffa*» Inf. XXIII 16. E aggiungiamo, in quanto si tratta ancora di voci tecniche dell'industria tessile, con le quali si designavano stoffe, caratterizzate da un colore cupo la prima e rosso sangue la seconda, i due termini *perso* e *sanguigno*, associati in una delle famosissime terzine pronunciate da Francesca: «O animal grazïoso e benigno / che visitando vai per l'aere *perso* / noi che tignemmo il mondo di *sanguigno*» Inf. V 89-90 [cfr. Contini 1965b, 129-130][12]. Fra le tantissime similitudini che utilizzano il linguaggio tecnico-scientifico basterà ricordare quella del *geomètra* intento a *misurar lo cerchio*, che conclude la *Commedia* esprimendo il supremo travaglio intellettuale e psicologico di fronte all'irresolubilità razionale di un problema.

Scorrendo i vocaboli scientifici fin qui citati, si noterà che un certo numero di essi, da *tetragono* a *epa*, sono costituiti da grecismi, i quali comunque vengono sempre desunti da fonti latine. E fra le voci greche che entrano nella *Commedia* possiamo aggiungere (e in tutti i casi si tratta di prime attestazioni volgari): *archimandrita*, *chelidro*, *latrìa*, *perizoma*; e *baràtro*

---

[12] L'uso di *perso* e *sanguigno* (sia aggettivi che sostantivi) con riferimento alle stoffe è documentato ampiamente nei libri di conti [ad es. Castellani 1952, gloss., s. vv.]. Si osservi che, mentre *perso* come nome di colore è usato altre volte da Dante (che nel *Convivio* IV xx 2 ne dà anche una definizione: *Lo perso è uno colore misto di purpureo e di nero, ma vince lo nero, e da lui si dinomina*); le altre attestazioni di *sanguigno*, limitate alla *Vita nuova*, sono sempre riferite a vesti (*Apparve vestita di nobilissimo colore [...] sanguigno* II 3, *drappo sanguigno* III 4, *con quelle vestimenta sanguigne* XXXIX 1), rendendo tanto più significativo il recupero del termine nella sua pura accezione di nome di colore.

'abisso infernale' (che mantiene l'accentazione che era nella fonte virgiliana: *immāne barāthrum*). Pur non conoscendo il greco che, all'epoca, era pressoché ignorato in Italia, Dante si spinge addirittura a tentare alcune neoformazioni, come *teodìa* 'canto rivolto a Dio' Par. XXV 73, sulla base strutturale di *comedìa, melodìa, tragedìa*. Un altro grecismo è *antomata* («poi siete quasi *antomata* in difetto» Purg. X 128), che veniva tradizionalmente interpretato come una ricostruzione erronea sul modello dei sostantivi plurali in -*ta* (*problemata*) su una forma già plurale *antoma* o *entoma* 'insetti' [cfr. Migliorini in *ED, grecismi*]. L'intervento di Minio Paluello [1973] ha però chiarito che il termine è fedelmente ripreso dalle versioni latine di Aristotele (*De generatione animalium, Historia animalium*) che Dante consultava: in esse figura *antomata* in luogo dell'o-riginario *automata* per indicare quegli animali inferiori che nascono e si riproducono non per generazione, ma per caso, dalla putrefazione della terra o dei rifiuti.

Per quanto riguarda le voci scientifiche d'origine araba [cfr. Pellegrini in *ED, arabismi*], figurano quelle già tradizionalmente assimilate alla cultura medievale attraverso le traduzioni latine: da *nuca* (nel significato antico di 'fil delle reni', 'colonna vertebrale' dall'arabo *nukhā* 'midollo spinale') a *alchimia* (da leggere *alchìmia* come richiede la stessa tipologia del verso: Inf. XXIX 137)[13] a *cenìt* (da *samt [ar-ra's]* 'punto del cielo sopra il capo' con lettura erronea di *ni* per *m*). Un interessante calco dall'arabo è costituito da *imprimere* per indicare l'influenza esercitata dai corpi celesti sul mondo terreno: «colui che 'mpresso fue, / nascendo, sì da questa stella forte» Par. XVII 76-77 (ma si noti che l'espressione è già in Ristoro d'Arezzo: «E se lo cielo colla sua virtude ha ' adoparare e *emprimare* e'lla terra» [Morino 1997, 180].

4. Consideriamo ora le altre componenti che concorrono ad arricchire la *varietas* lessicale della *Commedia*.

Numerosi i gallicismi, che contribuiscono a nobilitare il livello stilistico specie dove la materia è più alta e complessa [cfr. Migliorini in *ED, gallicismi*]. Piuttosto limitati nell'In-ferno e nel Purgatorio, essi vengono quindi a incrementarsi

---

[13] Sull'opportunità di conservare tale accento, dovuto al tramite latino medievale, cfr. Calderone [1971] e Cordié [1972, 50].

nel Paradiso. Su 23 casi di sostantivi provenzaleggianti in
-*anza* che ricorrono in tutta la *Commedia*, e rappresentano la
significativa ripresa di un modulo suffissale già ampiamente
adottato nelle rime giovanili, 17 sono nel Paradiso: *amanza,
beninanza, dilettanza, disianza, fallanza, fidanza, possanza* ecc.
(gli unici due casi dell'Inferno, *nominanza* e *onranza* IV 74,
76, figurano in un contesto relativamente elevato che allude
alla fama delle anime del Limbo). Fra gli altri gallicismi,
che spesso rappresentano ancora dei recuperi dal linguaggio
delle liriche e sono comunque sempre sostenuti da riscontri
nella tradizione anteriore, ricordiamo, partendo da quelli più
frequenti (e senza contare ovviamente quelli insediatisi prima
del 1000): *cangiare, gioia, gioire, noia, noiare, augello, parvente*
'visibile, che si presenta alla vista', *speglio* 'specchio', *veglio*
'vecchio', *difalta* 'colpa', *donneare* 'amoreggiare, conversare
galantemente', *leggiadro, leggiadria, periglio, ploia* 'pioggia',
vengiare 'vendicare', *grifagno* e *veltro*; inoltre (con un'unica
attestazione) *accisma* da *accismare* 'conciare', *bordello, croio*
'duro', *dolzore, dotta* 'dubbio, incertezza', *gabbo* 'scherzo,
beffa', *gaetto* 'screziato, maculato', *giuggia* da *giuggiare*
'giudicare', *'nsembre* 'insieme', *miraglio* 'specchio', *visaggio*
'viso'. È un gallicismo anche *bolgia* dall'ant. fr. *bolge, bouge*
'sacca, borsa' e quindi, per estensione, 'fossa': Dante lo usa
per indicare ciascuna delle dieci fosse dell'ottavo cerchio
dell'Inferno, e dall'impiego dantesco deriva la fortuna del
termine (l'accezione di 'sacca, bisaccia', pure documentata
nel Trecento, verrà invece a perdersi). Non mancano voci
influenzate semanticamente dal francese: *argento* nel senso di
'denaro' Inf. XXXII 115, *cappello* per 'ghirlanda' Par. XXV
9. Non sembra invece necessario annoverare fra i gallicismi
l'uso di *uomo* come pronome impersonale (*dov'omo affibbia
'l manto* Inf. XXXI 66) e di *persona* nel senso di 'alcuno' in
frasi negative (*E non vedea persona che 'l facesse* Inf. XIII 23).
I tanti esempi che ricorrono sia nella prosa che nella poesia
due-trecentesca inducono a pensare che siamo di fronte a
costrutti che l'italiano antico, al pari del francese, possedeva.
    Un sicilianismo lessicale che si è stabilizzato nel lessico
poetico è *disio, disiare,* che domina rispetto alla variante
gallicizzante [cfr. Cella 2003, 391-393] *disire* (-*o*), *disirare* e
all'ancor più raro *desiderio, desiderare* (*di*-), quest'ultimo tipico
dell'uso prosastico dantesco.

Si è molto discusso sui dialettalismi della *Commedia*: certamente i più sicuri sono quelli introdotti da Dante intenzionalmente per fini mimetico-espressivi (v. cap. XIII); altre voci disseminate nel poema, che pure sono state interpretate come dialettali, lasciano spesso dei dubbi dato che non è possibile escludere con sicurezza una loro diffusione nella Toscana dell'epoca, ovvero una provenienza francese o provenzale [cfr. Parodi 1896, 274-276; Ghinassi in *ED*, *lombardismi*; Nencioni 1989, 180-186). Ad esempio *co* 'capo' (Inf. XX 76, XXI 64, Purg. III 128, Par. III 96), tradizionalmente considerato settentrionale, è vivo in alcune aree toscane periferiche, senza contare l'attestazione che ne offre Rustico Filippi in un suo sonetto [cfr. Marrani 1999, 184]. *Ancoi* 'oggi' (Purg. XIII 52, XX 70, XXXIII 96) può essere settentrionale, ma pure provenzale. Anche *barba* 'zio' (Par. XIX 137), che gli antichi commentatori, fra cui il Landino, considerano «lombardo» e oggi suona effettivamente come settentrionalismo, non doveva essere estraneo alla Toscana, almeno nella forma *barbano* (cfr. Parodi [1896, 275] cui si aggiunga l'attestazione offerta alla fine del secolo XIII da Bono Giamboni in un volgarizzamento da Orosio [cfr. *TLIO*]). È oggi abbastanza condivisa l'opinione che *veggia* 'botte' sia un settentrionalismo (v. cap. XV, pp. 153-154). L'impronta locale si coglierà più facilmente, come già osservava Folena [1969], in alcune voci concrete e tecniche legate a determinati ambienti operativi. Tali ad esempio quelle inserite nella rappresentazione dell'arsenale veneziano (Inf. XXI 7-18), partendo dalla stessa voce *arzanà* (che si contrappone agli allotropi toscani *darsana*, *tersanà*, *tersanaia*: tutti dal medesimo etimo arabo *dār ṣinā 'a / dār ṣanā 'a* 'fabbrica')[14] e arrivando a designazioni altamente specifiche come *rimpalmare i legni*, *ristoppa le coste*, *volge sarte*, *chi terzeruolo e artimon rintoppa* [cfr. Baldelli 1997b]. Orientano verso l'ambiente adriatico come fonte privilegiata di lessico nautico anche altre voci diffuse nel poema, fra cui *scola* (*sovresso l'acqua lieve come scola* Purg. XXXI 96) dal veneto e ravennate *scaula* 'imbarcazione a fondo piatto, simile a una gondola'.

---

[14] Per una rassegna delle voci toscane medievali *darsanà* (Pisa, sec. XII), *terzanà* (Giovanni Villani), *tersanaia* (Pisa, sec. XIV) cfr. Castellani [1989a, 32-40; 2000, 217-225].

5. Un'ultima ma non secondaria fonte di arricchimento lessicale si deve all'inventiva personale di Dante, che mosso dalle proprie esigenze espressive, conia vari neologismi [cfr. Di Pretoro 1970; Baldelli 1978, 108; Ghinassi in *ED*, *neologismi*). Tale attività onomaturgica, guardata con diffidenza da alcuni antichi commentatori (ad esempio dal Bembo), è certo un aspetto significativo della potente creatività dantesca che all'occorrenza diviene capace di forzare gli stessi limiti imposti dalla lingua. Non è del resto un caso che essa si esplichi soprattutto nel Paradiso e sia legata alla poesia dell'ineffabile.

Fra le coniazioni dantesche, che sono certo alcune decine, la maggior parte è costituita da formazioni verbali parasintetiche che utilizzano il prefisso *in-*. Questo schema compositivo è applicato non solo ai sostantivi e agli aggettivi, secondo un modulo che è normale fin dalle origini (si pensi al tipo *ingrandire*, *intavolare*), ma anche ai numerali, agli avverbi, e perfino ai pronomi personali e ai possessivi. Così oltre a voci come *inurbarsi* 'entrare in città', *infuturarsi* 'prolungarsi nel futuro', *inventrarsi* 'stare nel ventre, nel punto più interno', *imparadisare* 'innalzarsi a gioie paradisiache', *indiarsi* 'penetrare in Dio, unirsi a Lui'; si hanno *incinquarsi* 'ripetersi per cinque volte', *intrearsi* 'congiungersi come terzo', *inmillarsi* 'moltiplicarsi in più migliaia'; e *insemprarsi* 'durare per sempre', *insusarsi* 'risiedere in su, in alto', *indovarsi* 'trovare luogo', *inforsarsi* 'essere in forse, risultare dubbio'; e addirittura *intuarsi*, *inmiarsi*, *inluiarsi*, *inleiarsi* 'penetrare in me, in te, in lui ecc.' (ad esempio *s'io m'intuassi, come tu t'inmii* Par. IX 81).

Qualche esempio indicativo di altre serie formate con prefissi diversi: (*a-*) *appulcrare* 'abbellire, aggiungere per abbellimento', *arruncigliare* 'afferrare col ronciglio'; (*di-*) *dirocciarsi* 'scendere giù da una roccia', *dilibrarsi* 'uscire dall'equilibrio'; (*dis-*) *dislagarsi* 'elevarsi da una distesa d'acqua', *dismalare* 'liberare dal male, purificare'; (*tras-*) *trasumanare* 'trascendere l'umano', *trasmodarsi* 'oltrepassare ogni limite'. Fra le semplici derivazioni denominali ricordiamo *pennelleggiare* e *sempiternare*.

L'inventività linguistica dantesca coinvolge anche i nomi propri, manifestandosi nelle sue forme più vivaci e creative nella designazione dei luoghi e dei personaggi infernali: è d'obbligo ricordare qui il contingente dei diavoli del XXI canto dell'Inferno, da *Malebranche* a *Malacoda*, a *Scarmiglione*, e poi ai dieci che si susseguono nel grottesco corteo rappresentato nei versi 118-123: «Tra'ti avante, *Alichino*, e *Calcabrina* / [...] e tu, *Cagnazzo*; / e *Barbariccia* guidi la decina. / *Libicocco* vegn'oltre e *Draghignazzo*, / *Ciriatto* sannuto e *Graffiacane* / e *Farfarello* e *Rubicante* pazzo». Questi nomi, a eccezione di un paio (*Alichino* e *Farfarello*), già attestati nella demonologia medievale[15], sono stati inventati da Dante sulla base di termini comuni che, opportunamente modificati, acquistano un significato allusivo alle qualità fisiche o caratteriali delle varie figure demoniache. Fra i più espliciti *Malebranche* (da *branche* 'artigli'), *Malacoda*, *Barbariccia*, *Graffiacane*, *Cagnazzo* (da *cane*, o anche da *cagnazzo* 'paonazzo': cfr. Inf. XXXII 70), *Scarmiglione* (da *scarmigliare*), *Draghignazzo* (per il *ghigno* da *drago*), *Rubicante* (*rosso* dall'ira, rabbioso). *Calcabrina* sarà 'colui che sfiora la brina' forse con riferimento al procedere veloce; *Libicocco* è considerato un incrocio fra i nomi dei due venti *libeccio* e *scirocco* che allude all'impetuosità; *Ciriatto* si forma su *ciro* 'porco' in uso nel toscano antico con la desinenza *-atto* delle discendenze animalesche (*lupatto*, *cerbiatto*). Secondo alcuni, Dante potrebbe essersi liberamente ispirato anche a cognomi esistenti in Toscana (come *Malebranca*, *Raffacani*, *Lanciabrina* ecc.)[16]. Resta comunque inteso che «questa serie di nomi [...] va presa soprattutto nel suo insieme, dove l'elemento visivo [...] si fonde a quello fonico, così da creare un effetto generale di tracotanza e di aggressività da farsa, quale appunto Dante aveva in mente nel comporre questo interludio» [Chiavacci Leonardi 1991-97, I 647].

Ricordiamo del resto che i nomi propri, di cui la *Commedia* è straordinariamente ricca (se ne registra una presenza nove volte superiore a quella della *Vita nuova*), non sono quasi mai presenze neutre, ma di continuo «s'incarnano stilisticamente nella realtà del narrato attraverso valori posizionali e avvicinamenti intensamente evocativi» [Baldelli 1978, 108; e v. anche Id. in *ED*, *rima*, 942-944]. È significativo che in moltissimi casi essi ricorrano in fine del verso, irradiando, soprattutto

---

[15] *Alichino* è ripreso dalla *mesnie Hellequin*, processione di dannati, nota fin dal secolo XI. Dalla medesima fonte derivano anche l'*Alichino* ariostesco e le figure tradizionali degli *Herlequins* che sono i precedenti della maschera di Arlecchino [cfr. Migliorini 1978, 397].

[16] Per le spiegazioni dei nomi dei diavoli ho utilizzato soprattutto Parodi [1916, 354-356] e Presta [in *ED*, s. vv.].

nell'Inferno, rime difficili o aspre che generano immagini e metafore di grande tensione espressiva. Basti pensare a versi come «Non fece al corso suo sì grosso velo / di verno la Danoia in *Osterlicchi*, / né Tanaï là sotto 'l freddo cielo, / com'era quivi; che se *Tambernicchi* / vi fosse sù caduto, o Pietrapana, non avria pur da l'orlo fatto *cricchi*» Inf. XXXII 25-30; «E 'l mastin vecchio e 'l nuovo da *Verrucchio*, / che fecer di Montagna il mal governo, / là dove soglion fan de' denti *succhio*» Inf. XXVII 46-48. Al polo opposto si pensi ai nomi propri dei canti XI-XII del Paradiso, la cui intima solidarietà con i valori spirituali è resa ancor più incisiva dall'allusione etimologica, in piena coerenza col principio *Nomina sunt consequentia rerum* professato nella *Vita nuova* (XIII 4): «Però chi d'esso loco fa parole, / non dica *Ascesi*, ché direbbe corto, / ma Orïente, se proprio dir vuole» Par. XI 52-54; «Oh padre suo veramente *Felice*! / oh madre sua veramente *Giovanna*, / se, interpretata, val come si dice!» Par. XII 79-81[17]. Per l'allotropia in campo onomastico, v. il successivo cap. XII, p. 128.

---

[17] Secondo gli etimologisti medievali (fra cui Uguccione da Pisa), ben noti a Dante, *Giovanna*, come *Giovanni*, valeva *Domini gratia* 'grazia del Signore'. Per il valore del *se* dell'ultimo verso, che non è ipotetico, ma assertivo o assuntivo, cfr. Parodi [1916, 391]. Per ulteriori approfondimenti sull'onomastica dantesca cfr. Porcelli [1997, 18-31].

Capitolo dodicesimo

L'allotropia nella «Commedia»: aspetti stilistici

Le diverse componenti messe in luce sia a livello fonomorfologico sia a livello lessicale vengono spesso a sedimentarsi in allotropi, voci che, pur risalendo alla medesima origine e conservando il medesimo significato, si presentano differenziate formalmente[1].

L'abbondanza di allotropi costituisce in effetti una prerogativa di grande rilievo della lingua della *Commedia*, che permette di cogliere nel modo più immediato e diretto il larghissimo spettro delle risorse linguistiche impiegate. È indubbio che la propensione alle varianti e i criteri con cui esse vengono di volta in volta selezionate dipendono anche da esigenze di tipo puramente tecnico come la rima e il metro del verso. Tuttavia l'analisi degli allotropi della *Commedia* [cfr. Tateo in *ED, allotropia*] ci porta a constatare come le scelte dantesche raramente risultino neutre, più spesso implichino un preciso valore stilistico-espressivo.

Guardando all'oscillazione fra forme latineggianti e forme popolari, si possono segnalare innumerevoli casi in cui le prime s'impongono sulle seconde in contesti più elevati, con l'evidente scopo di nobilitare il linguaggio: *lauro* in luogo di *alloro* è messo in bocca a Virgilio (Purg. XXII 108); l'unico *radiare*, contro il normale *raggiare*, designa l'operazione creativa della volontà divina (Par. XIX 90); *vigilare*, al pari del gallicismo *vegliare*, ha, contro *vegghiare* («L'una *vegghiava* a studio de la culla» Par. XV 121), l'alto senso metaforico di 'vivere per l'eternità' («Voi *vigilate* ne l'etterno die» Purg.

---

[1] Non includiamo quindi nella nostra considerazione degli allotropi quelle voci che, pur risalendo a una medesima origine, hanno sviluppato un'evidente diversità di significato come *esempio / scempio*, *fuga / foga*, *minuzia / minugia*, e simili.

XXX 103, «ma perché 'l sacro amore in che io *veglio*» Par.
XV 64). Il latinismo *arbore* è preferito ad *albero* laddove il
termine assume un valore simbolicamente pregnante indicando
sia l'albero del girone dei golosi (Purg. XXIV 113) sia l'albero
del Paradiso terrestre (Purg. XXXIII 72). Talvolta la forma
latineggiante è capace di evocare l'originale valore semantico:
claustro, rispetto a *chiostro*, suggerisce il significato di 'cintura
difensiva' («In cerchio le facevan di sé *claustro* / le sette ninfe»
Purg. XXXII 97); *labore*, rispetto a *lavoro*, insiste sul senso
di 'fatica' («sì che sanz'alcun *labore* / seguiva in sù li spiriti
veloci» Purg. XXII 8-9); *securo*, piuttosto che *sicuro*, riprende il
valore dell'originario SĒD (= SINE) CURA («*secure* d'ogn'intoppo
e d'ogne sbarro» Purg. XXXIII 42). Così anche fra i composti
con *de-*: *defettivo*, contro il più generico *difettivo*, è usato con
preciso riferimento al concetto di perfezione e richiama quindi
il senso etimologico di 'imperfetto' («fuor di quella / è *defettivo*
ciò ch'è lì perfetto» Par. XXXIII 104-105).

Anche l'alternanza fra varianti di origine galloromanza e
corrispondenti voci indigene denota talora una scelta stilistica.
Come è stato più volte osservato, se nell'Inferno Caronte è
«un *vecchio*, bianco per antico pelo» (III 83); nel Purgatorio
Catone è presentato come «un *veglio* solo, / degno di tanta
reverenza in vista, / che più non dee a padre alcun figliuolo»
(I 31-33). Ma si noti che nel Paradiso entrambi i termini lasciano il posto alla superiore dignità formale del latinismo *sene*
attribuito a san Bernardo: «vidi un *sene* / vestito con le genti
glorïose» (XXXI 59-60). Accanto a *specchio* che è la forma
più consueta (usata 16 volte), figurano i più preziosi *speglio*
(4 volte, una in Inf. XIV 105 in rima con *veglio*, le altre tre in
Par. XV 62, XXVI 106, XXX 85, incorporato in un lessico di
alta derivazione letteraria), *speculo* Par. XXIX 144, nonché il
gallicismo *miraglio* Purg. XXVII 105[2]. Diverso il caso di *mangiare*, francesismo da tempo acclimatato nel lessico toscano,
come mostra la precoce attestazione offerta alla metà del XII

---

[2] Si osservi che *specchio* e *miraglio* ricorrono nel medesimo brano del
Purgatorio (XXVII 103-105), laddove Lia usa il termine *specchio* parlando
di sé stessa, mentre designa con *miraglio* lo specchio in cui si riflette Ra-
chele assurta alla beatitudine del Paradiso: «Per piacermi a lo *specchio*, qui
m'addorno; / ma mia suora Rachel mai non si smaga / dal suo *miraglio*, e
siede tutto giorno». È evidente che la *variatio* lessicale implica anche qui
una gradazione stilistica.

secolo dalle Testimonianze di Travale e gli esempi che ricorrono in testi due-trecenteschi di tipo pratico [cfr. Castellani 1976, 163; 1952, gloss.; Cella 2003, 61]. Esso si alterna con il tipo indigeno *manicare* e, in veste più aderente al latino, *manducare*. La citazione di *manicare* nel *De vulgari eloquentia* in qualità di popolarismo fiorentino (cfr. *Testi* 1), e gli esempi di *manducare* offerti dalla poesia di stampo comico-realistico (ad es. Rustico Filippi, Folgóre), inducono a ritenere quest'ultime forme più marcate in senso espressivo. In effetti sia *manducare* che *manicare* ricorrono negli ultimi canti dell'Inferno, riferiti al cannibalismo del conte Ugolino: il primo nella similitudine che propone l'orrida immagine del dannato («e come 'l pan per fame si *manduca*, / così 'l sovran li denti a l'altro pose / là 've 'l cervel s'aggiugne con la nuca» Inf. XXXII 127-129); il secondo nel racconto della vicenda fatto dallo stesso protagonista («ed ei, pensando ch'io 'l fessi per voglia / di *manicar*, di subito levorsi» Inf. XXXIII 59-60). Si noti però che entrambi sono richiamati a breve distanza da *mangiare* (v. rispettivamente le parole rivolte da Dante al conte «O tu che mostri per sì bestial segno / odio sovra colui che tu ti *mangi*» Inf. XXXII 133-134; e la drammatica implorazione dei figli «e disser: "Padre, assai ci fia men doglia / se tu *mangi* di noi [...]"» Inf. XXXIII 61-62). La connotazione differenziale fra questi allotropi si fa meglio sentire se allarghiamo lo sguardo alle altre opere di Dante. Il fatto che *mangiare* sia pressoché costante nella prosa (con la sola eccezione di *manuca* in *Convivio* I I 7) ne conferma l'uso neutro e corrente; mentre l'unica attestazione di *manducare* nelle *Rime*, che è nella canzone *Così nel mio parlar* («co li denti d'Amor già mi *manduca*» 1 [CIII] 32), si presta a essere investita, rispetto a *mangiare* (*Rime* 49 [XCIX] 3, 4), di una più vibrante carica espressiva.

Fra le varianti legate alla suffissazione alterativa, che presenta una notevole varietà [vedi Tollemache in *ED*, *App.*, 448-456; Baldelli 1978, 480-483], ricordiamo almeno l'alternanza fra *suora* / *sorella* / *serocchia*. Le prime due forme risultano del tutto inconsuete nel fiorentino dell'epoca, che ha normalmente *serocchia* (mentre *suoro* 'sorella' è comune nella Toscana occidentale e a Siena). Purtuttavia Dante preferisce *suora* (5 occorrenze) e *sorella* (4 occorrenze) rispetto a *serocchia* (solo 2 attestazioni in rima). È certo che l'atteggiamento dantesco ha contribuito a decretare la fortuna di *sorella* nell'italiano letterario (anche se non bisogna dimenticare che a favore di questa voce può aver agito il parallelismo con *fratello*). Analogo il caso di *rana* preferito da Dante, e quindi dalla successiva tradizione letteraria, alla forma suffissale corrente *ranocchio*.

L'allotropia interessa anche i nomi propri, soprattutto quelli classici o biblici, o comunque non toscani, la cui forma può ubbidire a una tradizione o latina, o fiorentina, o alloglotta, rispondendo alle necessità metriche, ma anche al contesto evocato [cfr. Nencioni 1989, 186-190]. Il nome della regina d'Egitto suona come *Cleopatra* nel discorso latineggiante di Giustiniano (Par. VI 76), ma *Cleopatràs* nell'elenco di «donne antiche e cavalieri» (Inf. V 63) dove si unisce con risonanza omofonica all'aggettivo *lussuriosa* [cfr. Baldelli 1999, 22]. Analogamente, sempre nel discorso di Giustiniano, sono ricordati *Ettore* e *Anibale* (Par. VI 68 e 50) che altrove figurano come *Ettòr* e *Anibàl* (Inf. IV 122, Inf. XXXI 117). Virgilio allude alla sua città nella forma squisitamente latina *Mantua* (Inf. XX 93, Purg. VI 72) che richiama il famoso epitaffio a lui attribuito (*Mantua me genuit...*), mentre per l'aggettivo etnico compare il volgarismo *mantoano* (Purg. VI 74). Carlo Martello cita il *Danubio* (Par. VIII 65) che nelle *rime aspre e chiocce* dell'Inferno era chiamato col nome volgare di *Danoia* (Inf. XXXII 26). E si noti ancora, fra i tanti casi che si potrebbero citare, *Macra* in bocca all'aulico Folchetto (Par. IX 89) contro il sonorizzato *Magra* nei discorsi di Vanni Fucci (Inf. XXIV 145) e Currado Malaspina (Purg. VIII 116)[3].

---

[3] Si deve comunque ricordare che i toponimi italiani e stranieri della *Commedia* presentano nella massima parte le forme di adattamento fonomorfologico che sono consuete nei testi fiorentini due-trecenteschi: si pensi a *Ascesi, Agobbio, Brandizio, Cicilia, Cologna, Lamagna, Bruggia, Guanto, Doagio, Soave* ecc.

Capitolo tredicesimo

Dialettalità e inserti alloglotti nella «Commedia»

Costituiscono una compagine a sé, degna di rilievo e assai significativa della capacità dantesca di gestire con maestria e talora spregiudicatezza il mezzo linguistico a fini mimetico-espressivi, quelle forme, quei vocaboli e anche quegli inserti alloglotti che vengono consapevolmente inseriti nel poema per caratterizzare la lingua di alcuni personaggi [v. in sintesi Pagliaro 1965]. È in questo ambito che si possono cogliere, come abbiamo già detto, i dialettalismi veramente sicuri e inequivocabili presenti nel poema.

In luogo dell'avverbio *ora* abbiamo il lucchesismo *issa* nel discorso di Bonagiunta Orbicciani («O frate, *issa* vegg'io [...] il nodo» Purg. XXIV 55), e *istra* nella frase lombarda attribuita a Virgilio da Guido da Montefeltro (da intendere 'Ora vattene, ormai non ti incito più'):

> udimmo dire: «O tu a cu' io drizzo
> la voce e che parlavi mo lombardo,
> dicendo "*Istra* ten va, più non t'adizzo" (Inf. XXVII 19-21).

Entrambe le forme *issa* e *istra* presuppongono una derivazione da IPSA HORA. Per *issa* (attestato anche in Inf. XXIII 7) è utile ricordare, anzitutto, il precedente offerto da Bonagiunta stesso in un suo discordo [cfr. Bruni 1993, 420-421]; inoltre, a conferma della pertinenza lucchese della voce, si aggiunge la testimonianza di Scipione Bargagli nel *Turamino* [cfr. Parodi 1896, 261; Serianni 1976, 115-116]. Non si conoscono invece altre attestazioni di *istra*, che è comunque da mettere in relazione con i settentrionali *insta* (nel *Serventese romagnolo* [Contini 1960, I 879]) e *ista* (nella *Disputatio mensium* di Bonvesin da la Riva e nella *Passione* lombarda [Bruni 1993, 427]). Tale forma, che pur non essendo condivisa da tutti i codici pare sufficientemente attendibile [cfr. Petrocchi 1994, *ad loc.*], è solitamente imputata a epentesi di r^1.

Nella terzina citata anche *mo* 'ora' potrebbe essere un elemento allusivo alla settentrionalità del personaggio, considerando, fra l'altro, che lo stesso avverbio torna nel binomio sinonimico *mo e issa* proposto con intento metalinguistico come campione di identità semantica («ché più non si pareggia *'mo' e 'issa'*» Inf. XXIII 7). Ma la connotazione dialettale si stempera dal momento che la voce è impiegata in vari altri contesti di tipo 'neutro' (ad es. Inf. X 21, Purg. VIII 28, Par. XXXI 48), il che induce a ricordare l'ampia diffusione di *mo* nell'Italia medievale (che interessava l'area settentrionale, l'area centromeridionale e, entro i confini stessi della Toscana, l'area aretino-cortonese) e le numerose attestazioni che ne aveva offerto la lirica guittoniana.

Nessun dubbio, invece, sulla voce *sipa* 'sia' (cong. pres. di *essere*) con valore di particella affermativa, citata come bolognesismo tipico da Venedico Caccianemico («che tante lingue non sono ora apprese / a dicer *'sipa'* tra Sàvena e Reno» Inf. XVIII 60-61)[2]. Un valore evocativo viene sentito anche nel titolo sardo *donno* dato a Michele Zanche di Logodoro in Inf. XXII 88 (né si esclude che tale valore riecheggi nella stessa voce attribuita in Inf. XXXIII 28 al pisano Ugolino della Gherardesca, la cui famiglia dominava su parte del giudicato di Cagliari). Ed è certo che la forma verbale *mora* nel grido dei palermitani insorti contro gli Angiò contiene una volontaria allusione al siciliano («se mala segnoria [...] non avesse / mosso Palermo a gridar: *"Mora, mora!"*» Par. VIII 73-75)[3]. Come pure

---

[1] Va più avanti nell'interpretazione della forma *istra* Bruni [1993], che vede in essa una ricostruzione dantesca: «Dante [...] conosceva il tipo lucchese (e pisano) *nosso* [...] cui corrispondeva il fiorentino *nostro*, e pensò che anche a *issa* [...] corrispondesse un *istra*: e poiché non trovava, e non poteva trovare, nulla di simile in fiorentino, pensò che la proporzione *nosso* : *nostro* = *issa* : *istra* gli fosse consentita dal settentrionale *ista*, leggermente modificato in modo da adattarsi allo stampo preconfezionato: così, per forza di analogia, Dante ricostruì un avverbio inesistente, garantito dalle due varianti *issa* e *ista*, simili nel significante e nel significato» [*ibidem*, 428].

[2] Per *sipa* 'sia' cfr. Corti [1960, 53-54]; inoltre, per la sua diffusione anche moderna, Rohlfs [1966-69, 558 e 283].

[3] Si noti che altrove, nella *Commedia*, si ha la regolare forma toscana *moia* Par. IX 39 r, Par. XIV 25 r, *muoia* Purg. XVII 42, mentre sia *moia* che *mora* sono nelle liriche della *Vita nuova* (rispettivamente XII 13, XV 5 e XXIII 21).

sarà da interpretare in chiave realistico-mimetica un gallicismo particolarmente marcato come *giuggiare* 'giudicare' (fr. *jugier*, pr. *jutjar*), *hapax* dantesco (ma già attestato in Guittone) messo in bocca al francese Ugo Ciappetta, in sequenza con una serie di riferimenti toponomastici d'Oltralpe («Ma se *Doagio, Lilla, Guanto* e *Bruggia* / potesser, tosto ne saria vendetta; / e io la cheggio a lui che tutto *giuggia*» Purg. XX 46-48).

Il gusto per la mimesi linguistica porta Dante a inserire nel poema (Purg. XXVI 140-147) otto versi in lingua provenzale attribuiti ad Arnaut Daniel [cfr. Braccini 1978]. E ancora la policromia linguistica del poema si arricchisce con gli inserti latini che si fanno via via più frequenti nel passaggio dal Purgatorio al Paradiso, di pari passo con l'innalzarsi del livello stilistico (v. ad es. le frasi latine che connotano l'eloquio di papa Adriano V in Purg. XIX 99 o il famoso esordio del discorso di Cacciaguida in Par. XV 28-30: «*O sanguis meus, o superinfusa / gratïa Deï, sicut tibi cui / bis unquam celi ianua reclusa?*»). Al polo opposto, vanno ricordati i due brani in lingua incomprensibile attribuiti a creature diaboliche (*Pape Satàn, Pape Satàn aleppe!* Inf. VII 1; *Raphèl maì amècche zabì almi* Inf. XXXI 67), per i quali è stata suggerita un'interpretazione in chiave di glossolalìa [cfr. Renzi 1993].

Capitolo quattordicesimo

Sintassi e stile della «Commedia»

1. Anche per quanto riguarda la sintassi, la *Commedia* condivide con l'uso fiorentino dell'epoca alcune strutture che si sono successivamente evolute senza trasmettersi all'italiano. Ce ne possono dare una prova le regole che determinano la posizione del pronome atono all'interno di frase, da cui prenderemo avvio per queste note sintattiche, necessariamente riduttive.

Nei raggruppamenti di pronomi atoni, quello con funzione di accusativo è sempre preposto a quello con funzione di dativo, come vuole la norma duecentesca condivisa dalle generazioni nate prima della fine del secolo: «*lo mi* vieta» Inf. XIX 100, «*il mi* consento» Inf. XXV 48, «non *mi ti* celerà» Par. III 48, «*il ti* giura» Par. XXIV 105.

È rispettata la legge Tobler-Mussafia, che obbliga a porre in posizione enclitica al verbo le particelle pronominali atone sia dopo pausa (e in primo luogo a inizio di proposizione principale posta in apertura del periodo o anche coordinata asindeticamente ad altra o ad altre che la precedono), sia, normalmente, dopo alcune congiunzioni coordinanti come *e* e *ma*. Qualche esempio: «*Ruppemi* l'alto sonno ne la testa / un greve truono» Inf. IV 1-2, «Giustizia mosse il mio alto fattore; / *fecemi* la divina podestate» Inf. III 4-5, «Se tu riguardi ben questa sentenza, / *e rechiti* a la mente chi son quelli» Inf. XI 85-86, «come fa l'uom che non s'affigge / *ma vassi* a la via sua» Purg. XXV 4-5. Dopo *e* si hanno tuttavia, sia pure limitati, alcuni casi di proclisi fra cui: «con le braccia m'avvinse *e mi sostenne*» Inf. XVII 96, «indi si volge al grido *e si protende*» Purg. XIX 65. E dopo *ma* eccezionalmente: «Non però qui si pente, *ma si ride*» Par. IX 103. Questi casi si possono spiegare pensando a forme di «livellamento analogico-ritmico» [Vignuzzi in *ED, App.*, 197]; ma la tendenza ad ammettere delle deroghe alla legge Tobler-Mussafia dopo congiunzione è comunque ricorrente nei testi dell'epoca [cfr. Schiaffini 1926, 277-278]. La tendenza all'enclisi vige anche nel caso di principale posposta alla dipendente, pur ammettendo varie eccezioni: «Ma quando tu sarai nel dolce mondo, / *priegoti* ch'a la mente altrui mi rechi» Inf. VI 88-89, ma «Da poi che Carlo tuo, bella Clemenza, / m'ebbe chiarito, *mi narrò* li 'nganni» Par. IX 1-2. Alla legge Tobler-Mussafia obbedisce pure il pronome atono unito all'imperativo, che in posizione libera predilige comunque la proclisi [cfr. Patota 1984]: «*Ditemi*, voi che sì strignete i petti» Inf. XXXII 43, ma «O muse, o alto ingegno, or *m'aiutate*» Inf. II 7.

Scorrendo gli ampi contributi dell'*Enciclopedia Dantesca* dedicati alla sintassi, soprattutto del periodo [Agostini, Brambilla Ageno e Medici in *ED, App.*], si può constatare come in moltissimi casi la fenomenologia presente nel poema si faccia più ricca e multiforme rispetto a quella delle opere precedenti[1]. Ciò vale non solo per i costrutti più frequenti in senso assoluto, come quelli relativi e temporali, legati all'andamento narrativo del poema, ma anche per altri tipi di proposizioni, quali ad esempio le concessive, che vanno segnalate come un'importante novità nell'ambito del linguaggio poetico dantesco (si pensi che esse erano del tutto assenti nelle liriche della *Vita nuova* e rarissime anche nelle *Rime*), e mostrano peraltro una varietà di tipi superiore a quella della stessa prosa del *Convivio*. Diviene più vasto e articolato anche l'uso del gerundio e dei suoi valori proposizionali.

Anche sotto il rispetto della sintassi, la lingua della *Commedia* giunge dunque alla massima maturità e duttilità, sfruttando tutta la gamma delle soluzioni disponibili e prestandosi, ove occorra, a intenti di tipo mimetico-espressivo (emblematico il discorso di Pier della Vigna, Inf. XIII 33-108, cancelliere e letterato della corte federiciana, dove le artificiosità della costruzione sintattica, assai più delle scelte lessicali, sono

---

[1] Naturalmente ad avallare tale giudizio contribuiscono anche i tanti studi che in seguito hanno approfondito, sia pur facendo spesso riferimento a un più vasto *corpus* di testi antichi, singoli aspetti della sintassi della *Commedia*; per fare solo un paio di esempi ricorderemo Robustelli [1992; 2000b, rispettivamente sui verbi causativi e percettivi], e Proietti [2002], che ravvisa in un verso del poema (Par. XXIX 121) il primo esempio di *per cui* con senso assoluto (*ibidem*).

funzionali alla caratterizzazione del personaggio). E se le concessive rappresentano appunto l'acquisizione d'un tipo di costrutto che, presupponendo processi logici di natura prettamente intellettuale, si confà all'argomentazione di tono elevato, possiamo cogliere al polo opposto procedimenti che sono tipici dell'uso nella sua dimensione più spontanea e corrente: si ricorderà che quasi i 2/3 del testo sono costituiti da dialogo, ossia da una lingua che almeno si propone come «parlata» (per un'impostazione generale del tema cfr. Lichem [1984]; per un caso concreto v. il dialogo infernale fra maestro Adamo e Sinone analizzato nell'antologia: *Testi* 4.1).

Alcuni esempi di «segmentazione» della frase, in cui si ha la messa in rilievo di un elemento tematico, che può essere anticipato o posticipato, e la ripresa del medesimo attraverso il pronome personale atono («dislocazione a sinistra» e «dislocazione a destra» secondo la terminologia linguistica corrente), sono segnalati da D'Achille [1990, 152-153]. Si tratta per lo più di casi in cui l'elemento tematico ha funzione oggettiva ed è costituito da una frase: «ma *come tripartito si ragiona*, / tàccio*lo* acciò che tu per te ne cerchi» Purg. XVII 138-139, «*Com'io divenni allor gelato e fioco*, / no*l* dimandar, lettor» Inf. XXXIV 22-23, «*S'i era sol di me quel che creasti / novellamente, amor che'l ciel governi*, / tu *'l* sai» Par. I, 73-75, «di*l*ci, che'l sai: *di che sapore è l'oro?*» Purg. XX 117. Un caso di anticipazione del soggetto che, dopo l'interposizione della relativa dipendente, viene ripreso dal pronome dimostrativo si ha nei seguenti versi:

> Ed *una lupa*, che di tutte brame
> sembiava carca ne la sua magrezza,
> e molte genti fé già viver grame,
>   *questa* mi porse tanto di gravezza (Inf. I 49-52).

Quanto all'uso del *che*, entro la ricchissima e svariata gamma di valori che esso può assumere [cfr. Brambilla Ageno in *ED, App.*, 199-207; Duro in *ED, che*], «si avverte in più casi l'arbitrarietà di una distinzione fra funzioni che probabilmente si sono sommate e sono perciò compresenti» (*ibidem*, 933). Come esempio di questo *che* polifunzionale, grammaticalmente indistinto, assai ben documentato nei testi di ogni epoca inclini ad avvicinarsi ai modi dell'uso corrente [cfr. almeno Sabatini

1985, 164-165; D'Achille 1990, 205-260; Bertuccelli Papi 1995; 1998], si consideri il secondo *che* della terzina

> e Graffiacan, che li era più di contra,
> li arruncigliò le 'mpegolate chiome
> e trassel sù, *che* mi parve una lontra (Inf. XXII 34-36)

il cui valore complesso oscilla fra quello di pronome relativo soggetto e quello di congiunzione esplicativa o piuttosto consecutiva [D'Achille 1990, 233-234]. Fra i numerosissimi *che* con valore causale (resi da Petrocchi con *ché*), la maggior parte ricorre nel discorso diretto, facendo supporre che anche quest'uso sia favorito da motivi di espressività realistica (significativi soprattutto i casi dopo proposizione imperativa-esortativa: ad es. «Andiam, *ché* la via lunga ne sospigne» Inf. IV 22, «dimmi ove sono e fa ch'io li conosca; / *ché* gran disio mi stringe di savere» Inf. VI 82-83). È certo comunque che la polifunzionalità di *che* nella lingua antica, avvalorata dagli stessi riscontri danteschi, induce a valutare i singoli casi con cautela, e rende qualche volta opinabile l'interpretazione univoca in senso causale, esplicitata dall'editore mediante l'accento. Proprio il *che* della famosissima terzina iniziale («Nel mezzo del cammin di nostra vita / mi ritrovai per una selva oscura, / *ché* la diritta via era smarrita»), anziché prettamente causale come suggerisce l'edizione Petrocchi (con ampia discussione [Petrocchi 1994, *ad loc.*]), è parso a taluni dotato di un valore meno univoco e tendente piuttosto verso il modale (omettono infatti l'accento altre recenti edizioni fra cui Chiavacci Leonardi [1991-97] e Sanguineti [2001a])[2]. Fra

---

[2] Si veda quanto affermava a proposito di questa forma Pagliaro [1956, 256-257 nota 6]: «Di solito si dà a *che* valore causale (*ché*): "poiché la diritta via era smarrita". Questa considerazione, diciamo così, eziologica turba la notazione prettamente intuitiva, che è circoscritta dal riflessivo "mi ritrovai". L'unità del momento viene da qualcuno preservata, attribuendo a *che* il valore di "in cui, nella quale" ma, a parte la durezza del nesso sintattico (non mancano, tuttavia, in Dante altri esempi), la distinzione fra la selva e la "verace via" è troppo nettamente posta dai vv. 10 ss., perché possa immaginarsi che la via fosse dentro la selva. Molto probabile, invece, a noi sembra che il *che* sia una semplice congiunzione relativa, la quale serve ad esprimere un dato modale, in rapporto a una situazione (e a un verbo) di valore spaziale». E ancora Pagliaro [1961, 198]: «La funzione grammaticale, che si individua nel valore di questo *che*, è quella di una relazione generica, nella quale prevale ora il dato modale, ora quello spaziale, ora quello temporale; ed è certo un dato della lingua parlata popolare».

i *che* interpretabili senz'altro come pronome relativo, sono notevoli alcuni casi di *che* indeclinato senza preposizione e senza marca di caso [D'Achille 1990, 234]: «[...] due ombre smorte e nude, / che mordendo correvan di quel modo / *che* 'l porco quando del porcil si schiude» Inf. XXX 25-27, «e coronarmi de le foglie / *che* la materia e tu mi farai degno» Par. I 26-27, «pronto e libente in quel *ch'*elli è esperto» Par. XXV 65. Non mancano casi in cui la funzione sintattica adempiuta dal relativo viene successivamente ripresa ed esplicitata da altro pronome, di solito personale (talora anche dimostrativo o possessivo), secondo un modulo che è ampiamente documentato nei testi delle origini, inclusi quelli di tipo non letterario (cfr. Ageno [1956] che designava questi casi come «distinzione fra relazione e funzione»): «e più di mille / ombre mostrommi e nominommi a dito, / *ch'*amor di nostra vita dipart*ille*» Inf. V 67-69, «Questi onde a me ritorna il tuo riguardo, / è 'l lume d'uno spirto *che* 'n pensieri / gravi a morir *li* parve venir tardo» Par. X 133-135, «e se volete che con voi m'asseggia, / faròl, se piace a costui *che* vo *seco*» Inf. XV 35-36.

Noteremo anche il recupero della paraipotassi, costrutto tipicamente volgare che era quasi scomparso nella prosa del *Convivio*, e di cui comunque, anche nel poema, si hanno esempi piuttosto limitati [cfr. Brambilla Ageno in *ED, App.*, 441-442]: «*Mentre che sì parlava, ed* el trascorse» Inf. XXV 34, «*Com'ei parlava, e* Sordello a sé il trasse» Purg. VIII 94, «*S'io dissi falso, e* tu falsasti il conio» Inf. XXX 115. È quindi ancor più significativo, fra gli elementi che distanziano la sintassi periodale della *Commedia* da quella del *Convivio*, il netto regresso dei costrutti con l'accusativo e l'infinito, sostituiti da dichiarative di forma esplicita: ciò mostra come «entro la saldissima struttura del periodo che è propria del poema, anche le sottigliezze dottrinali vengano espresse coi mezzi sintattici connaturali al volgare, che, si direbbe, non ha più bisogno di modellarsi sul latino per sostituirsi ad esso» [Brambilla Ageno in *ED, App.*, 425]. Fra i costrutti latineggianti che si trasmettono dalle opere giovanili al poema abbiamo invece la reggenza negativa di *temere* [cfr. Ageno 1955]: «*temo* che la venuta *non* sia folle» Inf. II 35, «e *temo* che *non* sia già sì smarrito» Inf. II 64, «ma i' *temo* ch'ello / *non* s'apparecchi a grattarmi la tigna» Inf. XXII 92-93 ecc. (ma «sì ch'io *temetti* ch'ei tenesser patto» Inf. XXI 93).

2. La sintassi della *Commedia* non può ovviamente essere analizzata senza tener conto di quelle strutture stilistiche e metriche in cui essa s'incarna, dando vita a un linguaggio poetico che trova nell'intima coesione, nell'armonia e nella fluidità gran parte della sua grandezza e del suo intramontabile fascino. Sulla scorta delle penetranti pagine dedicate da Baldelli [1978, 94-100] all'indissolubile nesso che stringe gli aspetti linguistici a quelli stilistici e metrici, ci limitiamo a proporre alcuni rilievi di carattere molto generale, che si potranno integrare con quanto è pertinente a un'analisi di natura più propriamente letteraria.

Fra le strutture fondamentali del dettato dantesco, la metafora e la similitudine, spesso in sinergia, assumono un ruolo assolutamente centrale.

Abbiamo già avuto modo di vedere alcune voci di ambito tecnico-scientifico usate in senso metaforico (v. cap. XI, pp. 117-118); ma la metafora investe continuamente il lessico anche nelle sue componenti più usuali, configurandosi come una risorsa essenziale dello stile di Dante, espressione del suo «concepire il reale intrinsecamente connesso da una infinita serie di corrispondenze e analogie» [Tateo in *ED*, *metafora*, 926] (e v. ora anche gli studi raccolti in Ariani [2009]). La concentrazione metaforica e simbolica della poesia dantesca aumenta man mano che si procede nella terza cantica e basteranno a esemplificarla terzine come queste:

> Ond'io appresso: «O perpetüi *fiori*
> de l'etterna letizia, che pur uno
> parer mi fate tutti vostri *odori*,
>   solvetemi, spirando, il gran *digiuno*
> che lungamente m'ha tenuto in *fame*,
> non trovandoli in terra *cibo* alcuno (Par. XIX 22-27).

I *fiori* con cui qui, come in tanti altri luoghi, si identificano le anime elette; il *digiuno*, la *fame* e il *cibo* che, insieme con altri termini appartenenti alla medesima area semantica, assumono – come già nel *Convivio* – valori simbolici relativi alla vita spirituale, varranno anche a mettere in luce quanta parte del linguaggio metaforico dantesco sia di derivazione scritturale e mistico-teologica. Per altri esempi v. l'esordio del canto XXXI del Paradiso commentato nella parte antologica (*Testi* 4.2).

Il ricorso alle similitudini, raro nelle liriche, comprese quelle della *Vita nuova* (e ciò appare significativo anche in rapporto all'atteggiamento più aperto degli altri stilnovisti), aveva avuto un consistente incremento nel *Convivio*, rivelando già un valore strettamente funzionale alle esigenze dell'argomentazione. L'ulteriore espansione di questo procedimento nella *Commedia* si alimenta certo attraverso il recupero dei modi della poesia classica e delle sacre scritture, anche se l'uso dantesco trascende ampiamente tali modelli e fa della similitudine

un modo fondamentale del discorso poetico, non solo e non tanto per quantità (più di cinquecento), quanto per la sua realtà intensamente contestuale, per il suo svilupparsi in maniera simbiotica con gli altri elementi del canto o dell'episodio: una similitudine insomma non esornativa ma 'necessaria' [Baldelli 1993, 603].

Le similitudini della *Commedia* – raccolte nell'ancor utile regesto di Luigi Venturi [1911] – sono di solito espresse attraverso costrutti comparativi, che si presentano in una gamma vastissima di forme, sottilmente analizzate da Agostini [in *ED, App.*, 395-403] (che utilizza e integra la precedente trattazione di Schwarze [1970, 325-327]; e v. anche, più in generale, Pagliaro [in *ED, similitudine*], Azzetta [2008], Maldina [2008; 2009], Serianni [2010]). Le forme nominali sono le più semplici: partendo dal tipo *come* + sostantivo («vien dinanzi ai tre, *sì come sire*» Inf. IV 87) si arriva al tipo, piuttosto frequente, che si espande in una relativa («Lo duca mio di sùbito mi prese, / *come la madre ch'al romore è desta*» Inf. XXIII 37-38; «dirò *come colui che piange e dice*» Inf. V 126). Più complesse le forme proposizionali, che consentono di sviluppare i parallelismi più ampi ed elaborati. Nella loro struttura più usuale, esse stabiliscono un rapporto di analogia fra due proposizioni, anteponendo la subordinata, introdotta dalla congiunzione *come* o *sì come*, alla sovraordinata evidenziata dal correlativo *così*, *sì* (ma quest'ultimo elemento può anche mancare):

> E *come* i gru van cantando lor lai,
> faccendo in aere di sé lunga riga,
> *così* vid'io venir, traendo guai,
> ombre portate da la detta briga (Inf. V 46-49);

> *Sì come* cieco va dietro a sua guida
> per non smarrirsi e per non dar di cozzo
> in cosa che 'l molesti, o forse ancida,
> m'andava io per l'aere amaro e sozzo (Purg. XVI 10-13).

Nel caso in cui nelle due proposizioni figurino dei verbi copulativi, o comunque dei verbi che reggono un complemento predicativo, gli elementi della correlazione che fungono da predicato nominale o da complemento predicativo sono spesso resi con *quale* e *tale* (*cotale*):

> E *qual* è quei che volontieri acquista,
> e giugne 'l tempo che perder lo face,
> che 'n tutti i suoi pensier piange e s'attrista;
> *tal* mi fece la bestia sanza pace (Inf. I 55-58).

Questi due tipi di comparazione possono svolgersi anche in parallelo:

> *Quale* sovresso il nido si rigira
> poi c'ha pasciuti la cicogna i figli,
> e *come* quel ch'è pasto la rimira;
> *cotal* si fece, e *sì* levai i cigli,
> la benedetta imagine [...] (Par. XIX 91-95).

Non di rado le similitudini si dilatano in periodi di eccezionale lunghezza, caratterizzati da una sintassi «a larghe campate, con la principale che spunta solo dopo il lungo svolgimento del comparante» [Coletti 1993, 52]: si veda ad esempio l'inizio di Inf. XXIV, dove ben 15 versi sviluppano l'immagine del pastorello che si risveglia (*In quella parte del giovanetto anno [...]*), al quale poi finalmente il poeta compara la propria condizione (*Così mi fece sbigottir lo mastro* 16). Per altri esempi, anche di tipo particolare, v. ancora i versi del XXXI del Paradiso inclusi nell'antologia (*Testi* 4.2).

Costituisce una componente di primaria importanza nello stile della *Commedia* anche la ripetizione, cui Dante aveva mostrato larga disponibilità fin dalle opere precedenti, dalla *Vita nuova* al *Convivio* [cfr. Tateo in *ED*, *anafora*]. Di questo modulo, consueto alla tradizione oratoria ma largamente presente anche nei testi sacri, sono sfruttate tutte le possibilità, funzionalmente a procedimenti parallelistici e a effetti di enfasi espressiva. Si hanno così strutture molteplici e variate che vanno dalla ripetizione della stessa parola all'interno del verso («che fu *sommo* cantor del *sommo* duce» Par. XXV 72, «e fa di quelli [occhi] *specchi* a la figura / che 'n questo *specchio* ti sarà parvente» Par. XXI 17-18), a quella che coinvolge l'inizio di più versi o più terzine (si pensi – solo per citare alcune sequenze molto famose – alla triplice ripetizione che apre i tre versi consecutivi di Inf. III 1-3: «*Per me* si va ne la città dolente, / *per me* si va ne l'etterno dolore, / *per me* si va tra la perduta gente»; e ancora alla parola-chiave *Amor* all'inizio di tre successive terzine nel discorso di Francesca in Inf. V 100-108: «*Amor*, ch'al cor gentil ratto s'apprende», «*Amor*, ch'a nullo amato amar perdona», «*Amor* condusse noi a una morte»), dalla ripetizione derivativa («e per la viva *luce* trasparea / la *lucente* sostanza» Par. XXIII 31-32) al giuoco etimologico («Le *fronde* onde *s'infronda* tutto l'*orto* / de l'*ortolano* etterno» Par. XXVI 64-65), fino alle anafore di elementi grammaticali spesso connesse a costrutti asindetici («A *così* riposato, a *così* bello / viver di cittadini, a *così* fida / cittadinanza, a *così* dolce ostello» Par. XV 130-132, «*ov'è* questa giustizia [...] / *ov'è* la colpa sua» Par. XIX 77-78). Largamente presenti, e non di rado congiunte alle ripetizioni, le allitterazioni, indagate a fondo da Beccaria [1975, 90-113] che, sviluppando i rilievi di Contini [1965a], mette in luce come il riecheggiare di parole, di frasi, di immagini, e anche di pure sequenze ritmico-sintattiche, indicative quasi di un preponderare dei valori fonici sulla semanticità, percorre tutto il poema stabilendo delle continue corrispondenze fra canto e canto e fra cantica e cantica, segno tangibile di una «memoria» interna all'opera (su questi aspetti cfr. anche Beltrami [1975]). Si pensi a coppie di versi come

Non fece al corso suo sì grosso velo (Inf. XXXII 25);
non fece al viso mio sì grosso velo (Purg. XVI 4);

Ne l'ora che non può 'l calor dïurno (Purg. XIX 1);
Ne l'ora che comincia i tristi lai (Purg. IX 13);

e se 'l mondo sapesse 'l cor ch'elli ebbe (Par. VI 140);
E se 'l mondo là giù ponesse mente (Par. VIII 142);

fuggendo a piede e sanguinando il piano (Purg. V 99);
calcando i buoni e sollevando i pravi (Inf. XIX 105);

E come fantolin che 'nver' la mamma (Par. XXIII 121);
E quale il cicognin che leva l'ala (Purg. XXV 10).

Il procedimento ripetitivo, nel ventaglio estesissimo delle sue possibilità, diviene quindi un elemento essenziale del ritmo narrativo di tutta la *Commedia*, contribuendo a quella «larga memorabilità» del poema che è fra le ragioni non ultime della sua fortuna.

Nel quadro di un'indagine sulle strutture linguistiche e stilistiche della *Commedia* s'inserisce a pieno titolo l'analisi della tecnica rimica, che ha rappresentato un terreno particolarmente fecondo di studi (da Parodi [1896] a Rohlfs [1972], da Baldelli [in *ED, rima*] a Beccaria [1985], fino a Punzi [1995] e Afribo [2002], solo per citare alcuni fra gli interventi più specifici). Non ci sono dubbi che la rima, cui Dante presta grande attenzione anche dal punto di vista teorico[3], ha un ruolo di assoluta centralità in tutta la sua poesia e può fungere da significativo elemento conduttore per delinearne l'itinerario. Come più volte abbiamo avuto occasione di osservare, la rima nella *Commedia* è sede privilegiata dell'inventività linguistica dantesca, depositaria di elementi fonomorfologici e soprattutto lessicali di forte impatto innovativo (Rohlfs ha calcolato che delle 204 parole attestate una sola volta nel poema, ben 173, fra cui moltissimi latinismi, ricorrono in posizione di rima), fulcro da cui s'irradiano situazioni stilistiche tese e fortemente espressive. Afferma Beccaria [1985, 10-11]:

C'è, nella *Commedia*, una forte concentrazione semantica delle parole rimate che esorbita dal codice comunicativo vulgato in quell'età (quello stilnovistico) [...] Dunque un Dante che, nella *Commedia*, rispetto ai poeti precedenti e seguenti, ma anche rispetto a sé (se penso alle rime poco vistose della *Vita nuova*, là dove giunge a porre in rima, e con frequenza, forme verbali in *-ire, -ato*, e così via), preme il pedale sulla semanticità forte della rima, sulla sua singolarità, e in questa sede polarizzante cerca effetti di tensione marcata, perché, data una rima, l'attesa della successiva prevista è, direbbe Jacobson, 'frustrata' [...] La rima in Dante ci dà il senso di una difficoltà superata [...].

---

[3] Vi si era ampiamente soffermato in *De vulgari eloquentia*, II, capp. IX, XII, XIII, mostrandosi contrario agli artifici e alle corrività dei predecessori (cfr. cap. V, p. 45) e rimandando una trattazione sistematica al quarto libro dell'opera. Inoltre, nel *Convivio* (IV, II, 12), il termine *rima* era stato discusso nelle sue due accezioni, l'una propriamente tecnica, l'altra più genericamente equivalente a 'poesia'.

Nel ricchissimo repertorio delle 753 rime utilizzate nella *Commedia*[4], vediamo quindi confluire, in stretto rapporto con la molteplicità dei contesti espressivi e stilistici, tutte le diverse tipologie rimiche già esperite nell'itinerario poetico anteriore: dalle rime piane, poco vistose, di tipo desinenziale (la cui presenza è comunque abbastanza contenuta) alle rime difficili, ricercate, insolite, che spesso intrecciano i latinismi del Paradiso, fino alle rime rare, *aspre e chiocce* in cui s'incardina il lessico realistico e talora crudamente volgare dei canti infernali (e di quest'ultime se ne possono vedere esempi anche nel brano dell'Inferno citato nell'antologia: *Testi* 4.1)[5].

---

[4] Al rimario cartaceo annesso all'edizione del poema in Lovera, Bettarini e Mazzarello [1975], si aggiunge ora il rimario incluso nel *Cd-rom* che correda il volume *Opere* [2012].

[5] Per approfondire il rapporto fra componenti metriche del poema e strutture linguistiche v. anche Baldelli [in *ED, endecasillabo, terzina*] e Beltrami [1981].

Capitolo quindicesimo

La fortuna trecentesca della «Commedia»

1. Se è vero che le opere cosiddette «minori» sarebbero sufficienti a fare di Dante uno dei massimi autori della letteratura italiana, si deve riconoscere che è la *Commedia*, con la sua dirompente novità e il moto di ammirazione suscitato, a conferire al suo autore un ruolo di assoluta centralità nella nostra storia linguistica, tanto da meritargli l'appellativo non retorico di «padre della lingua italiana». L'enorme e immediata fortuna dell'opera, che – come hanno ampiamente mostrato i tanti studi che ne delineano le direttrici (da Folena [1965] a Petrocchi [1985], da Bologna [1986, 538-593] a Ciociola [2001, 174-197]; e v. anche Malato [2001] e Miglio [2001]) – coinvolge non solo i gruppi elitari dell'alta cultura ma anche le cerchie più vaste ed eterogenee della borghesia mercantile dell'epoca, costituisce il primo atto di diffusione di un modello linguistico che s'impone vigorosamente in Italia al di sopra delle singole tradizioni locali.

I più precoci indizi del successo della *Commedia* sono affidati alle numerose citazioni che affiorano nelle diverse aree e negli ambienti più disparati. Alcune terzine dell'Inferno vengono trascritte, a partire dal 1317 (quando dunque Dante era ancora in vita), nei documenti notarili bolognesi (gli stessi che nel 1287 avevano offerto le primissime attestazioni del Dante lirico con il sonetto sulla Garisenda). La citazione più antica, un passo del III canto dell'Inferno, copiato sulla coperta di un registro di atti criminali, è dovuta alla mano di ser Tieri degli Useppi di San Gimignano; mentre i frammenti che si susseguono negli anni successivi nei Memoriali sono vergati da notai bolognesi, i quali non si peritano a contaminare il testo con delle inflessioni locali. Alcune terzine filosofiche vengono trascritte fra il 1322 e il 1330, in caratteri ebraici, da un rabbino probabilmente di Roma. Altri prelievi dal poema sono aggiunti, a mo' di glosse, in un codice del *De consolatione* boeziano, verso il 1330 (se non prima), da un monaco benedettino dell'abbazia di Montecassino [cfr. Baldelli 1960]. I vistosi adattamenti alla fonologia mediana appaiono evidentissimi in versi come *Viddi quil Brutu che cacciò Tarquino* (cfr. Inf. IV 127), *che tante voci uscisser da quilli trunchi* (cfr. Inf. XIII 26)[1].

Ugualmente significativi i riecheggiamenti e le vere e proprie citazioni centonarie che s'insinuano non solo in opere letterarie (e qui gli esempi sarebbero davvero imponenti)[2], ma anche in testi dovuti a scrittori di cultura media, come il cosiddetto *Libro del biadaiolo* o, come lo denomina l'autore, *Specchio umano* [ediz. Pinto 1978], singolare esempio di registro d'interesse finanziario-agrario, ampliato con intendimento artistico e morale, risalente agli anni 1339-41. L'autore è un fiorentino, modesto venditore di biade, che pur confessandosi *grosso e ydiota componitore* [*ibidem*, 159] non manca di offrire nelle parti narrative una drammatica ed efficace rappresentazione della miseria e della fame. Qui la citazione dantesca talora interviene a suggellare momenti di particolare tensione espressiva: così il grido *A! dura terra, perché non t'apristi?* [*ibidem*, 322] sottolinea il culmine della rappresentazione della tragedia dei poveri cacciati da Siena nel 1329. Possiamo chiederci se sia lecito vedere nell'esclamazione uno dei primissimi esempi di quelle locuzioni, stilemi, sentenze che nascono dalla cristallizzazione di versi danteschi e che, col loro insediarsi nel linguaggio comune, sono un'altra prova inconfutabile della larga fortuna del poema, legata alla sua straordinaria memorabilità[3]. Ma anche

[1] Si notino la *u* finale in luogo di *o* (*Brutu*) e le forme metafonetiche *quil, quilli, trunchi*.
[2] La più precoce testimonianza dell'influsso esercitato dalla *Commedia* in ambito letterario viene ravvisata, prima ancora della morte di Dante, nelle terzine che fregiano la *Maestà* di Simone Martini (1315) nel Palazzo Pubblico di Siena [cfr. Valerio 1986; Brugnolo 1987; 1997, 328-339). «Filigrane dantesche» si colgono anche nel pressoché contemporaneo compendio volgare dell'*Eneide* del notaio Andrea Lancia [Folena 1965, 43]. Per le esperienze poetiche che maturano fin dalla prima metà del Trecento soprattutto nell'Italia settentrionale e in ambiente veneto dove, in un terreno già permeato dai modelli lirici toscani, spicca, come primo imitatore di Dante, il veneziano Giovanni Quirini, rimandiamo a Casapullo [1999, 235-244] e alle relative indicazioni bibliografiche.
[3] Fra i modi danteschi che hanno avuto simile sorte (talora corrispondenti a interi versi) basterà ricordare *far tremar le vene e i polsi, sanza infamia e sanza lodo, color che son sospesi, fiero pasto, il ben dell'intelletto, quel giorno più non vi leggemmo avante, ben tetragono ai colpi di ventura* ecc.

se si tratta d'una citazione consapevole, volta a sottolineare la cruda drammaticità di un evento, è significativa la dimestichezza che questo biadaiolo mostra con i testi danteschi (e non solo con la *Commedia*) in anni appena posteriori alla morte del poeta [cfr. Branca 1965][4]. Ed è certo che nella Toscana, con la *Commedia*, «si realizza per la prima volta una circolazione socialmente ben diversificata, che di bocca in bocca travalica perfino l'alfabetizzazione, sostenuta dalla continuità linguistica sostanziale del testo colto e della lingua di ogni giorno» [Poggi Salani 1992, 417]. Sono ben note le due novelle del Sacchetti (CXIV e CXV) dove si allude alla consuetudine popolare di *cantare il libro di Dante*, ovvero *cantare il Dante*: la testimonianza è importante anche per l'uso antonomastico che documenta (*il Dante*, cioè 'il libro di Dante', la *Commedia*), un uso che dalla Toscana si ripercuote fino alla Sicilia («librum unum dictum *lu dante* quod dicitur de inferno» si legge in un inventario degli arredi di Federico IV il Semplice, risalente al 1367 [Resta 1967, 414]). Alla diffusione orale del poema contribuiscono le pubbliche letture che si susseguono a Siena, Firenze, Bologna, Ferrara, Verona ecc. A Firenze, dove nel giugno del 1373 una petizione di cittadini aveva richiesto alle autorità la lettura del libro «che volgarmente si chiama el Dante», l'incarico fu affidato al Boccaccio, che, com'è noto, tenne le sue lezioni dall'ottobre del 1374 ai primi del 1375 nella Chiesa di Santo Stefano in Badia[5]. Ed è il Boccaccio stesso a ricordare, nella prima versione del *Trattatello in laude di Dante*, che la *Commedia* «con la dolcezza e bellezza del testo

---

[4] Sul *Libro del biadaiolo* e le sue «presenze» dantesche cfr. anche Miglio [1978], che aggiunge altri riscontri a quelli già indicati da Branca.

[5] Sembra però che a Firenze la prima esposizione della *Commedia* sia passata attraverso il filtro dei francescani, tradizionalmente aperti al confronto culturale con la realtà laica cittadina, se è vera la notizia – da più parti riferita – che il poema fu letto e commentato nella cattedrale di Santa Maria del Fiore da Accursio Bonfantini, maestro di teologia e rettore del convento di Santa Croce nel 1318. Per la fortuna di Dante presso i francescani cfr. Bologna [1982, 792-797]. Più complesso e contrastato il rapporto fra Dante e l'ordine dei domenicani, che nel 1335 arrivarono a proibire ai confratelli la lettura delle sue opere volgari («prohibemus districte fratribus universis iunioribus et antiquis quatenus poeticos libros sive libellos per illum qui Dante nominatur in vulgari compositos nec tenere vel in eis studere audeant») [cfr. Antonelli 1982, 714; Mezzadroli 1992, 140-141]. Per una riconsiderazione di questi temi cfr. ora Corrado [2012].

pasce non solamente gli uomini, ma i fanciulli e le femine»
[Ricci 1974, 492].

2. Il più antico manoscritto datato che trasmette per intero
la *Commedia*, il Landiano 190 della Biblioteca Comunale di
Piacenza (copiato a Genova nel 1336, su commissione del
podestà pavese Beccario de Beccaria, da un amanuense marchigiano, Antonio da Fermo), proviene dall'area settentrionale,
cui appartengono diversi fra i codici più antichi. In particolare
l'area emiliano-romagnola e Bologna svolgono una funzione
capitale nelle fasi iniziali di divulgazione della *Commedia*, prima che Firenze, superate certe difficoltà politiche, assuma un
ruolo preponderante, arrivando a organizzare la produzione
dei codici in forme che si possono definire quasi industriali
(alludiamo alla prodigiosa operosità di Francesco di ser Nardo
e della sua officina scrittoria da cui uscirono cento esemplari
del poema, i cosiddetti *Danti del Cento*).

Il lineare incremento delle copie raggiunge nel corso del
secolo XIV dimensioni imponenti oltrepassando i trecento codici (che divengono oltre ottocento se si aggiungono i testimoni
quattrocenteschi [cfr. Roddewig 1984; Boschi Rotiroti 2004]. È
quindi comprensibile come la *Commedia* possa divenire tipologia di merce a fini fiscali: *livero de Dante o simiglie* si legge nella
gabella perugina del 1379 [cit. in Migliorini 1978, 210 e tav.
IX]. Afferma Baldelli [1983, 160-161] che tutta l'Italia sembra
dar l'assalto, con un esercito di copisti, alla *Commedia*; in realtà
ne è «assalita e sconvolta»: la contaminazione orizzontale che si
coglie nei manoscritti fin dalle fasi più antiche indica che «chi
copia la *Commedia* ha già, o ha immediatamente in sé, terzine,
versi, stilemi, parole, forme di essa e le deversa nella copia che
sta eseguendo, più o meno indipendentemente dall'esemplare
da cui sta copiando»; eppure, le diverse patine regionali che
via via s'incontrano nei manoscritti non soverchiano mai la
sostanza linguistica del poema: «il che vuol dire che la lingua
del modello, col suo prestigio, con la sua memorabilità, vince
le abitudini del copista» e s'impone.

Non c'è bisogno di insistere ulteriormente sulle problematiche che il vaglio di questa messe di testimonianze comporta sul
piano della ricostruzione del testo, già ampiamente considerate
nel cap. X.1. Ci sembra invece opportuno – sulla scorta di
un principio più volte affermato in sede teorica (da Nencioni

[1960] a Coluccia [2009, 20-23; 2012, 46]) – dedicare qui una riflessione al valore intrinseco che l'insieme della tradizione testuale della *Commedia*, con tutto il suo imponente deposito di varianti, viene ad assumere ai fini della documentazione linguistica. In particolare, facendo riferimento al lessico, si capisce bene come le lezioni alternative che ruotano attorno alle voci messe a testo, seppure secondarie rispetto al testo ricostruito, non siano affatto un materiale inerte, ma costituiscano a loro volta un tesoro lessicale appartenente a pieno titolo alla lingua dell'epoca, che va opportunamente salvaguardato e valorizzato.

3. Intensa anche l'attività dei commentatori, che segna l'inizio di una plurisecolare tradizione di lavoro esegetico, nata già a ridosso della primissima diffusione del poema. Riprendendo anche noi una famosa e suggestiva citazione dal poeta russo Osip Mandel'štam, diremo che il commento esplicativo «è parte integrante, strutturale, della *Commedia*. La nave-portento è uscita dal cantiere con piccole conchiglie già appiccicate alla carena. Il commento sguscia fuori dal chiacchiericcio della strada, dalle dicerie della gente, dalle tante bocche della calunnia fiorentina. È un commento inevitabile»[6]. E delle dimensioni imponenti che assume l'opera dei commentatori sono prova non solo la quantità dei singoli prodotti, ma anche il moltiplicarsi delle copie, non esenti da contaminazioni, interpolazioni, aggiunte, il che rende particolarmente complesso l'allestimento delle edizioni, che tuttavia vanno incrementandosi, grazie soprattutto all'iniziativa promossa dal Centro Pio Rajna di «Censimento» e «Edizione nazionale dei commenti danteschi». È del resto assai significativo che proprio nel Trecento si affermi il termine *dantista* per designare lo studioso di Dante[7].

---

[6] La citaz. è ripresa da Corrado [2012, 238] (ma il passo era già stato ricordato da Saverio Bellomo che suggeriva di porlo a epigrafe dell'intero *corpus* dei Commenti danteschi [*ibidem*, n. 3]).

[7] Secondo i comuni dizionari (*GDLI*, *DELI*), il vocabolo è attestato per la prima volta nel 1381 dal Sacchetti. Ma esso ricorre anche nell'*Expositione sopra l'Inferno* di Guglielmo Maramauro e, ancor prima, in un sonetto contenuto nel manoscritto Canoniciano it. 97 della Bodleiana di Oxford, datato fra il 1357 e il 1360, già attribuito a Menghino Mezzani e forse da restituire al Maramauro [cfr. Pisoni e Bellomo 1998, 167 n. 30].

L'indagine su questo fondamentale capitolo della storia della recezione della *Commedia* e della sua lingua può oggi avvalersi di una serie di aggiornati sussidi, come il *Dizionario dei commentatori danteschi* di Bellomo [2004a] e il *Censimento dei commenti danteschi* curato da Malato e Mazzucchi [2011] (e v. anche Gualdo e Palermo [2001, 400-407], Bellomo [2008, 297-308, 330-333]; ormai solo parzialmente utili le sintesi di Mazzoni [1965] e Mezzadroli [1992]). Disponibili anche alcuni strumenti informatici che si rivelano veramente preziosi per ricerche di tipo linguistico [Procaccioli 1999; *Dartmouth Dante Project*][8].

Guardando ai commenti più antichi e alla loro distribuzione geografica (messa in evidenza nello schema di Bellomo [2008, 298-300]), un ruolo di primo piano per la precocità spetta ancora a Bologna, dove nella prima metà del secolo si susseguono il commento, in latino, limitato alla prima cantica, del cancelliere del comune Graziolo de' Bambaglioli [ediz. Rossi 1998], e quello, in volgare, completo, di Iacomo della Lana [ediz. Volpi 2009][9].

Il volgare domina decisamente nell'esegesi dovuta ad autori fiorentini, inaugurata dalle chiose alla prima cantica del figlio di Dante, Iacopo Alighieri, appena posteriori alla morte del padre [ediz. Bellomo 1990], cui fanno seguito le Chiose Palatine [ediz. Abardo 2005] e il celebre Ottimo [ediz. Torri 1827-29], così detto dagli Accademici della Crusca che ne apprezzarono e ne utilizzarono la messe di notazioni linguistiche, compilato nel 1333 da un autore per lungo tempo identificato con Andrea Lancia, che peraltro è autore sicuro di un altro commento appartenente agli anni 1341-43 [ediz. Azzetta 2012; v. anche Id. 2003]. In latino abbiamo invece il commento dell'altro figlio di Dante, Pietro Alighieri [ediz. Della Vedova e Silvotti 1978; Chiamenti 1998] e l'esposizione di Guido da Pisa [ediz. Cioffari 1974].

---

[8] Il primo strumento, disponibile su *Cd-rom*, mette a disposizione 33 commenti scritti sia in latino che in volgare fra il secolo XIV e il XVI. Il *Dartmouth Dante Project* (http://dante.dartmouth.edu), concepito e diretto da Robert Hollander, offre, con possibilità di interrogazione per ogni singolo verso o voce del poema, la consultazione *on line* di 75 commenti antichi e moderni. In generale cfr. anche Stoppelli [2001].

[9] Del primo possediamo anche il volgarizzamento [ediz. Vernon 1848]; mentre il secondo fu tradotto in latino dal giureconsulto Alberico da Rosciate.

Anche a Napoli, dove la conoscenza del poema fu certo favorita dalla presenza del Boccaccio e poi del Petrarca, a corredo del codice Filippino della *Commedia* (Biblioteca Oratoriana dei Girolamini CF 2 16), si compilò un ampio commento latino [ediz. Mazzucchi 2002], che precede di un quindicennio quello più famoso, in volgare, limitato all'Inferno, di Guglielmo Maramauro, composto fra il 1369 e il 1373 ma tràdito da copista romagnolo [ediz. Pisoni e Bellomo 1998].

Per la seconda metà del secolo, ricorderemo poi, oltre alle *Esposizioni sopra la Comedia* del Boccaccio (interrotte al XVII canto dell'Inferno), frutto delle lezioni tenute dal Certaldese a Firenze, nella chiesa di Santo Stefano in Badia [ediz. Padoan 1965], il commento latino di Benvenuto da Imola, pubblico lettore della *Commedia* nell'Università di Bologna nel 1375 [ediz. Lacaita 1887; e v. Paolazzi 1979], e quello in volgare dovuto al maestro di grammatica pisano Francesco di Bartolo da Buti lettore della *Commedia* a Pisa nel 1384 (ediz. Giannini [1858-62 e, in ristampa anastatica, 1989]; e v. anche, con ampi riferimenti alla fisionomia linguistica, Franceschini [1995; 1998b]).

L'impiego del latino da parte di molti commentatori risponde all'esigenza sempre più sentita di adeguare l'opera critica ai modelli canonici del commento universitario e scolastico[10] e si salda naturalmente al nuovo atteggiamento culturale che va maturando nel corso del Trecento. Non si deve dimenticare che l'uso del volgare in un'opera come la *Commedia* dovette apparire fin dall'inizio a dir poco rivoluzionario ai rappresentanti della cultura tradizionale del tempo. Giovanni del Virgilio, nella sua prima egloga a Dante, pur riconoscendolo grandissimo poeta, lo rimprovera apertamente di essersi affidato a un mezzo espressivo indegno dell'altezza suprema dei temi trattati[11]. Alberico da Rosciate dichiara apertamente

---

[10] Punto d'arrivo di questo processo può essere considerata l'*Expositio* di Filippo Villani [ediz. Bellomo 1989], che ormai agli albori del secolo XV correda il poema di un apparato – ovviamente latino – degno dell'ermeneutica universitaria, rivolto senz'altro a un pubblico di letterati e studiosi. Filippo Villani fu successore del Boccaccio come lettore di Dante a Firenze negli anni 1391-1402. A lui si deve fra l'altro la trascrizione della *Commedia* nel codice Laurenziano Santa Croce 26 sin. 1.

[11] *Carmine sed laico: clerus vulgaria tempnit, /et si non varient, cum sint ydiomata mille* («Ma [ti sei espresso] in una forma poetica plebea: il dotto

di aver tradotto in latino il commento di Iacomo della Lana per compiacere un più vasto pubblico di dotti[12]. E Guido da Pisa riferisce nella *Declaratio*, che introduce il suo commento al poema, che i dotti «udendo questo nome, *Commedia*, e vedendola scritta in volgare, trascurano e disprezzano il frutto in essa nascosto»[13]. È chiaro peraltro che, via via che ci si inoltra nel Trecento, la scelta dantesca a favore del volgare appare sempre più eccepibile, inducendo lo stesso Boccaccio, ormai alla fine della sua vita e del suo itinerario intellettuale, ad affermare nelle *Esposizioni*:

Non dico però che, se in versi latini fosse, non mutato il peso delle parole volgari, ch'egli [il poema] non fosse più artificioso e più sublime molto, per ciò che molto più d'arte e di gravità ha nel parlare latino che nel materno [Padoan 1965, 5].

Siano scritti in volgare o in latino, i commenti presentano comunque un grandissimo interesse per lo storico della lingua: essi contengono una miriade di osservazioni linguistiche e hanno la capacità di rivelare nel modo più ampio e diretto le tensioni connesse alla recezione linguistica della *Commedia*, di mettere in luce, insomma, l'audacia linguistica del poema nel suo impatto con la realtà dell'epoca. In modo particolare i fraintendimenti (che tuttavia costituiscono materia delicatissima da valutare nel loro strettissimo intreccio con la variantistica testuale), possono essere per noi – come afferma Nencioni [1990, 24] – oltre che uno strumento filologico «una spia e in un certo senso anche una misura della novità lessicale e associativa della *Commedia* nei confronti della produzione poetica precedente». Si prenda il caso del termine *viglia* Purg.

disprezza i linguaggi del volgo, quand'anche non variassero l'uno dall'altro, mentre sono appunto mille idiomi diversi»). [*ED, App.*, 821].

[12] *Quia tale ydioma non est omnibus notum, ideo ad utilitatem volencium studere in ipsa comedia trastuli de vulgari tusco in grammaticali scientia litterarum* («Poiché tale idioma non è a tutti noto, per giovare a coloro che vogliono applicarsi allo studio della Commedia, l'ho tradotta dal volgare toscano nel latino dei dotti»). La citaz. è ripresa da Stussi [1972, 14]. Alberico parla di idioma toscano alludendo alla lingua della copia del commento del Lana in suo possesso.

[13] *Audientes hoc nomen* Comedie *et videntes ipsam vulgari sermone compositam, fructum qui latet in ipsa negligunt et aborrent.* La citaz. è ripresa da Santagata [2011, LXXI].

XVIII 66 («che buoni e rei amori accoglie e *viglia*»): esso non è affatto compreso dai commentatori, neppure se toscani come Francesco da Buti, che lo considera sinonimo di 'accoglie', mentre si tratta d'un popolarismo rustico (*vigliare* 'scevrare il grano dalla paglia') usato da Dante in senso metaforico [*ibidem*, 20-24]. Non meno soggetti a interpretazioni errate certi latinismi, come ad esempio *concolori* Par. XII 11 («come si volgon per tenera nube / due archi paralelli e *concolori*»), che viene inizialmente inteso 'di diversi colori' anziché, correttamente, 'dello stesso colore' [*ibidem*, 16-20].

Le chiose dei commentatori, con la loro vigile attenzione per i fatti lessicali e il loro generoso raggio di orizzonte, si prestano inoltre a essere esplorate contrastivamente per mettere a fuoco concordanze e conflitti che si instaurano tra Firenze, la Toscana non fiorentina e gli altri ambiti italiani (soprattutto l'area emiliano-romagnola e veneta). Molto interessanti, sotto questo aspetto, le prime due cantiche, dove la presenza di un lessico di stampo realistico e corrente, talora anche volgare, stimola i commentatori a un confronto col proprio patrimonio lessicale, che viene continuamente chiamato in causa. Indagini contrastive di questo tipo, che mettono a frutto quanto già aveva osservato Folena [1969] sulle tensioni connesse alla recezione del poema, sono state svolte, per alcuni lessemi, da Franceschini [1998a]. Fra i casi presi in considerazione, ad esempio, la voce *ramarro* (Inf. XXV 79): si può qui notare una contrapposizione fra i commentatori fiorentini, come l'Ottimo, che recepiscono senz'altro il termine, e i non fiorentini che introducono i vari geosinonimi e delineano, nel loro complesso, un quadro che mostra corrispondenze assai precise con la situazione dialettale moderna (Francesco da Buti: «come 'l ramarro cioè lo *rogio*»; Guido da Pisa: «Sicut ramarrus, idest *rogus*»; Graziolo de' Bambaglioli: «ramarro qui alio vocabulo *ligoro* appellatur»; Iacomo della Lana: «ramarro è una spezie di ferucole velenose e sone appellate *magrassi* overo *liguri*»; Benvenuto da Imola: «ramarrus [...] qui alibi dicitur *marro*, alibi *ragano*, Bononie vero dicitur *liguoro*»). Di fronte ai dialettalismi della *Commedia* le reazioni dei commentatori sono naturalmente orientate in modo opposto e possono offrire utili conferme interpretative in un campo che, come abbiamo visto, è assai opinabile e discusso. Così per *veggia* (Inf. XXVIII 22), l'insieme dei rilievi critici sembra avallare una provenienza

settentrionale: infatti, mentre i toscani tendono a chiosare la
voce (Francesco da Buti: «Già *vegia* [...] Mai *botte*»; Guido
da Pisa: «*veggia* [...] *est vocabulum Lombardorum*»), i settentrionali non vi si soffermano, limitandosi magari a sostituirla
con varianti di tipo fonetico.

Antologia di testi

1. Il quadro linguistico della Toscana secondo Dante: «De vulgari eloquentia», I XIII 2-3

Nella sua rassegna dei volgari italiani, Dante si sofferma anche sulla Toscana, negandole qualsiasi preminenza e usando anzi parole particolarmente sferzanti nei confronti dei suoi abitanti, i quali *rimbambiti per la loro follia, hanno l'aria di rivendicare a sé l'onore del volgare illustre (qui propter amentiam suam infroniti titulum sibi vulgaris illustris arrogare videntur).* L'atteggiamento di Dante coglie, per stigmatizzarla, una certa presunzione linguistica dei toscani, che doveva essere all'epoca ben percepibile e di cui può essere considerata una testimonianza la stessa precocità con cui i toscani (ma soprattutto i fiorentini) avevano raffigurato le altre varietà linguistiche in chiave di mimesi espressiva (v. la canzone del Castra *in improperium* dei marchigiani e il sonetto *Pelle chiabelle di Dio, no ci arvai*, entrambi ben noti a Dante: cfr. cap. V, p. 50; e si possono ricordare anche, sul versante della prosa, certi brani del *Novellino* giocati sul contrasto lessicale fra forme toscane e forme settentrionali [cfr. Bruni 1990, 374-375].

Entrando nel merito della rappresentazione, le cinque varietà identificate (fiorentino, pisano, lucchese, senese e aretino) e i brani proposti per rappresentarle delineano un primo quadro linguistico della regione che, nella sua sintetica lucidità, appare per molti aspetti coerente con quanto messo in luce dalla moderna indagine dialettologica. Per altro verso i brani non sono esenti da difficoltà interpretative e dubbi di lezione, i quali ben risaltano da un confronto fra l'edizione Mengaldo [1979] (da noi riprodotta), le due recenti edizioni di Tavoni [2011a] e Fenzi [2012], e l'ultima ristampa dell'edizione di Mengaldo, ora inclusa in *Opere* [2012], che recepisce alcune correzioni da lui stesso volute. Di questi emendamenti terremo conto nel successivo commento.

Dei cinque *exempla*, quello fiorentino, *Manichiamo, introcque che noi non facciamo altro*, è senz'altro il meno caratterizzato dal punto di vista fonomorfologico, tanto che Rajna [1896] propose gli emendamenti – oggi concordemente rifiutati – *facciano* e *atro*, dove la prima forma esibirebbe una precoce desinenza popolare *-iano* per *-iamo*, tipica del pieno Quattrocento [cfr. Manni 1979, 161-162], la seconda un fenomeno di assorbimento di *l* preconsonantica che però appare coerente solo come frutto di dissimilazione in un contesto articolato: *l'atro* < *l'altro* [cfr. Castellani 1950; Poppe 1963][1]. Più significativi gli elementi lessicali *manichiamo* e *introcque*. Il tipo toscano indigeno *manicare* e, in forma più aderente al latino, *manducare*, avevano, rispetto al francesismo *mangiare*, una connotazione più popolare ed espressiva, come è confermato dalla stessa distribuzione dei due allotropi nell'insieme dell'opera dantesca, ferma restando la presenza di entrambi in alcuni contesti fortemente realistici dell'Inferno (v. cap. XII, pp. 126-127). *Introcque* (scritto nei codici *introque*) è da mettere in relazione con le forme di senso temporale indicanti simultaneità continuatrici di INTER HOC diffuse in area italiana e romanza [cfr. *GDLI*, s.v. *tro* [2]; Manni 1990, 344; *FEW*, IV 748-749; Mäder 1968, 73 nota 69]. La presenza d'una variante *introcqua* (che il *Corpus TLIO* documenta nel *Trattato de' falconi*, testo fiorentino della prima metà del secolo XIV copiato in area settentrionale) farebbe supporre un originario INTER HOC + QUAM (che pare avvalorato anche da forme provenzali del tipo *entroca, entroga, entrosca*)[2]: da *introcqua* si sarebbe poi avuto *introcque* per un incrocio con la composizione *tro che* 'finché' ovvero per un conguaglio con i pronomi e avverbi in *-unque*. La forma dantesca può assumere la funzione di congiunzione o di avverbio a seconda che si ponga la virgola in posizione precedente (come fa Mengaldo d'accordo con Pellegrini, Terracini, Schiaffini) o successiva (come preferisce Marigo, seguito da Tavoni e Fenzi), il che comporta una variazione del senso della frase ('Mangiamo, intanto che non facciamo altro' / 'Mangiamo intanto, che

---

[1] Che l'esempio fiorentino appaia il meno caratterizzato dal punto di vista fonomorfologico è comunque comprensibile data la sua corrispondenza con l'uso dantesco, ovvero col punto di vista che poi è stato assunto come norma dall'italiano (e in base al quale prendono invece rilievo i caratteri attribuiti alle altre varietà come *andonno, Fiorensa, chesto*).

[2] Per queste forme provenzali (tutte nel senso di 'fino a che'), oltre al già cit. *FEW*, cfr. Levy [1894-24, III 96].

non facciamo altro' [dove *che*, reso indipendente, assume un valore causale]). Tutte e due le ipotesi trovano appoggio in qualche riscontro coevo: come congiunzione *introcque* + *che* è attestato in un volgarizzamento trecentesco della prima Deca di Livio; mentre *introcque* avverbio è in Dante stesso, Inf. XX 130, oltre che in Giordano da Pisa [cfr. *GDLI*]. Da notare che la presenza del *che* non è condivisa da tutta la tradizione, ma è avvalorata dal Berlinese che è il più autorevole dei tre codici che trasmettono l'opera.

La frase pisana *Bene andonno li fatti de Fiorensa per Pisa* che, come la successiva, suona ironicamente allusiva alla boria municipale ('Le cose di Firenze si sono svolte nel modo migliore per Pisa') presenta due spiccati caratteri pisani. Il primo si ravvisa nella voce di 3ª pers. plur. del perf. indic. *terminonno*, ricostruita sulla 3ª pers. sing. mediante l'aggiunta di *-no* (*-nno*) secondo una modalità tipicamente pisana [cfr. Castellani 1965, 319; 2000, 326], che tuttavia non mancherà di infiltrarsi anche nella *Commedia* (*terminonno* Par. XXVIII 105 in rima). Altro elemento occidentale (comune sia al pisano sia al lucchese) è il passaggio dell'affricata alveolare alla sibilante in *Fiorensa* [cfr. Castellani 2000, 136-137, 295], forma nella quale è invece privo di rilievo il mantenimento del dittongo *io*, del tutto regolare a quest'epoca e coerente con lo stesso uso dantesco. Sfugge il peso caratterizzante di *de* per *di* (che si ripropone anche nel successivo esempio lucchese) dato che nella Toscana occidentale, come a Firenze, è normale l'evoluzione di *e* protonica a *i*. Né appare dotato di un valore linguisticamente marcato il sostantivo che esprime il soggetto della frase, per il quale si propone un'alternativa di lettura che pure comporta un notevole cambiamento di significato. Alla lezione *fatti* avallata dal solo codice Berlinese (che ha propriamente *facti*) e adottata da Mengaldo, si contrappone *fanti*, comune al Trivulziano e al codice di Grenoble, messo a testo da Tavoni e Fenzi (come già da Rajna e Marigo), che conferisce alla frase un significato ben diverso: 'Bene andarono le milizie di Firenze per Pisa'. Fermo restando che entrambe le lezioni sono plausibili, dobbiamo ammettere che la scelta della seconda comporta un più deciso orientamento del senso della frase in direzione ironica e paradossale, che viene ulteriormente potenziato se – come alcuni suggeriscono [cfr. Tavoni 2011a, 1285] – è insita l'allusione a qualche episodio reale della guerra di Firenze associata con Lucca contro Pisa, e nella fattispecie alla resa delle milizie pisane a Caprona, rievocata in Inf. XXI 94-96, cui Dante stesso partecipò in prima persona: *così vid'io già temer li fanti / ch'uscivan patteggiati di Caprona, / veggendo sé tra nemici cotanti.*

Nella frase lucchese *Fo voto a Dio ke in grassarra eie lo comuno di Lucca* spicca, con valore determinante anche ai fini del significato complessivo, la voce *grassarra*, *hapax* assoluto, oggetto di molte discussioni, sia per l'interpretazione sia per la lezione stessa, date le varianti presenti nei tre manoscritti fondamentali: *grassarra* (cod. Berlinese), *gassarra* (cod. Trivulziano) e *grassara* corretto in *gassara* (cod. Grenoble). La scelta a favore di *grassarra* è la più tradizionale, risalendo già all'edizione di Rajna. Secondo la proposta di Marigo (accolta anche da Mengaldo), *grassarra* è da connettersi con *grascia, grassa* 'abbondanza, prosperità': quindi la frase vorrebbe dire 'Giuraddio che il comune di Lucca nuota nell'abbondanza'. Altri, sulla scorta di D'Ovidio [1910, 319], ha ipotizzato un adattamento dell'arabismo *gazzarra* 'schiamazzo, baraonda festosa', con la sibilante in luogo dell'affricata, tipica delle varietà occidentali, e propagginazione di *r* nella prima sillaba [Castellani Pollidori 1996, 100]. Il significato della frase sarebbe dunque 'Giuraddio che il comune di Lucca è in gran festa', con allusione a una festosità rumorosa e scomposta e un possibile riferimento a fatti di cronaca locale (forse i festeggiamenti per la presa del potere da parte dei neri fra 1303 e 1304). Tale interpretazione è condivisa da Tavoni e Fenzi, che mettono a testo rispettivamente *gassarra* e *gassara*. Un'ultima soluzione suggerita dalla Castellani Pollidori [2001] vede in *grassarra* una lezione erronea, trasmessasi dall'archetipo al codice Berlinese e all'ascendente comune degli altri due codici (che hanno rispettivamente *gassarra* e *gassara* con *g* da precedente *gr*), in sostituzione di un originario *gassarìa* 'eresia dei catari', da *gassaro* 'cataro' attestato nel lucchese trecentesco, con riscontri anche in altre aree toscane (*gazzero* a Firenze, *gazaro* a Siena). Tali forme risalgono al latino tardo *catharus* o *cazarus* (greco καθαρόν)[3] con sonorizzazione della velare iniziale e, nel

---

[3] L'oscillazione *th/z* si spiega ricordando che al θ greco (di cui *th* è traslitterazione) corrispondeva nel greco tardo una pronuncia conguagliabile a quella di un'affricata alveolare [cfr. Manni 1991, 180-181].

caso della variante lucchese, con la consueta sibilante in luogo dell'affricata alveolare. Il significato della frase sarebbe dunque: 'Giuraddio che il comune di Lucca è in mano agli eretici'. La lezione *gassarìa* è stata ultimamente accolta da Mengaldo, che l'ha introdotta nella ristampa della sua edizione del *De vulgari eloquentia*, in luogo di *grassarra* [*Opere* 2012, X e 488].

Allo stato attuale della questione, fin qui riepilogato, vorrei aggiungere qualche ulteriore considerazione. Indubbiamente l'accoglimento della lezione *gassarìa* conferisce alla frase *Fo voto a Dio ke in gassarìa eie lo comuno di Lucca* un significato particolarmente pregnante, che si pone in contrasto con la realtà dell'epoca. Sappiamo infatti che il comune di Lucca, dalla fine del 1303, era in mano ai guelfi neri, filopapali estremisti, mentre è ben noto che l'eresia catara era politicamente collegata alla parte dei ghibellini. Ma proprio questa circostanza oggettiva, che è stata chiamata in causa per qualificare come poco plausibile sul piano storico la lezione proposta dalla Castellani Pollidori [cfr. Tavoni 2011a, 1286-1287], potrebbe offrire la chiave per interpretare la frase lucchese all'insegna di quello stravolgimento della realtà che già abbiamo visto affacciarsi nel precedente esempio pisano. All'interno degli *exempla* toscani, la frase lucchese rappresenterebbe insomma un culmine di espressività di marca ironica e paradossale. Ma c'è un altro elemento che verrebbe a caricare la frase addotta come blasone di Lucca di un valore ancora più violento e autobiograficamente motivato, che si mette in luce se si ricorda il fatto che l'inquisitore dell'eretica pravità in Toscana, artefice della violenta repressione consumatasi a Firenze negli anni 1281-85, di cui Dante conservava un drammatico ricordo, ben riflesso nell'episodio dell'incontro con Farinata, vittima di una condanna *post mortem* (v. Inf. X 22-51), fu Salomone da Lucca, frate minorita proveniente da quella città che poteva essere assunta, anche per questo motivo, a emblema di una municipalità immune dall'onta dell'eresia. D'altro lato si deve osservare che, anche dal punto di vista propriamente linguistico, una siffatta interpretazione del vocabolo meglio si addice all'esordio della frase, *Fo voto a Dio*, formula invocativa di stampo realistico-plebeo che di norma prelude a sviluppi di senso più o meno marcatamente negativo (propositi minacciosi, proteste, espressioni di scherno, denunce compromettenti, ecc.). Lo confermano le occorrenze di moduli analoghi nella poesia comico-realistica di Rustico Filippi [Marrani 1999, 155] e nella tradizione novellistica, dalla quale riprendiamo qualche esempio. Boccaccio, *Decameron*: *Fo boto a Cristo che mi vien voglia di darti un gran sergozzone* VIII 2 43; *Io fo boto a Dio che sono insieme* IX 5 61 (così dice Nello alla moglie di Calandrino vedendo questi amoreggiare con la Niccolosa). Sacchetti, *Trecentonovelle*: *Io fo boto a Dio che noi ti accuseremo al Podestà, e converrà che tu ci ristori dello scioperio nostro, e anco sarai condannato di mettere a romore questa contrada* CII. Sercambi, *Il Novelliere*: *Fo buot'a Dio, che mi pare in nell'aspetto di que' brodolasci da Firenze* LXXI 7.

Altri tratti notevoli della frase, anche se privi di una specificità lucchese, sono: *eie* da un precedente *èe* epitetico con successiva epentesi di *i*; *comuno* con metaplasmo di declinazione dalla 3ª alla 2ª classe.

Nelle due frasi che compongono l'inserto senese *Onche renegata avess'io Siena. Ch'ee chesto?*, tradizionalmente ritenute l'una ottativa e l'altra interrogativa ('Avessi rinnegata una buona volta Siena! Che è questo?'), le forme *onche* (*ŬMQUEM) e *chesto* (ECCŬM ĬSTŬM) presentano l'esito tipicamente senese [k] < [kw] rispettivamente primario e secondario [cfr. Castellani 2000, 357]. Quanto alla *o* tonica di *onche*, che può richiamare la riluttanza all'anafonesi propria del senese, si dovrà tener conto della reale complessità del quadro delle attestazioni toscane dei derivati di -ŬMQUAM, -CŬMQUE: le forme con *o* del tipo *donque*, *donqua* sono ampiamente attestate in zone anafonetiche, compresa Firenze; mentre quelle con *u* ricorrono anche a Siena [cfr. Castellani 1961-65-76, 77-78]. Da notare inoltre – per quanto non specifici del senese – il mantenimento di *e* protonica in *renegata* e l'epitesi di *e* in *ee* (che però viene meno se in luogo di *ch'ee* si legge *che è*). Potrebbe essere interpretata come ulteriore senesismo la variante *avesse*, condivisa dai due testimoni meno autorevoli, dato che la desinenza etimologica di 1ª pers. sing. dell'imperf. cong. *-e*, già desueta nel fiorentino del primo Trecento, si mantiene assai più a lungo nel senese (cfr. Castellani 1952: 158-159), ma si noti che Dante stesso nella *Commedia* usa più volte forme in *-e*, avvalorate dalla posizione in rima (v. cap. X, p. 103). La cesura logico-sintattica che attraversa l'esempio senese è eliminata da Tavoni che scrive con diversa punteggiatura: *Onche renegata* *avess'io Siena, ch'ee chesto?*, e sulla scorta dei riscontri offerti dal *TLIO* dà a *onche* il significato negativo di NUMQUAM ('Oh, se non avessi mai rinnegato Siena!'), prospettando altresì la possibilità di «attribuire a *onche* valore di avverbio relativo, come sembrano suggerire esempi senesi quali "unque noi siamo, ci conviene essare molto intenti contro lo Nemico" [...], dove *unque* significa 'dovunque'. Analogamente, se emergessero riscontri appropriati, la nostra frase potrebbe significare qualcosa come 'Quantunque/quand'anche avessi io mai rinnegato Siena, questo cosa importa?» [Tavoni 2011a, 1287-1288]. La proposta di Tavoni è sostanzialmente condivisa da Fenzi che interpreta 'Avessi mai rinnegato Siena, cosa importa?' [cfr. Fenzi 2012, 97].

Quanto alla breve frase interrogativa che testimonia l'aretino, *Vuo' tu venire ovelle?* ('Vuoi venire da qualche parte?'), considerando che *vuo'* < *vuoi*, con riduzione del dittongo discendente, è ammissibile in tutta la Toscana, l'unico elemento marcato è costituito dall'avverbio *ovelle* < ŬBI VELLES. Il tipo di composizione avverbio di luogo + VELLES è ampiamente diffuso nell'Italia centromeridionale e ha tuttora, in Toscana, il suo epicentro nella zona sud-orientale (v. l'aretino moderno *uvelle*, *duvelle*).

Fonte: Mengaldo [1979, 108-111].
Rinvii interni: capp. II, V.

Et quoniam Tusci pre aliis in hac ebrietate baccantur, dignum utileque videtur municipalia vulgaria Tuscanorum sigillatim in aliquo depompare. Locuntur Florentini et dicunt *Manichiamo, introcque che noi non facciamo altro*. Pisani: *Bene andonno li fatti de Fiorensa per Pisa*. Lucenses: *Fo voto a Dio ke in grassarra eie lo comuno de Lucca*. Senenses: *Onche renegata*

E poiché i Toscani sono più di tutti in preda a questo delirio da ubriachi[4], sembra giusto e utile prendere uno per uno i volgari municipali della Toscana e sgonfiarli un po' della loro prosopopea. Ecco che parlano i Fiorentini, e dicono *Manichiamo, introcque che noi non facciamo altro*; e i Pisani: *Bene andonno li fatti de Fiorensa per Pisa*; i Lucchesi: *Fo voto a Dio*

---

[4] Si allude naturalmente alla pretesa di rivendicare a sé l'onore del volgare illustre.

avess'io Siena. Ch'ee chesto? Aretini: *Vuo' tu venire ovelle?* De Perusio, Urbe Veteri, Viterbio, nec non de Civitate Castellana, propter affinitatem quam habent cum Romanis et Spoletanis, nichil tractare intendimus.

ke in grassarra eie lo comuno de Lucca; i Senesi: *Onche renegata avess'io Siena. Ch'ee chesto?* gli Aretini: *Vuo' tu venire ovelle?* Di Perugia, Orvieto, Viterbo, nonché di Civita Castellana, non intendiamo assolutamente trattare, data la loro parentela con Romani e Spoletini[5].

---

[5] Com'è noto, nella *Tuscia* medievale erano inclusi anche territori dell'Umbria e del Lazio settentrionale.

2. La lirica dantesca dalle «dolci rime» al «parlar aspro»

Si propongono qui, contrastivamente, le prime due stanze di due conosciutissime canzoni considerate esemplari di due distinte poetiche esperite da Dante nel corso della sua produzione lirica. La prima è *Donne ch'avete intelletto d'amore*, additata da Dante stesso nel *De vulgari eloquentia* (II VIII 8) a emblema del supremo stile tragico, e di nuovo citata nella *Commedia* (Purg. XXIV 51), nell'incontro con Bonagiunta, quale esordio del nuovo stile della lode. Com'è noto, il componimento confluisce nella *Vita nuova* e ne rappresenta uno degli snodi fondamentali [cfr. Barbi 1932, 73-79]. La seconda è *Così nel mio parlar*, la più articolata delle rime cosiddette «petrose» (a cui è tradizionalmente ascritta) e quella che segna un rovesciamento della poetica precedente reso esplicito da una perentoria dichiarazione di voluta asprezza del dettato: *Così nel mio parlar vogli'esser aspro* 1, dove *aspro* è da interpretare in accezione tecnica con riferimento a una precisa scelta stilistica, come in Inf. XXXII 1: *S'io avessi le rime aspre e chiocce*. L'antonimia *dolce-aspro*, funzionale a distinguere due poetiche e due modi stilistici, si ripropone nella canzone che apre il IV trattato del *Convivio* [De Robertis 2002, III 72-79]: *Le dolci rime* 1, *rima aspr'e sottile* 14. I due componimenti sono quindi caratterizzati da scelte linguistiche di segno opposto che, se nel caso della prima canzone stabiliscono una serie di significative coincidenze con le teorie esposte nel *De vulgari*, nel caso della seconda se ne allontanano vistosamente emulando la lezione del provenzale Arnaut Daniel, maestro del *trobar clus*, e approdando a esiti di ardito se non esasperato sperimentalismo formale.

Le due canzoni sono inoltre emblematiche della profonda disomogeneità che caratterizza la tradizione della lirica dantesca. *Donne ch'avete* è l'unico componimento di Dante a essere compreso nel canzoniere Vaticano latino 3793 (da cui noi lo riprendiamo), trascritto da una mano secondaria tradizionalmente attribuita al cosiddetto «Amico di Dante». Abbiamo quindi una copia che, sebbene non autografa, si deve sicuramente a un contemporaneo di Dante, ritenuto con ogni probabilità fiorentino (cfr. Petrucci [2001, 31-32] e Larson [2001, 93-97] con analisi dettagliata dei relativi usi grafici e linguistici). Il testo non presenta peraltro, rispetto a quello confluito nella *Vita nuova*, varianti che possano definirsi di tipo redazionale [cfr. De Robertis 2002, II 1202][1]. Nel caso di *Così nel mio parlar* siamo invece di fronte a un complesso di testimoni tutti distanti dall'epoca di composizione e in parte di provenienza non toscana (il manoscritto toscano più antico che la tramanda è il Chigiano L VIII 305, fiorentino, comunque non anteriore al quinto decennio del Trecento [cfr. De Robertis 2002, I 752-759].

Lessico

In *Donne ch'avete* domina un lessico piano, fatto di termini usuali che non si impongono né per valori fonici né per connotazione realistico-espressiva. Si configura quel manipolo di voci che, impiegate con grande precisione e raffinatezza nei loro valori propri e nei rapporti semantici che intessono l'una con l'altra, costituiscono il vocabolario amoroso tipico dello stilnovismo dantesco: i sostantivi *donna, amore, mente, anima, cielo, pietà, angelo*; gli aggettivi *gentile, dolce, amoroso*; i verbi *dire, parlare, vedere, sentire*. Il rapporto con quanto teorizzato nel *De vulgari* (II VII 5) in merito alla scelta dei vocaboli è evidentissimo. Nell'insieme della canzone ricorrono ben sei parole (*amore* 1, 6 e ancora sei volte, *donna* 1, 2, 13 e ancora quattro volte, *disiata* 29, *vertute* 38, *dona* 39, *salute* 39) delle nove che erano raccomandate nel trattato come quelle che lasciano una certa soavità in chi le pronuncia (*amore, donna, disio, virtute, donare, letitia, salute, securtate, defesa*). Vista la coincidenza delle prime cinque parole, si è ipotizzato che Dante pensasse proprio alla canzone *Donne ch'avete* nel compilare quella lista.

---

[1] A conferma della tradizione eccezionalmente precoce di cui gode la canzone *Donne ch'avete*, va ricordato anche che una versione parziale è trascritta in un memoriale bolognese del 1292 [De Robertis 2002, I 32].

La dirompente intensità emotiva della canzone *Così nel mio parlar* trova invece riscontro in un susseguirsi di termini di forte impatto espressivo che spesso associano la spiccata connotazione realistica con l'asprezza della sostanza fonica: si vedano i sostantivi *diaspro, faretra, saetta, schermo, lima, scorza*; gli aggettivi *aspro, crudo, ignudo*; i verbi *impietrare* 'racchiudere in sé come in una pietra' (cfr. *impetrare* in Inf. XXIII 27, e con uso intransitivo in Inf. XXXIII 49, Purg. XXXIII 74), *arretrare, spezzare, prezzare, affondare, scemare, rodere*. Si tratta in molti casi di voci nuove alla lirica dantesca e talora del tutto prive di precedenti attestazioni poetiche. Se è vero che molte di esse torneranno nella *Commedia* a suggellare l'importanza dell'esperienza petrosa ai fini del plurilinguismo del poema, altre restano degli *hapax* in tutto il volgare di Dante: così *diaspro, faretra* (e guardando all'intera canzone si possono aggiungere *borro, brucare, rimbalzare, scherana, scudiscio*). Non hanno ulteriori riscontri neppure *adequar* 21, formazione di stampo latino, *ritemere* (*ritemi* 24) e l'avverbio *sordamente* 23. Il lessico è inoltre caratterizzato da una ricchezza di usi metaforici che è assolutamente estranea al Dante stilnovista. *Pietra* è il primo di una lunga serie di termini di stampo realistico, talora dei veri e propri tecnicismi, che, investiti da sensi figurati, si susseguono nella canzone: da *diaspro* 5, pietra dura a cui i lapidari medievali attribuivano eccezionali proprietà protettive (e da qui il senso metaforico), a *lima* 22 che, precisandosi nel suo valore tecnico attraverso l'avverbio *sordamente*, suggerisce l'immagine della *lima sorda*, strumento che per l'estrema finezza della dentellatura non provocava alcun rumore durante l'uso (e ciò esprime in tutta la sua drammaticità l'azione dell'amore che subdolamente a poco a poco logora e consuma).

Sintassi e costruzione metrica

Nella prima canzone si ha una sintassi di tipo essenzialmente paratattico, dove le subordinate sono in numero limitato e, comunque, non turbano l'andamento lineare e fluido del discorso che domina l'intero componimento. Nella stanza iniziale la scansione sintattica, essenziale e incisiva, viene a coincidere con la scansione metrica, determinando addirittura il dispiegarsi dei tre periodi rispettivamente nei due piedi (vv. 1-4 e 5-8) e nella sirma (vv. 9-14). Diversamente la seconda stanza, che nella sua articolazione dialogica presenta alcuni aspetti autonomi rispetto all'insieme, tende ad attenuare le partiture metriche attraverso una serie veramente alta di *enjambements* (cinque su 14 versi); ma, come ricorda Baldelli [in *ED, canzone*, 798] sulla scorta di quanto teorizzato dal *De vulgari eloquentia*, «l'inclusione di un particolare 'aspro' in un contesto 'soave' è da Dante giudicato come esaltante appunto della soavità stessa». Le rime, poco vistose, agevoli, sono costituite per lo più dalla sequenza vocale + consonante + vocale (*-ore, -ire, -ede, -ace, -ati*): presentano uscite di questo tipo 50 delle complessive 70 parole in rima. Molto più raramente si hanno nessi di due vocali (*-ùi*) o di nasale + muta (*-ente, -ende*). Nella seconda stanza si trovano le uniche rime in consonante forte di tutto il componimento: *intelletto* : *difetto* (vv. 15, 19). Ciascuna stanza è formata di soli endecasillabi, verso per eccellenza dello stile tragico (schema: ABBC ABBC CDDCEE).

Il complesso impiant sintattico-stilistico della seconda canzone si esplica fin dall'inizio in ampie architetture ipotattiche. Si veda come nella prima stanza dalla principale discendano nel primo piede (vv. 1-4) una comparativa e una relativa; da un'altra relativa coordinata alla prima dipendano poi, nel secondo piede (vv. 5-8), una consecutiva, una parentetica causale e un'altra relativa; infine nella sirma (vv. 9-13) si hanno due principali coordinate, la seconda delle quali è unita a due soggettive, da cui procedono: due relative coordinate, una comparativa e infine due consecutive il cui soggetto torna a coincidere, circolarmente, con l'*io* dell'*incipit*. Relativamente più lineare l'assetto della seconda stanza, dove ai due periodi autonomi avviati da una principale che corrispondono ai due piedi (vv. 14-17 e 18-21) segue l'apostrofe che occupa l'intera sirma (vv. 22-26). Risultano particolarmente numerosi, in entrambe le stanze (come del resto nell'insieme del componimento), i costrutti comparativi che contribuiscono a sostenere l'impianto metaforico del dettato (vv. 1-2, 11-12, 16-17, 18-19, 24-26). La compattezza strutturale è irrobustita dal ricorrere di numerosi *enjambements*, che – come si può vedere – si collocano spesso in corrispondenza dei settenari esasperandone l'inarcatura sull'endecasillabo seguente (vv. 3, 7, 20). Quanto agli altri espedienti di natura stilistica e metrica che concorrono a un'elaborazione formale fra le più complesse e raffinate della nostra lirica, ci limitiamo a richiamare l'attenzione sulle rime, che, concentrando in sé le voci di maggiore corposità e pregnanza semantica, esibiscono vistosamente quella prerogativa dell'*asperitas* (asprezza del suono) apertamente condannata nel *De vulgari* come sconveniente alla poesia aulica. Dominano in assoluto le rime ardue ad alta densità consonantica, come quelle basate sul rafforzamento dell'affricata alveolare (-*ezzi*), sui nessi di muta + liquida (-*ietra*, -*etra* nella serie delle rime derivative e ricche *pietra : impietra : arretra : faretra* 2-7) e liquida + affricata alveolare (-*orza*), nonché su nessi triconsonantici (v. all'inizio *aspro : diaspro* 1-5). La combinazione vocale + consonante + vocale, privilegiata dal Dante stilnovista, compare solo in 32 dei complessivi 83 versi. Va notato poi che la presenza nello schema rimico delle stanze (formate da endecasillabi e settenari) di distici a rime baciate, che procedono ininterrottamente dal sesto verso in poi con effetto di insistenza incalzante (ABbC ABbC CDdEE), chiama in causa un altro artificio tecnico condannato nel *De vulgari*: la *repetitio* ovvero la troppo frequente risonanza della medesima rima.

Appunti sulla veste linguistica

Considerando quanto abbiamo già detto in merito alla tradizione testuale delle due composizioni, riprese peraltro da fonti diverse, non è autorizzabile nessun confronto fra la veste formale dei due testi. Ci limitiamo quindi a proporre alcune singole osservazioni, che nel caso della canzone *Donne ch'avete* (riprodotta nella forma tràdita dal codice Vaticano latino 3793) possono includere alcuni rilievi di natura grafica.

Donne ch'avete. Grafia. Oltre alle grafie più consuete (*ch*, *gh* per le occlusive velari davanti ad *a*, *o*, *u*; *ci*, *gi* per le affricate palatali davanti a *e*, *i*; *gl* + *a* in *maravigla* 17), si osserva l'uso della *t* cedigliata per l'affricata alveolare sorda (*temenţa* 10, *donţelle* 13, *speranţa* 28) che è caratteristico di questa mano secondaria che ha trascritto una parte del canzoniere Vaticano [cfr. Larson 2001, 93-94 e n. 206]. Si noti anche l'indicazione del raddoppiamento fonosintattico (*ma rragionare* 4, *che ss'io* 7, *a rrispetto* 12, *e cche* 27) e della *n* della negazione *non* davanti a vocale (*nonn è* 14, *nonn ave* 19). Sono tratti coerenti con la fisionomia del fiorentino fra Due e Trecento: la *e* protonica di *segnior* 20 (mentre *me* 25 può essere interpretato come retaggio della tradizione o, più probabilmente, come dativo apreposizionale [cfr. Barbi 1932, CCCI]); la mancanza della sincope vocalica in *sofferite* 24; l'uscita in *-e* di *i' divenisse* 10 e *(io) perdesse* 7. Fra i frequenti fenomeni di apocope e elisione, ci limitiamo a rilevare l'apocope sillabica di *vo'* 'voglio' 2, 9. L'articolo masch. sing. è *lo* all'inizio di frase (*Lo cielo* 19), *il* dopo finale vocalica (*pensando il su' valore* 5). Conformemente all'uso fiorentino più antico, le preposizioni articolate presentano la *l* doppia solo davanti a iniziale vocalica tonica (*nell'atto* 17, ma *dela mia donna* 2, *nelo 'Nferno* 27). La forma *ave* 'ha' 19, avvalorata da ragioni metriche, è generalmente considerata di ascendenza poetica, anche se essa trova riscontro in varie aree toscane (e non è estranea neppure al fiorentino della fase più antica). Diversi i latinismi: *laude* 3, *clama* 15 e *spene* 25 (che figura nel discorso rivolto da Dio agli angeli, mentre nel successivo periodo, attribuito alla voce dei mortali, si ha l'allotropo *speranʒa* 28). Di stampo gallicizzante la forma uscente in *-enʒa*, *temenʒa* 10. Un caso di rima imperfetta siciliana in *voi* : *altrui* 13, 14.

Così nel mio parlar. Fra le numerose forme col dittongo (molte delle quali stabilite da De Robertis in opposizione alla precedente lezione di Barbi)[2], sono notevoli *truovo* 14, con [wɔ] dopo consonante + *r*; e *lieva* 19. *Ai > a* in *atarme* 13 (dove la *e* atona dell'enclitica, in rima, è coerente con la tradizione). Com'è normale nella poesia dantesca, si ha il tipo *ancidere* (*ancide* 9), con *an-* in luogo del preesistente dittongo protonico *au-* di ascendenza siciliana e provenzale (*aucidere*). Sia l'articolo masch. sing. sia il pronome personale masch. sing. accusativo ricorrono nella forma enclitica *'l* (rispettivamente *e 'l peso* 20, *no·l potrebbe* 21). Fra le forme verbali si rileverà il condizionale *potrebbe* 21 che, suffragato da altri undici casi del genere presenti nella canzone, configura una decisa scelta di stampo fiorentino a danno delle forme in *-ia* proprie della tradizione poetica (e ben documentate anche nel Dante stilnovista e della *Commedia*).

---

[2] Fra queste è compresa anche la parola-chiave *pietra*. De Robertis privilegia le forme col dittongo tenendo conto della loro prevalenza nell'ambito della tradizione [De Robertis 2002, II 1212]. Per quanto concerne i vv. 2-3 della canzone *Così nel mio parlar*, la lezione *petra* : *impetra* è suffragata dal testimone toscano più antico, il Chigiano L VIII 305; mentre si ha *petra* : *impietra* nel Magliabechiano VI 143 (anch'esso della metà del sec. XIV), *pietra* : *impetra* nella trascrizione del Boccaccio.

Fonti. La trascrizione di *Donne ch'avete* secondo il codice Vaticano latino 3793 è ripresa (con alcuni ritocchi ai segni diacritici e alla separazione delle parole) dalle *CLPIO* [457] (e per la riproduzione fotografica dell'originale v. Leonardi [2000-01, I f. 99v]); per il commento si utilizza Baldelli [1978, 65; Id. in *ED, canzone*, 798] (con riferimento all'edizione Barbi). Il testo di *Così nel mio parlar* è ripreso da De Robertis [2002, III 29-30]; per il commento si sono tenuti presenti Masini [1990] (basato anch'esso sull'edizione Barbi) e De Robertis [2001].

Rinvii interni: cap. VI.

Da «Donne ch'avete intelletto d'amore»

       Donne ch'avete intelletto d'amore,
       i' vo' chon voi dela mia donna dire,
       non perch' i' creda sua laude finire[3],
4   ma rragionare[4] per i[s]foghare la mente.
       I' dicho che, pensando[5] il su' valore,
       Amore sì dolce mi si fa sentire,
       che, ss' io allora non perdesse ardire,
8   farei parlando innamorare la giente.
       Ed[6] io non vo' parlare sì altamente,
       ch' i' divenisse per temença vile;
       ma tratterò del suo stato gientile
       a rrispetto di lei leggieremente[7],
       donne et donçelle amorose, chon voi,
14   ché nonn è chosa da parlarne altrui.

---

[3] *finire*: 'esaurire'.

[4] *ma rragionare*: «è sottinteso *vo'*, determinando un'asimmetria sintattica: ci si aspetterebbe *ma per...*» [Contini 1970, 315 n. 8]. Analizzando la costruzione retorica di questa stanza proemiale, Crespo [1973] osserva come «la sintassi ellittica contribuisca a smorzare le contrapposizioni, a presentare il *ragionar per isfogar la mente* quasi come continuazione ininterrotta di una "volontà di dire in lode" saldamente affermatasi al di là dell'eloquente riserva mentale parentetica e prolettica» (*ibidem*, 8). Anche l'insistente sinonimia verbale (*dire* 2, *rragionare* 4 e più avanti, in triplice occorrenza, *parlare* 8, 9, 14) è «espressione di un travagliato bisogno di canto che pervade la stanza e ne costituisce un motivo fondamentale» (*ibidem*, 7).

[5] *pensare* ha qui il senso di 'considerare a fondo', 'meditare' ed è costruito transitivamente, come spesso accade in Dante.

[6] *Ed*: con senso avversativo ('eppure').

[7] *leggieremente*: *leggiere* ha subìto un conguaglio alla classe in *-e* (assai consueto per le forme d'origine galloromanza in *-ier*). In connessione con *altamente* del v. 9 ('in stile alto, sublime'), *leggieremente* significa 'in stile umile e dimesso' (rispetto alla sua sostanza) [cfr. Barbi e Maggini 1956, 49].

Angielo clama ['n][8] divino intelletto
e dice: «Sire, nel mondo si vede
maravigla nell'atto che procede
18   d'un'anima che 'nfin quassù risplende».
Lo cielo, che nonn ave altro difetto
che d'aver lei, al su' segnior la chiede,
e ciascun santo ne grida merciede[9].
22   Sola Pietà nostra parte difende,
che parla Idio[10], che di mia donna intende:
«Diletti miei, or sofferite in pace,
che vostra spene sia quanto me piace
là'v'è alchuno che perder lei s'attende,
e cche dirà nelo 'Nferno: "O malnati,
28   i' vidi la sperança de' beati"».

Da «Così nel mio parlar vogli'esser aspro»

Così nel mio parlar vogli'esser aspro
com'è negli atti questa bella pietra
la quale ognora[11] impietra[12]
4   maggior durezza e più natura cruda,
e veste sua persona d'un diaspro
tal che per lui[13], o perch'ella s'arretra,
non esce di faretra

[8] *clama ['n]*: viene ripristinata la preposizione *in*, su cui concordano i testimoni più tardi (il costrutto latineggiante che ne deriva esprime l'atto sublime dell'angelo che invoca entro la mente divina).

[9] *grida merciede*: 'chiede grazia'.

[10] *che parla Idio*: preferiamo omettere l'accento sul *che*, non univocamente definibile come causale, ma dotato piuttosto di un valore consecutivo [cfr. Barbi 1932, 74] o – secondo altri – temporale [cfr. Gorni 1996, 96-97].

[11] *ognora*: va unito a *maggior* e *più* (a sua volta riferito a *cruda*), indicando il progressivo indurimento.

[12] *impietra*: la scelta editoriale a favore della forma dittongata rende univoca l'interpretazione 'racchiude in sé come in una pietra'. La lezione *impetra* è preferita da Contini, che interpreta la voce come latinismo nel senso di 'desidera e consegue'. Nel sottoscrivere quest'ultima, Giunta osserva «Si diceva *impetrare la grazia*, e qui ci sarebbe una specie di ironia: invece di cercare di ottenere un beneficio, la donna chiede un supplemento di crudeltà» [Giunta 2011, 501].

[13] *lui*: riferito a *diaspro* (per altri esempi di *lui* come forma pronominale non di persona v. De Robertis [2002, III 20]).

8   saetta che già mai la colga ignuda.
       Ella ancide, c non val ch'uom[14] si chiuda
       né si dilunghi[15] da' colpi mortali
       che, com'avesser ali,
       giungono altrui[16] e spezzan ciascun'arme[17],
13   sì ch'io non so da lei né posso atarme.
       Non truovo schermo ch'ella non mi spezzi
       né luogo che dal suo viso[18] m'asconda,
       che come fior di fronda
17   così della mia mente tien la cima.
       Cotanto del mio mal par che si prezzi[19]
       quanto legno di mar che non lieva onda[20];
       e 'l peso che m'affonda
21   è tal che no·l potrebbe adequar rima.
       Ahi angosciosa e dispietata lima
       che sordamente la mia vita scemi,
       perché non ti ritemi[21]
       sì di rodermi il cuore a scorza a scorza
26   com'io di dire altrui chi ti dà forza?

---

[14] *uom*: ha valore di pronome indefinito: 'uno, chiunque'.

[15] *si dilunghi*: 'si allontani'.

[16] *altrui*: qui con valore di accusativo (diversamente al v. 26 è dativo).

[17] *arme*: con metaplasmo di declinazione (dalla 1ª alla 3ª classe) comunissimo anticamente.

[18] *viso*: 'vista, sguardo'.

[19] *si prezzi*: «si faccia conto (è il significato opposto di 'disprezzare'), si curi» [De Robertis 2001, 9].

[20] *quanto legno... onda*: 'quanto un'imbarcazione (si cura) del mare che non solleva la minima onda'.

[21] *ti ritemi*: 'ti riguardi, ti periti'; da *temere* con prefisso intensivo [cfr. Rohlfs 1966-69, 1027].

3. Aspetti della prosa dantesca

3.1. Dal XXIII capitolo della «Vita nuova»

Questo brano, di deciso impianto narrativo, consente di cogliere molte peculiarità della prosa della *Vita nuova*, illuminando al tempo stesso sui rapporti che questa intrattiene con la poesia. Il testo, tratto dalla seconda parte del *libello* in cui prosa e poesia procedono in modo organicamente congiunto, introduce la canzone *Donna pietosa e di novella etade*, di cui sviluppa la parte descrittiva dello smarrimento e del sogno (vv. 29-62, che riproduciamo di seguito).

L'organizzazione periodale risulta nell'insieme lineare, piana, contrassegnata dalla fitta ripetitività di alcuni moduli. Non si può fare a meno di rilevare immediatamente la vistosa iterazione del sintagma *mi parea* (*pareami, A me parea, parea*), seguito ora da infinito ora da costrutto soggettivo, che a partire dal par. 6 riprecisa di continuo la natura onirica delle visioni che via via si succedono, sottolineandone l'incalzante drammaticità (e si noti anche come l'uso insistente dell'imperfetto rimarchi l'aspetto indeterminato e protratto del sogno-incubo e delle sue immagini [cfr. Ambrosini 2000, 566-568]). Altre parole-chiave che ritornano più volte sostenendo la narrazione del sogno sono *imaginare* (5, *imaginai* 7, *imaginava* 9), *imaginazione* 8 e *fantasia* 5, 6, 7. Sarà utile ricordare che alle ventisei presenze di *parere, imaginare, fantasia* che si hanno nella prosa (considerando l'intero capitolo) corrispondono, nella poesia, sette occorrenze. Ma all'andamento ripetitivo contribuiscono anche altre ricorrenze meno vistose: si pensi al modulo *mi giunse* 1, 5, *a me giunse* 2; o al passaggio «a me giunse uno *pensero* lo quale era de la mia donna. E quando ei *pensato* alquanto di lei, ed io ritornai *pensando* a la mia debilitata vita» 2-3. Pure notevole – e ancora di rilievo macroscopico – il ricorrere della congiunzione *e*, che dà luogo a una densissima rete di costrutti coordinanti e spesso compare anche in apertura di periodo (3, 5, 7 ecc.), segno della funzione che questo connettivo (al pari di altri elementi di raccordo quali *onde* 4, *però* 5, *allora* 8) svolge ai fini della coesione dell'insieme. La subordinazione si manifesta in forme non complesse e per lo più di breve durata (in pochi casi si va oltre la subordinata di secondo grado). Il brano si caratterizza anche per la presenza di diversi discorsi diretti, tutti assai brevi e di semplicità apodittica.

Al di là di questi fatti di maggiore evidenza, si segnalano – sempre sul piano della sintassi – altre due locuzioni essenziali nell'impianto organizzativo della *Vita nuova*, le quali reggono rispettivamente il primo e il secondo periodo: *avvenne che* 1 e *io dico che* 2, entrambe di chiara ascendenza scritturale. L'apertura verso costrutti di stampo volgare diffusi nella prosa delle origini è testimoniata dalla presenza della paraipotassi («*E quando ei pensato alquanto di lei, ed* io ritornai pensando a la mia debilitata vita» 3) e del procedimento analogo (e di fatto spesso assimilato alla paraipotassi) in cui si ha la ripresa della principale con la particella *sì* (SIC) dopo una proposizione subordinata («*e veggendo come leggiero era lo suo durare* [...], *sì* cominciai a piangere [...]» 3).

Consideriamo ora il lessico. Il brano è percorso da una fitta rete di vocaboli tipici del registro doloroso e lacrimevole (*dolorosa* 1, *soffersi* 1, *dolere* 2, *piangere* 3, *miseria* 3 ecc.), che risultano potenziati rispetto alla canzone, sia per il numero delle occorrenze, sia per le modalità con cui si aggregano in densi nuclei sintattico-semantici: «Allora cominciai a *piangere* molto *pietosamente*; e non solamente *piangea* ne la imaginazione, ma *piangea* con li occhi, bagnandoli di vere *lagrime*» 8 (dove la poesia dice semplicemente «Levava li occhi miei bagnati in *pianti*» 57). Tali espansioni della prosa consentono a Dante «di connotare maggiormente l'episodio in chiave patetica [...] come per marcare preventivamente la tonalità elegiaca della canzone» [Carrai 2006, 87]. Una voce di spiccata concretezza priva di riscontro nella poesia, che sottolinea la drammaticità della scena, è *scapigliate* 5, 6 («visi di donne *scapigliate*», «donne andare *scapigliate*» mentre la canzone ha «visi di donne [...] crucciati» 41, «donne andar per via disciolte» 47). Altri termini di stampo concreto sono *tremuoti* 6 (nella canzone *terra tremare* 53) e *farnetica* 5 (in corrispondenza con un riferimento lirico di tipo stilnovistico agli *spirti smagati* ['indeboliti'] 37-38). La voce *farneticare* appartiene all'ambito medico, come conferma un passo del *Convivio* (IV xv 17): *può essere la mente non sana [...] per l'alterazione del cerebro, sì come sono frenetici*[1] [Brambilla Ageno 1995, II 363]. Sul significato di *farneticare* si veda anche quanto precisa il Varchi: *Quando [...] il cervello è offeso per qualunque cagione, di maniera che patisca non solamente la fantasia, ma la cognitiva ancora, in guisa che non si immagini né si giudichi rettamente, ma si dicano cose vane e diverse, senza alcuno discorso o proposito, cotale accidente si chiama propriamente da noi Fiorentini 'farneticare'; e ben so anco quando pecca solamente la fantasia o la cognitiva, diciamo medesimamente; anzi quando alcuno in dormendo favella, come avviene molte volte, lo diciamo 'farneticare'* (Benedetto Varchi, *Lezioni sul Dante e prose varie* cit. in *GDLI*). Numerosi i latinismi, che rappresentano quasi sempre delle acquisizioni specifiche della prosa: così *infermitade* 1, *intollerabilemente* 2, *debilitata* 3 (che sostituisce il più letterario *frale* 29 della canzone), *orribili* 5, *mirabile* 7, *moltitudine* 9, *nebuletta* 9 (nella canzone *nuvoletta* 60); a cui si possono aggiungere i superlativi assoluti (anch'essi senza riscontro nella poesia) *amarissima* 1, *gentilissima* 4, *grandissimi* 6, *bianchissima* 9. D'origine gallo-romanza, o piuttosto irradiatosi dai volgari settentrionali [cfr. Cella 2003, 25], con vari precedenti nella tradizione poetica, *travagliare* 'affannarsi, smaniare' 5.

Appunti fonomorfologici

In linea col fiorentino due-trecentesco la mancata sincope nell'avverbio da aggettivo proparossitono in *-le intollerabile-mente* 2; l'uscita in *-a* della 1ª pers. sing. dell'imperf. indic. (*sapea* 6, *piangea* 8, *imaginava* 9); la forma verbale *sè* 'sei' 5. Conformemente all'uso più antico, permane l'uscita in *-e* della 1ª pers. sing. dell'imperf. cong. (*fosse* 6). Di sapore arcaico, probabilmente, anche la forma *ei* 'ebbi' 3 che nel Duecento ricorre sia in poesia che in prosa [cfr. Barbi 1932, CCCV]. In «*me convenia*» 1 si ha un caso di *me* dativo senza preposizione, attestato più volte nella *Vita nuova* soprattutto in unione con

---

[1] *Farnetico* (*farneticare*) e *frenetico* sono allotropi – l'uno popolare (con metatesi) e l'altro dotto – di PHRENETICUM.

i verbi *convenire* e *parere* (*ibidem*, CCCI). Con *me* accusativo enclitico: *sentendome* 2. All'influsso latino è dovuta la *m* scempia di *imaginare* 5, *imaginai* 7, *imaginava* 9, *imaginazione* 8. Prendono rilievo anche alcuni elementi contrastivi rispetto alla canzone: *muoia* 4 (contro il meridionalismo *mora* 34 in rima); *uccelli* 6 (contro *augelli* 52); *aria* 6 (contro *are* 52); le forme non apocopate in -*ade*: *infermitade* 1, *necessitade* 4 (contro *verità* 40); l'uso dell'articolo *lo* anche dopo finale vocalica: «veggendo come leggiero era *lo* suo durare» 3 (contro la forma enclitica '*l* favorita anche da esigenze ritmiche: «e vedea '*l* suo durar» 30).

Fonti. Per il testo Barbi [1932, 93-97 (prosa), 102-105 (canzone)], cui si apporta la correzione di *se'* in *sè*. Per il commento linguistico (contrastivo con la canzone) ho tenuto conto di Baldelli [1978, 81-83].
    Rinvii interni: cap. VIII.1, 2.

(1) Appresso ciò per pochi dì[2] avvenne che in alcuna parte de la mia persona mi giunse una dolorosa infermitade, onde io continuamente soffersi per nove dì amarissima pena; la quale mi condusse a tanta debolezza, che me convenia stare come coloro li quali non si possono muovere. (2) Io dico che ne lo nono giorno, sentendome dolere quasi intollerabilemente, a me giunse uno pensero lo quale era de la mia donna. (3) E quando ei pensato alquanto di lei, ed io ritornai pensando a la mia debilitata vita; e veggendo come leggiero era lo suo durare, ancora che sana fosse, sì cominciai a piangere fra me stesso di tanta miseria. (4) Onde, sospirando forte, dicea fra me medesimo: «Di necessitade convene che la gentilissima Beatrice alcuna volta si muoia»[3]. (5) E però mi giunse uno sì forte smarrimento, che chiusi li occhi e cominciai a travagliare sì come farnetica persona ed a imaginare in questo modo: che ne lo incominciamento de lo errare che fece la mia fantasia, apparvero a me certi visi di donne scapigliate, che mi diceano: «Tu pur morrai»; e poi, dopo queste donne, m'apparvero certi visi diversi e orribili a vedere, li quali mi diceano: «Tu sè morto». (6) Così cominciando ad errare la mia fantasia, venni a quello

---

[2] *Appresso... dì*: 'pochi giorni dopo'.
[3] *si muoia*: normale, a quest'epoca, l'uso medio di *morirsi*.

ch'io non sapea ove io mi fosse; e vedere mi parea donne andare scapigliate piangendo per via, maravigliosamente triste[4]; e
pareami vedere lo sole oscurare, sì che le stelle si mostravano di
colore ch'elle mi faceano giudicare che piangessero; e pareami
che li uccelli volando per l'aria cadessero morti, e che fossero
grandissimi tremuoti[5]. (7) E maravigliandomi in cotale fantasia,
e paventando assai, imaginai alcuno amico che mi venisse a
dire: «Or non sai? la tua mirabile donna è partita di questo
secolo». (8) Allora cominciai a piangere molto pietosamente; e
non solamente piangea ne la imaginazione, ma piangea con li
occhi, bagnandoli di vere lagrime. (9) Io imaginava di guardare
verso lo cielo, e pareami vedere moltitudine d'angeli li quali
tornassero in suso, ed aveano dinanzi da loro una nebuletta
bianchissima. (10) A me parea che questi angeli cantassero
gloriosamente, e le parole del loro canto mi parea udire che
fossero queste: *Osanna in excelsis*; e altro non mi parea udire.

Mentr'io pensava la mia frale vita,
e vedea 'l suo durar com'è leggiero,
31 piansemi Amor nel core, ove dimora;
per che l'anima mia fu sì smarrita,
che sospirando dicea nel pensero:
34 – Ben converrà che la mia donna mora –.
Io presi tanto smarrimento allora,
ch'io chiusi li occhi vilmente gravati,
e furon sì smagati
li spirti miei, che ciascun giva errando;
e poscia imaginando,
di caunoscenza e di verità fora,
visi di donne m'apparver crucciati,
42 che mi dicean pur: – Morra'ti, morra'ti –.
Poi vidi cose dubitose molte,
nel vano imaginare ov'io entrai;
45 ed esser mi parea non so in qual loco,
e veder donne andar per via disciolte,

---

[4] *triste*: plurale in *-e* analogico a quello degli aggettivi della prima classe.
[5] Alcuni testimoni hanno *terremuoti* o *terremoti*. Il tipo *tremuoto* (*tremoto*),
preferito da Barbi, è tuttavia consueto nel Trecento e usato da Dante stesso
nella *Commedia*, dove è assicurato da ragioni metriche (Inf. XII 6, XXXI
106, Purg. XXI 70). Esso si spiega pensando a una metatesi di *r*, favorita
dall'accostamento con *tremare*. La scelta formale accentua la corrispondenza
con l'espressione presente nella canzone: *la terra tremare* 53.

qual lagrimando, e qual traendo guai,
48   che di tristizia saettavan foco.
Poi mi parve vedere a poco a poco
turbar lo sole e apparir la stella,
e pianger elli ed ella;
cader li augelli volando per l'are,
e la terra tremare;
ed omo apparve scolorito e fioco,
dicendomi: – Che fai? non sai novella?
56   Morta è la donna tua, ch'era sì bella –.
Levava li occhi miei bagnati in pianti,
e vedea, che parean pioggia di manna,
59   li angeli che tornavan suso in cielo,
e una nuvoletta avean davanti,
dopo la qual gridavan tutti: *Osanna*;
62   e s'altro avesser detto, a voi dire'lo.

3.2. *Dal primo trattato del «Convivio»*

Per dare un saggio della prosa raziocinante del *Convivio* e della sua salda organicità prendiamo l'inizio del I trattato, di carattere solennemente introduttivo.

L'esordio mette anzitutto in pieno risalto quei procedimenti espositivi tipici della trattatistica scolastica che – presentandosi in forme anche molto più complesse – plasmano l'intera opera. Il primo periodo è costituito da una dichiarazione assiomatica (*tutti li uomini naturalmente desiderano di sapere*) che si richiama a quanto affermato nella *Metafisica* da Aristotele, definito il *Filosofo* per antonomasia. Segue una dimostrazione che, secondo il tipico procedimento sillogistico, è articolata in una premessa generale (*ciascuna cosa [...] è inclinabile alla sua propia perfezione*) e in una più particolare (*la scienza è ultima perfezione della nostra anima*), da cui poi scaturisce la conclusione che viene a coincidere con l'asserzione di partenza (*tutti naturalmente al suo desiderio [della scienza] semo subietti*). Si noti come l'ultima proposizione, che sancisce la fine del ragionamento, sia segnalata dal tipico connettivo *onde*, che però – secondo uno schema logico-sintattico assai frequente – è seguito da una subordinata: in questo caso una causale prolettica introdotta da *acciò che* nella quale si incarna la seconda premessa del sillogismo. Il ripetersi dell'avverbio *naturalmente* nel senso pregnante di 'secondo la natura' ribadisce l'enunciazione di leggi universalmente valide (e v. anche la precisazione «da providenza *di prima natura* impinta»).

Trattando quindi degli ostacoli che allontanano l'uomo dall'acquisizione della scienza, si delineano distinzioni sempre più sottili e specifiche, che procedono secondo schemi binari (anch'essi tipici del ragionamento scolastico), dando luogo a dense catene ripetitive di elementi sintattici e lessicali (*Dentro dall'uomo possono essere due difetti e impedimenti: l'uno* [...], *l'altro* [...] 3; *Di fuori dall'uomo possono essere similemente due cagioni* [...]. *La prima* [...]. *L'altra* [...] 4; *Le due di queste cagioni* [...]; *le due altre* [...] 5).

Nella seconda parte del brano l'organizzazione del discorso acquista maggior respiro e si fa via via più complessa, rivelando quella vigorosa tendenza all'ipotassi che è tipica della prosa del *Convivio*. I periodi divengono più lunghi, più articolati e ricchi di subordinate, le quali spesso si collocano in posizione prolettica, relegando la principale alla fine. Si veda il periodo: *Ma però che ciascuno uomo a ciascuno uomo naturalmente è amico, e ciascuno amico si duole del difetto di colui ch'elli ama, coloro che a così alta mensa sono cibati non sanza misericordia sono inver di quelli che in bestiale pastura veggiono erba e ghiande sen gire mangiando* 8. Si noti la progressione ascendente che si crea attraverso le due subordinate causali prolettiche, cui segue la principale che però, anziché concludersi pianamente (come accade nel cosiddetto periodo a «festone» nella sua forma più classica), presenta il prolungamento di una relativa di andamento fortemente involuto (si intenda: '[quelli] che vedono andarsene mangiando erba e ghiande, cibo da animali').
E ancora il lungo periodo *E io adunque, che non seggio a la beata mensa* [...] *e in ciò li ho fatti maggiormente vogliosi* 10, che accumula ben undici subordinate, prima di arrivare alla principale e ai suoi prolungamenti. Notevole, all'interno di tale periodo, il costrutto latineggiante calcato sull'ablativo assoluto *non me dimenticando* 'senza dimenticare la mia condizione'. Si infittiscono anche le inversioni degli elementi interni alla proposizione, che comunque ricorrono in tutto il brano: *sì che nulla ricevere può* 3, *la quale* [...] *a sé tiene delli uomini lo maggior numero* 4, *quelli che all'abito da tutti desiderato possano pervenire* 6, *li 'mpediti che di questo cibo sempre vivono affamati* 6, *quella mensa dove lo pane degli angeli si manuca* 7,

quelli che con le pecore hanno comune cibo 7, *coloro [...] non sanza misericordia sono* 8, *quelli che dietro m'ho lasciati* 10 ecc.

A interrompere il procedere logico-enunciativo del discorso intervengono gli inserti esclamativi *Oh beati quelli pochi che seggiono a quella mensa dove lo pane de li angeli si manuca! e miseri quelli che con le pecore hanno comune cibo!* 7 che svolgono anche la funzione di dare slancio alla metafora della sapienza-nutrimento, nella quale confluiscono fonti scritturali, scolastiche ed enciclopediche, e dalla quale deriva tutto il successivo linguaggio figurato nonché la spiegazione del titolo e degli intenti dell'opera: com'è detto nel paragrafo finale (11), l'autore intende *fare un generale convivio*, nel quale la *vivanda*, costituita, come meglio si preciserà poco dopo, da quattordici canzoni, sarà accompagnata da *quello pane ch'è mestiere* ('è necessario') *a così fatta vivanda, sanza lo quale da loro non potrebbe essere mangiata*, ovvero dal commento esplicativo in prosa.

Dal punto di vista lessicale, la fitta presenza di latinismi che caratterizzano l'opera è testimoniata da voci come *impinta* 'sospinta' 1, *subietti* 1, *abito* 2 (in senso intellettuale), *dilettazioni* 3, *induttrice* 4, *speculazione* 4, *studio* 4, *studiosa* 4, *vituperare* 5, *abominazione* 5, *misericordia* 8, *refrigera* 9; e, con *-abile*, *inclinabile* 1, *innumerabili* 6. Il brano mette anche in luce i due termini tipici dell'argomentare *ragione* 1 e *cagione* 2, 4, 5 che, come ha acutamente notato Agostini [in *ED*, *App.*, 371], non sono affatto equivalenti e intercambiabili, pur coinvolgendo sul piano grammaticale gli stessi morfemi della causalità. Con *ragione* si indica «un principio generale che valga come assioma sotto cui va sussunto il caso particolare precedentemente esposto [...]. La 'ragione' può essere espressa da una sola proposizione, la quale in tal caso si configura come la premessa maggiore di un sillogismo [...]», come di fatto avviene nel nostro esempio; diversamente il termine *cagione* «designa esclusivamente la 'causa' effettiva di un determinato fatto» [*ibidem*]. Nella seconda parte del brano il lessico è tutto imperniato sulla metafora scienza-nutrimento: oltre ai già citati *convivio* (che è ancora un latinismo), *vivanda, pane*, si hanno *cibo* 6, 7, *cibati* 8, *affamati* 6, *mensa* 7, *apparecchiare* 11. *Manucare* compare nella solennità dell'esclamazione *Oh beati quelli pochi che seggiono a quella mensa dove lo pane delli angeli si manuca!* 7, ma la forma normale è *mangiare*:

mangiando 8, *mangiata* 11 (e ancora tre volte nel *Convivio*). Attraverso l'impianto metaforico del discorso entrano anche i termini realistici *pecore* 7, *pastura* 8, 10, *erba* 8, *ghiande* 8.

Appunti fonomorfologici

L'abbondanza degli avverbi in -*mente* fa cogliere la diversità fra il tipo formato da aggettivo piano in -*le* che ha la sincope (*naturalmente* 1, 8, *liberalmente* 9) e il tipo formato da aggettivo sdrucciolo in -*le* che conserva la *e* (*similemente* 4, *convenevolemente* 4, *misericordievolemente* 10). Come nella prosa della *Vita nuova* si prediligono le forme piene in -*ade* rispetto a quelle apocopate: *felicitade* 1, *necessitade* 4. Senza apocope anche *puote* 1 (allato a *può* 3, 6). Costante la forma fiorentina *sanza* 8, 11. Voci verbali notevoli: *semo* 1 con -*emo* non ancora sostituito da -*iamo*; *seggio* 10, *seggiono* 7, 10, *veggiono* 8, con [dʤ] d'origine etimologica [cfr. Rohlfs 1966-69, 276, 534].

Fonte: Brambilla Ageno [1995, II 1-5].
Rinvii interni: cap. VIII.1, 3.

(1) Sì come dice lo Filosofo nel principio della Prima Filosofia, tutti li uomini naturalmente desiderano di sapere. La ragione di che puote essere [ed] è che ciascuna cosa, da providenza di prima natura impinta, è inclinabile alla sua propia perfezione; onde, acciò che la scienza è ultima perfezione della nostra anima, nella quale sta la nostra ultima felicitade, tutti naturalmente al suo desiderio semo subietti.
(2) Veramente[6] da questa nobilissima perfezione molti sono privati per diverse cagioni, che dentro all'uomo e di fuori da esso lui rimovono dall'abito di scienza. (3) Dentro dall'uomo[7] possono essere due difetti e impedi[men]ti: l'uno dalla parte del corpo, l'altro dalla parte dell'anima. Dalla parte del corpo è quando le parti sono indebitamente disposte, sì che nulla

[6] *Veramente*: «nel senso di *verum tamen*, distintivo e rafforzativo insieme» [Vallone 1981, 139].
[7] *Dentro dall'uomo*: cfr. al par. prec. *dentro all'uomo*. La reggenza *dentro da* era all'epoca abbastanza comune [v. ad es. Castellani 1963-64, 236].

ricevere può, sì come sono sordi e muti e loro simili. Dalla parte dell'anima è quando la malizia vince in essa, sì che si fa seguitatrice di viziose dilettazioni, nelle quali riceve tanto inganno che per quelle ogni cosa tiene a vile.

(4) Di fuori dall'uomo possono essere similemente due cagioni intese, l'una delle quali è induttrice di necessitade, l'altra di pigrizia. La prima è la cura familiare e civile, la quale convenevolemente a sé tiene delli uomini lo maggior numero, sì che in ozio di speculazione essere non possono. L'altra è lo difetto del luogo dove la persona è nata e nutrita, che tal ora sarà da ogni studio non solamente privato, ma da gente studiosa lontano.

(5) Le due di queste cagioni, cioè la prima dalla parte [di dentro e la prima dalla parte] di fuori, non sono da vituperare, ma da escusare[8] e di perdono degne; le due altre, avegna che[9] l'una più, sono degne di biasimo e d'abominazione.

(6) Manifestamente adunque può vedere chi bene considera, che pochi rimangono quelli che all'abito da tutti desiderato possano pervenire, e innumerabili quasi sono li 'mpediti che di questo cibo sempre vivono affamati. (7) Oh beati quelli pochi che seggiono a quella mensa dove lo pane delli angeli si manuca! e miseri quelli che colle pecore hanno comune cibo!

(8) Ma però che ciascuno uomo a ciascuno uomo naturalmente è amico, e ciascuno amico si duole del difetto di colui ch'elli ama, coloro che a così alta mensa sono cibati non sanza misericordia sono inver di quelli che in bestiale pastura veggiono erba e ghiande se[n] gire[10] mangiando. (9) E acciò che misericordia è madre di beneficio, sempre liberalmente coloro che sanno porgono della loro buona ricchezza[11] alli

---

[8] *escusare*: è forma di aspetto latineggiante per la mancata aferesi di *e-* (EXCUSĀRE).

[9] *avegna che*: connettivo assai frequente dotato di valore concessivo ('sebbene').

[10] *Gire* è variante di *ire*, diffusissima nei testi dei primi secoli [cfr. *GDLI*; Serianni 2001, 205-206]. Il verbo è inserito in una frase di impianto fortemente involuto: «coloro [...] non sanza misericordia sono inver di quelli che [...] veggiono erba e ghiande *se[n] gire* mangiando». Mentre è normale l'uso medio, che trova riscontro anche in altri luoghi danteschi (come ad es. «ed el *sen gì*, come venne, veloce» Purg. II 51), risulta abbastanza anomala la posizione delle particelle pronominali (la seconda delle quali congetturale), anteposte a una forma verbale di modo non finito.

[11] *della loro buona ricchezza*: oggetto introdotto da *di* partitivo.

veri poveri, e sono quasi fonte vivo, della cui acqua si refrigera la naturale sete che di sopra è nominata. (10) E io adunque, che non seggio alla beata mensa, ma, fuggito della pastura[12] del vulgo, a' piedi di coloro che seggiono ricolgo di quello[13] che da loro cade, e conosco la misera vita di quelli che dietro m'ho lasciati[14], per la dolcezza ch'io sento in quello che a poco a poco ricolgo, misericordievolmente mosso, non me dimenticando, per li miseri alcuna cosa ho riservata, la quale alli occhi loro, già è più tempo, ho dimostrata; e in ciò li ho fatti maggiormente vogliosi. (11) Per che ora volendo loro apparecchiare, intendo fare un generale convivio di ciò ch'i' ho loro mostrato, e di quello pane ch'è mestiere a così fatta vivanda, sanza lo quale da loro non potrebbe essere mangiata.

---

[12] *della pastura*: 'dalla pastura'.
[13] *di quello*: altro *di* partitivo.
[14] *dietro m'ho lasciati*: l'ausiliare *avere* col riflessivo è comune anticamente [cfr. Rohlfs 1966-69, 731].

4. Aspetti del plurilinguismo della «Commedia»: un dialogo infernale e una visione paradisiaca

4.1. Dal XXX canto dell'Inferno

Maestro Adamo, falsario di moneta, e il suo scontro fisico e verbale col greco Sinone, falsatore di parola, sono al centro di uno degli episodi infernali dalle tinte più intensamente realistiche e grottesche.

Avviata da *Io vidi un* 49, formula essenziale e solenne che ricorre anche altrove per ottenere un effetto di stacco e richiamare l'attenzione su incontri di forte impatto emotivo (cfr. ad es. Inf. XXII 31-32), la rappresentazione di maestro Adamo, nel suo aspetto drammaticamente abnorme (il ventre gonfiato a dismisura per l'idropisia), si avvale di un lessico decisamente realistico, di rigorosa precisione, in buona parte attinto dalla terminologia medica dell'epoca. Accanto a voci anatomiche di stampo popolare come *anguinaia* 'inguine' 50 (dal lat. INGUINALIA con concrezione della *a* dell'articolo conseguente all'aferesi: *la 'nguinaia > l'anguinaia*) e *ventraia* 'pancia' 54, si hanno dei veri e propri tecnicismi, quali *idropesì* 'idropisia' 52, *omor* 'umore' 53, *converte* 'trasforma' 53 (con riferimento alla teoria secondo cui la sostanza umorale è data dalla trasformazione organica del cibo ingerito), *etico* 'tisico' 56, e più avanti, associati in un paragone di vigorosa concretezza, *epa* 'ventre' 102 e *tamburo* 103 («[...] l'*epa* croia / [...] sonò come fosse un *tamburo*»): tutti termini per i quali si sono da tempo indicati puntuali riscontri nella trattatistica dell'epoca (fra le fonti più scoperte il *De proprietatibus rerum* di Bartolomeo Anglico dove, precisato che nell'idropisia *virtus digestiva degeneratur in epate*, si individua una variante della malattia, detta «timpanite», nella quale *extenditur venter et sonat sicut tympanum [...], collum et extrema efficiuntur gracilia* e la sete si fa ardente)[1]. Riscontri altrettanto precisi si segnalano per la *febbre aguta* 99 che affligge Sinone, i cui sintomi sono il *leppo* 'lezzo, fetore' 99 che egli emana, *l'arsura e 'l capo che [...] duole* 127 (la medesima fonte tratta anche della *febris putrida*, caratterizzata da *dolor capitis, malicia anhelitus, sitis et similia*; e v. inoltre la testimonianza di Giordano da Pisa: *quando la febbre è intra vasa, dentro alle veni, nel sangue, [...] questa è detta febbre aguta*). Si noti anche, in unione col termine medico *epa*, l'aggettivo *croio* (dal prov. *croi*) che vale 'duro' in senso concreto (*l'epa croia* 102), mentre le precedenti attestazioni nella lirica duecentesca gli attribuivano un valore morale. Insieme con tali elementi di cruda oggettività, altre componenti di tipo elevato e prezioso contribuiscono in modo decisivo a delineare i personaggi e ad accentuarne l'effetto tragicamente caricaturale. L'inatteso paragone del corpo dell'idropico con il *leuto* 49 introduce un termine ricercato, designante uno strumento musicale che all'epoca era ancora assai raro [cfr. Monterosso in *ED, s.v.*]. Nei versi immediatamente successivi, che restringono il paragone col liuto all'ipotesi di una orribile mutilazione degli arti (*pur ch'elli avesse avuta l'anguinaia / tronca da l'altro che l'uomo ha forcuto* 50-51: letteralmente 'a patto che avesse avuto l'inguine troncato dalla parte rimanente che l'uomo ha divisa in due'), spicca il virtuosismo retorico della perifrasi finale con cui si allude alle gambe. Più avanti la similitudine con l'*etico* che tiene le labbra spalancate per la sete (*come l'etico fa, che per la sete / l'un verso 'l mento e l'altro in sù rinverte* 56-57) utilizza il neologismo di stampo dotto *rinverte* 'rivolge, ripiega' (da RE + INVERTERE). Da notare come le presenze lessicali più marcate, di qualsiasi registro, tendano a collocarsi, con un accrescimento di energia, alla fine del verso: *leuto, anguinaia, forcuto, dispaia, converte, ventraia, rinverte*.

Per la sintassi, nella prima parte del brano, di carattere descrittivo, si mette in rilievo il periodo che occupa i vv. 52-57, dove tre subordinate (due relative + una consecutiva) si interpongono fra il soggetto e il verbo della reggente. Qui, nel costrutto *fare* causativo + l'infinito («La grave idropesì [...] / *faceva lui tener* le labbra aperte» 55), il soggetto dell'infinito, rappresentato da un

---

[1] Una riconsiderazione della malattia di maestro Adamo, pur senza escludere il fondamentale riferimento al testo enciclopedico di Bartolomeo Anglico, viene a identificarla piuttosto con un tipo di idropisia detto «asclite» [cfr. Bartoli e Ureni 2002].

verbo transitivo con complemento oggetto, figura all'accusativo (*lui*) anziché al dativo come accade più comunemente (v. nello stesso canto «L'una giunse a Capocchio, e in sul nodo / del collo l'assannò, sì che, tirando, / *grattar li fece* il ventre al fondo sodo» 28-30). Tale reggenza non è comunque priva di ulteriori riscontri (ad es. «Dionisio fero / che *fé Cicilia aver* dolorosi anni» Inf. XII 107-108). Per un approfondimento sui costrutti causativi danteschi cfr. Brambilla Ageno [in *ED*, *App.*, 279-280] (oltre alla bibliografia più generale indicata *ibidem* [314])[2].

La parte dialogica qui riprodotta (vv. 91-129) si avvia con la domanda rivolta da Dante a maestro Adamo sui due dannati febbricitanti che gli sono accanto. La risposta è subito connotata da voci realistiche di forte espressività: *greppo* 95 propriamente 'declivio scosceso' e qui adattato al senso infernale di 'bolgia, abisso' (ma altri interpreti, sulla scia dell'Ottimo, muovono dal significato di 'vaso rotto impiegato per umili servizi' da cui 'conca' in accezione spregevole); *leppo* 'lezzo, fetore' 99, precisamente «puzza d'arso unto», come chiosa il Buti [cfr. *GDLI*, *s.vv.*]; entrambi in rima rara con *Gioseppo*. Scoppia quindi il contrasto fra maestro Adamo e Sinone, che si offende di sentirsi nominare in modo tanto vile e sprezzante (*[...] che si recò a noia / forse d'esser nomato sì oscuro* 100-101): contrasto prima fisico, che prende forma nel rimbalzo ritmico dei versi 102-105 (*col pugno li percosse l'epa croia. / Quella sonò come fosse un tamburo; / e mastro Adamo li percosse il volto / col braccio suo, che non parve men duro* 100-105); e poi verbale.

Com'è stato più volte osservato, il dialogo fra i due dannati (vv. 106-129), nel suo carattere violentemente concitato, è costruito mettendo a frutto l'esperienza della poesia comico-realistica dell'epoca, praticata da Dante stesso nella tenzone con Forese Donati.

Tipici di quel genere sono i termini realistici, vivamente espressivi e talora aggressivi, che animano tutto l'alterco e culminano nelle battute finali (121-129), dove si susseguono voci come *crepa* 121, *(acqua) marcia* 122, *assiepa* 'innalza come siepe' 123 (riferito metaforicamente al ventre gonfio fino a ostruire la vista), *squarcia* 124, *rinfarcia* 'riempe, inzeppa' 126 (*hapax*

---

[2] Nell'esempio che ricorre nel nostro brano, non è però da escludere un assorbimento della *a* preposizione alla *a* finale della parola precedente. La lezione *a lui* (o *a llui*) è peraltro documentata da buona parte della tradizione [Petrocchi 1994, *ad loc.*].

dantesco assoluto connesso a FARCIRE, da cui anche *farcire*, *infarcire*, *infarciare* che però hanno attestazioni assai più tarde: cfr. *GDLI*, s. vv.). Anche queste voci sono collocate alla fine del verso e generano serie rimiche difficili e di timbro aspro. Si aggiunga, nelle ultime battute di maestro Adamo, il volgare *leccar* 128 in forte contrasto con la perifrasi squisitamente colta che subito dopo indica l'acqua (*lo specchio di Narcisso*): ulteriore conferma dell'impasto che si crea fra componenti stilistiche di polo opposto. Una simile perifrasi è del resto consona al livello del personaggio, che – ricordiamo – è dotato di cultura, tanto da meritare il titolo accademico di *maestro*.

Sul piano della costruzione sintattica è altrettanto tipico del genere comico-realistico della tenzone il meccanismo della «ritorsione», ovvero il susseguirsi incalzante delle battute a «botta e risposta», ciascuna delle quali prende spunto dalla precedente, com'è spesso sottolineato da procedimenti di ripetizione: «"[...] *ho io il braccio* a tal mestiere sciolto". / Ond'ei rispuose: "Quando tu andavi / al fuoco, non *l'avei* tu così presto; / ma sì e più *l'avei* quando coniavi"» 108-111 (e qui si noti anche la struttura chiastica della replica); «"*e sieti reo* che tutto il mondo sallo!" / "*E te sia rea* la sete [...]"» 120-121. La tecnica della *repetitio* costituisce anche, all'interno delle singole battute, l'elemento dinamico che trasforma l'accettazione del colpo in ritorsione. Si veda il discorso con cui maestro Adamo rinfaccia a Sinone l'inganno ai danni dei troiani, dove si ripete per tre volte *ver* (prima avverbio, poi aggettivo, e poi sostantivo): «Tu di' *ver* di questo: / ma tu non fosti sì *ver* testimonio / là 've del *ver* fosti a Troia richesto» 112-114. E di rimbalzo, con la stessa tecnica, la risposta di Sinone, giocata sul termine antitetico *falso*: «S'io dissi *falso*, e tu *falsasti* il conio» 115. Quest'ultima frase è notevole anche per la struttura paraipotattica, che corrisponde a un costrutto largamente impiegato dalla poesia comico-realistica. La frase di Sinone è stata infatti avvicinata ai versi di un sonetto di Cecco Angiolieri in risposta a uno di Dante andato perduto, insistentemente modulati sul medesimo schema: *s'io desno con altrui, e tu vi ceni, / s'io mordo 'l grasso, e tu vi suggi 'l lardo, / s'io cimo 'l panno, e tu vi freghi 'l cardo* ecc. [De Robertis 2002, III 466]. Da notare anche come tutto l'alterco sia punteggiato dalla frequente, talora martellante, presenza dei deittici *tu* e *tuo*.

Quale elemento strutturante di questo dialogo infernale, meritano attenzione anche le didascalie fra battuta e battuta, che, pur nella loro essenzialità, sono costruite con estrema cura, ora esplicitando ora omettendo il *verbum dicendi*, ora nominando direttamente il parlante ora identificandolo attraverso un pronome o un appellativo o una perifrasi: *Ond'ei rispuose* 109, *E l'idropico* 112, *disse Sinon* 116, *rispuose quel ch'avea infiata l'epa* 119, *disse 'l Greco* 122, *Allora il monetier* 124. Diversa anche la posizione in cui tali didascalie si dispongono rispetto al discorso diretto, prima anticipandolo senza alterarne la sequenzialità (109, 112), poi segmentandolo in due parti (116, 119, 122), infine tornando alla soluzione di partenza (124). Se si pensa alle consuete espressioni *ed io a lui, ed egli a me* ricorrenti nei colloqui con Virgilio, appare evidente che l'attenta *variatio* di questi inserti narrativi non solo è un elemento che concorre alla sapiente elaborazione retorica e ritmica dell'episodio, ma sottolinea anche la particolare situazione in cui si pone Dante, che resta al di fuori da quel contrappunto di ingiurie ma ne è testimone attentissimo [cfr. Perrus 2000, 433].

Appunti fonomorfologici

Normale il dittongo in *rispuose* 95, 109, 119, e in *fuor* 46 (*FŌRUNT). *Richesto* 114 ha la vocale semplice coerente con la natura implicata della sillaba. È notevole *dieno* 96 (da considerare insieme con *stieno* Inf. XXII 100), mentre al singolare permangono nella *Commedia* le forme col mantenimento della *e* in iato che erano in uso nel fiorentino dell'epoca (*dea, stea*). La preziosità della parola *leuto* 49 è accentuata dalla presenza della *e* in iato, che ha riscontro nel francese antico *leut* (all'origine della voce sta l'arabo *al-'ūd* 'il legno' [cfr. Schiaffini 1928, 228; Cella 2003, 461-462]. *Gittan* 99 deve la *i* alle voci rizoatone come *gittare* che hanno la chiusura della *e* protonica. Con aferesi di *i* iniziale *verno* 92. Per il consonantismo, oltre alla consueta sonorizzazione della velare in *aguta* 99, notiamo il raddoppiamento della consonante postonica in *fumman* 92 (e anche come sostantivo, nella *Commedia*, si ha sempre *fummo*). Di ascendenza poetica *sovra* 47 in luogo del toscano *sopra*. Per l'articolo è significativo il persistere di *lo* davanti a consonante a inizio di verso (107) in luogo della comune forma debole *il, 'l*. Voce verbale interessante, assicurata dalla posizione di rima, è *dierno* 94, contrazione di *dierono* (*diero* + *no*), da avvicinare alle altre forme sincopate *rifondarno* Inf. XIII 148 e *portarno* Par. XI 108.

Fonti. Per il testo Petrocchi [1994, II 512-522]. Per il commento mi sono avvalsa soprattutto di Contini [1955] e Bigi [1971].
Rinvii interni: capp. IX-XIV.

        E poi che i due rabbiosi[3] fuor passati
        sovra cu' io avea l'occhio tenuto,
48   rivolsilo a guardar li altri mal nati.
        Io vidi un, fatto a guisa di lëuto,
        pur ch'elli avesse avuta l'anguinaia
51   tronca da l'altro che l'uomo ha forcuto.
        La grave idropesì, che sì dispaia[4]
        le membra con l'omor che mal converte[5],
54   che 'l viso non risponde[6] a la ventraia,
        faceva lui tener le labbra aperte
        come l'etico fa, che per la sete
57   l'un verso 'l mento e l'altro in sù rinverte.

        [58-90] [...]

        E io a lui: «Chi son li due tapini
        che fumman come man bagnate 'l verno,
93   giacendo stretti a' tuoi destri confini?».
        «Qui li trovai – e poi volta non dierno[7] –»,
        rispuose, «quando piovvi in questo greppo,
96   e non credo che dieno[8] in sempiterno.
        L'una è la falsa ch'accusò Gioseppo;
        l'altr' è 'l falso Sinon greco di Troia:
99   per febbre aguta gittan tanto leppo».
        E l'un di lor, che si recò a noia[9]
        forse d'esser nomato sì oscuro,
102   col pugno li percosse l'epa croia.

    [3] *rabbiosi:* 'idrofobi'. *Rabbia* è la voce popolare che indica l'idrofobia.
    [4] *dispaia:* 'deforma e rende diseguali'.
    [5] *con l'omor che mal converte:* si allude qui alla causa dell'idropisia che, secondo la teoria dell'epoca, era dovuta a una corruzione degli umori in cui si trasformava il cibo [cfr. Bartoli e Ureni 2002, 109-114].
    [6] *risponde:* 'corrisponde'.
    [7] *volta non dierno:* 'non dettero volta, non si mossero'.
    [8] *dieno:* sottinteso *volta* ('si muovano').
    [9] *si recò a noia:* 'ebbe a dispetto', coerentemente col significato originario di *noia,* assai più marcato di quello attuale.

Quella sonò come fosse un tamburo;
e mastro Adamo li percosse il volto
105 col braccio suo, che non parve men duro,
   dicendo a lui: «Ancor che mi sia tolto
   lo muover per le membra che son gravi,
108 ho io il braccio a tal mestiere sciolto».
   Ond'ei rispuose: «Quando tu andavi
   al fuoco, non l'avei tu così presto;
111 ma sì e più l'avei quando coniavi».
   E l'idropico: «Tu di' ver di questo:
   ma tu non fosti sì ver testimonio
114 là 've del ver fosti a Troia richesto».
   «S'io dissi falso, e tu falsasti il conio»,
   disse Sinon; «e son qui per un fallo[10],
117 e tu per più ch'alcun altro demonio!».
   «Ricorditi[11], spergiuro, del cavallo»,
   rispuose quel ch'avëa infiata[12] l'epa;
120 «e sieti reo che tutto il mondo sallo!».
   «E te[13] sia rea la sete onde ti crepa»,
   disse 'l Greco, «la lingua, e l'acqua marcia
123 che[14] 'l ventre innanzi a li occhi sì t'assiepa!»
   Allora il monetier: «Così si squarcia
   la bocca tua per tuo mal come suole[15];
126 ché, s'i' ho sete e omor mi rinfarcia,
   tu hai l'arsura e 'l capo che ti duole,
   e per leccar lo specchio di Narcisso,
129 non vorresti a 'nvitar molte parole[16]».

[10] *un fallo*: 'un solo fallo' (*un* ha valore di numerale in antitesi al successivo *più*).

[11] *Ricorditi*: congiuntivo esortativo con valore impersonale (cfr. Purg. V 133, XVII 1, XXVII 22; e anche *E' mi ricorda* 'ricordo' Par. XXXIII 79). Superfluo rilevare il rispetto della legge Tobler-Mussafia a inizio di frase.

[12] *infiata*: 'gonfiata, dilatata' (dal lat. INFLĀRE).

[13] *te*: è un caso di dativo apreposizionale, analogo a quello notato nella canzone *Donne ch'avete* (v. *Testi* 2, pp. 169-170).

[14] *che*: ha valore soggettivo (l'*acqua marcia*, ovvero gli umori putridi, fanno rigonfiare e innalzare come siepe il ventre davanti agli occhi).

[15] *come suole*: 'come soleva fare in vita'.

[16] *non vorresti... parole*: 'non avresti bisogno di molte parole d'invito'.

4.2. Dal XXXI canto del Paradiso

Inserita negli ultimi canti del Paradiso, dove le risorse linguistiche e stilistiche s'innalzano verso un livello di estrema sublimità, questa celestiale visione consente anzitutto di mettere in rilievo l'incidenza dei latinismi che, diffusi ovunque nel poema, raggiungono la più alta concentrazione nella terza cantica sostenendo il linguaggio dantesco nel suo ultimo approssimarsi verso l'ineffabile divino.

I latinismi che qui si susseguono vanno da quelli che ci sono più familiari come *candida* 1, *milizia* 2, *gloria* 5, *penetrante* 22, *gaudio* 41 e *gaudioso* 25, *splendore* 21 (ma si consideri che la diffusione odierna non è sempre garanzia di diffusione all'epoca di Dante, che ad esempio pare il primo ad attestare *penetrante*: cfr. *Corpus TLIO*); a quelli più rari e ricercati come *laboro* 9 nel senso di 'fatica'; *ostante* agg. 'che si oppone, che è d'ostacolo' 24; *trina* 'trinitaria' 28; *procella* 'bufera' 30; *plaga* 'zona terrestre, regione' 31; *ardua* 34 qui nel senso di 'imponente', 'eccelsa'; *libito* 'piacere' 42 (e anche per alcuni di questi termini – *procella*, *arduo*, *libito* – il *TLIO* e il *Corpus TLIO* non offrono esempi anteriori a quelli danteschi). *Recirculare* (*recirculando* 48), qui riferito al movimento degli occhi che percorrono i vari circoli della candida rosa, è – insieme con *circulare* (Par. XIII 21) – verbo foggiato su *circulo* (che però non compare mai nella *Commedia* dove, a designare quella che nel *Convivio* II XIII 26 è definita la «perfettissima figura», si ha sempre l'allotropo popolare *cerchio*). Altra voce dotta notevole per accezione e costrutto prettamente latini è *frequente* 'frequentato, popolato' 26 seguita da *in* («*frequente in* gente antica e novella»). Un latinismo di tipo semantico è *compiuto* 'pieno, ricolmo' 40 (da COMPLĒRE 'riempire interamente').

La ricercatezza del lessico è sottolineata anche dal ricorrere di altri verbi che rappresentano probabilmente dei neologismi (cfr. ancora il *Corpus TLIO*, dal quale non risultano attestazioni precedenti): *infiorarsi* (*s'infiora* 7) che altrove vale 'adornarsi, coprirsi di fiori' (Par. X 91, XIV 13, XXIII 72) ma qui è usato nel senso tutto nuovo di 'penetrare nei fiori' (fonte dell'immagine è probabilmente l'*Eneide* VI 708: *floribus insidunt variis*); *insaporarsi* (*s'insapora* 9) 'prendere sapore', 'divenir dolce'; *ventilare* (*ventilando* 18), presente altre due volte nella

Commedia (Purg. VIII 30, XIX 49) e ancora riferito agli angeli e al movimento delle loro ali.

Sempre per il lessico, ma sotto altro aspetto, è notevole l'avverbio *mo* 'ora' in triplice occorrenza al v. 48 e attestato più volte nel poema: si tratta di una forma non fiorentina, ampiamente diffusa nell'Italia e caratteristica, in Toscana, dell'area aretino-cortonese; ma è probabile che l'uso dantesco la recepisca soprattutto attraverso il tramite della preesistente tradizione poetica.

La densità metaforica e simbolica del lessico paradisiaco si apprezza pienamente nella terzina iniziale: la moltitudine dei beati, che si mostra in forma di *candida rosa* (fiore dalle implicazioni allegoriche profondamente radicate nella cultura medievale [cfr. Costa 1966, 59-62], è la *milizia santa* 2 (secondo l'immagine biblica dell'esercito dei fedeli schierato contro il male) fatta *sposa* 3 da Cristo col *suo sangue* (con diretto riscontro nel brano degli Atti degli apostoli 20, 28: *ecclesiam Dei, quam [Cristus] adquisivit sanguine suo*). Più avanti si ha *procella* 30 che allude alle tempeste della vita terrena.

La scansione sintattica, che in alcuni passi si può definire del tutto lineare, presenta i momenti di maggiore complessità nei periodi che contengono le tre similitudini (vv. 4-12, 31-40, 43-48), corrispondenti peraltro a tipologie diverse e indicative, quindi, della molteplicità di forme che questo procedimento stilistico può assumere. Facendo riferimento alla classificazione di Agostini [in *ED, App.*, 395-403], si ha, nel primo caso, una comparazione di analogia di forma nominale [*ibidem*, 398] espressa da *sì come* + sostantivo che si espande in una relativa a sua volta seguita da una coordinata e da un'altra relativa (*sì come schiera d'ape che s'infiora / una fiata e una si ritorna / là dove suo laboro s'insapora* 7-9): tale costrutto s'inserisce incidentalmente fra il soggetto a cui si riferisce (la milizia angelica designata attraverso l'ampia perifrasi dei vv. 4-6) e il relativo predicato (*nel gran fior discendeva [...]* 10). Anche la terza e ultima similitudine è riconducibile al medesimo modulo costituito da congiunzione comparativa (*quasi*) + sostantivo + proposizione relativa, il quale però si pone, in questo caso, in apertura di periodo («*E quasi peregrin che si ricrea / [...] menava io li occhi per li gradi [...]*» 43-47). La seconda similitudine, di tipo assolutamente particolare, si snoda in un lungo periodo di tipo ipotetico: una protasi introdotta da un *se* dotato di un valore sostanzialmente causale ('se è vero che', 'dal momento che', 'dato che'), col suo corredo di subordinate di secondo, terzo e quarto grado, definisce il primo termine della comparazione (vv. 31-36), che viene a proporsi come punto di riferimento approssimato per difetto rispetto al secondo, espresso da un'apodosi esclamativa con le relative ramificazioni (vv. 37-40). Il periodo, costruito nei due segmenti con analogo andamento ipotattico e complicato nella prima parte da alcune perifrasi astronomico-mitologiche, si può così parafrasare: 'Se è vero che i barbari, venendo dalle regioni settentrionali, ossia da tale zona terrestre (*plaga*) che giornalmente sia coperta in cielo dalla costellazione dell'Orsa Maggiore la quale si muove insieme alla costellazione di Boote (personificate rispettivamente, secondo la favola ovidiana, nella ninfa Elice e nel suo vagheggiato figlio Arcade), vedendo Roma e la sua imponente architettura (*l'ardua sua opra*), si meravigliavano, al tempo in cui il Laterano superò tutte le costruzioni umane; io, che ero asceso dal mondo terreno a quello celeste, dal tempo all'eternità, e da Firenze a una società giusta e pura, di quale meraviglia dovevo essere ricolmo!'.

Appunti fonomorfologici

Col dittongo *cuopra* 32 (COŏP(E)RAT). Si ha il mantenimento della *e* in iato nella voce *stea* 45 in rima, che, insieme con *dea*, è tipica nel fiorentino dell'epoca. *Fiorenza* 39, qui citata per l'ultima volta nella *Commedia*, appare come sempre nella forma derivante da FLORENTIA con conservazione del gruppo atono *io*. Contrasta con l'uso moderno il raddoppiamento consonantico di *etterno* 38 (che ha riscontro nel latino medievale) e di *addorna* 10 (che sarà analogico a quello di altri composti con *ad*-). Presenta la sincope della vocale postonica *opra* 34, in rima (voce attestata altre tre volte nella *Commedia*, in rima e fuori: Inf. XIX 82, XXXIII 155, Purg. XVIII 48; mentre il pur prevalente *opera* è sempre fuori rima anche se assicurato da ragioni di numero sillabico). Manca l'apocope in *puote* 24. La forma piena *giuso* 30 (DEŌ(R)SUM) si affianca a *giù* 48. Desinenze verbali. Un esempio di imperfetto in -*ia* (> -*ie*): *stupefaciensi* 37 (ma sempre -*ea* e, più raramente, -*eva* per gli altri verbi della 2ª e 3ª classe). Regolarmente in -*a* la 1ª pers. sing. dell'imperfetto: *era* 38, *dovea* 40, *menava* 47. *Veggendo*

34 si adegua al tema delle forme in [dʤ] < -DJ- *veggio, veggia*
[cfr. Rohlfs 1966-69, 276, 534, 556].

Fonte: Petrocchi [1994, IV 509-514].
Rinvii interni: cap. IX-XIV.

　　　In forma dunque di candida rosa
　　　mi si mostrava la milizia santa
3　　che nel suo sangue Cristo fece sposa;
　　　　ma l'altra, che volando vede e canta
　　　la gloria di colui che la 'nnamora
6　　e la bontà che la fece cotanta,
　　　　sì come schiera d'ape[17] che s'infiora
　　　una fiata e una[18] si ritorna[19]
9　　là dove suo laboro s'insapora,
　　　　nel gran fior discendeva che s'addorna
　　　di tante foglie, e quindi risaliva
12　là dove 'l süo amor sempre soggiorna.
　　　　Le facce tutte avean di fiamma viva
　　　e l'ali d'oro, e l'altro tanto bianco,
15　che nulla[20] neve a quel termine arriva.
　　　　Quando scendean nel fior, di banco in banco
　　　porgevan de la pace e de l'ardore[21]
18　ch'elli acquistavan ventilando il fianco.
　　　　Né l'interporsi tra 'l disopra e 'l fiore
　　　di tanta moltitudine[22] volante
21　impediva la vista e lo splendore:
　　　　ché la luce divina è penetrante
　　　per l'universo secondo ch'è degno,
24　sì che nulla le puote essere ostante.

[17] *ape*: plurale in -*e* conguagliato ai sostantivi della 1ª classe oppure dovuto all'influsso latino.

[18] *una fiata e una...*: 'una volta e un'altra...'. *Fiata* continua *VICĀTAM da VICEM 'successione di tempo'.

[19] *si ritorna*: verbo intransitivo nel consueto uso medio.

[20] *nulla*: 'nessuna' aggettivo indefinito [cfr. Rohlfs 1966-69, 498].

[21] *de la pace e de l'ardore*: si noti il costrutto partitivo.

[22] *moltitudine*: diversi codici hanno *plenitudine* [cfr. Petrocchi 1994, *ad loc.*], che è *lectio difficilior* più marcata dal punto di vista sia formale che semantico, tuttora preferita dalla Chiavacci Leonardi [1991-97, cfr. III 872-873].

Questo sicuro[23] e gaudïoso regno,
frequente in gente antica e in novella,
27   viso e amore avea tutto ad un segno.
Oh trina luce che 'n unica stella
scintillando a lor vista, sì li appaga!
30   guarda qua giuso a la nostra procella!
Se i barbari, venendo da tal plaga
che ciascun giorno d'Elice si cuopra,
33   rotante col suo figlio ond'ella è vaga,
veggendo Roma e l'ardüa sua opra,
stupefaciensi, quando Laterano
36   a le cose mortali andò di sopra;
ïo, che al divino da l'umano,
a l'etterno dal tempo era venuto,
39   e di Fiorenza in popol giusto e sano,
di che stupor dovea esser compiuto!
Certo tra esso e 'l gaudio mi facea
42   libito non udire e starmi muto.
E quasi peregrin che si ricrea[24]
nel tempio del suo voto riguardando,
45   e spera già ridir com'ello stea,
su per la viva luce passeggiando,
menava ïo li occhi per li gradi,
48   mo sù, mo giù e mo recirculando.

---

[23] *sicuro*: 'scevro da qualsiasi affanno, imperturbabile' (vi si riflette il primitivo significato etimologico coerente con la composizione SĒD 'senza' CURA).
[24] *si ricrea*: 'si rigenera, si sente rinascere'.

Bibliografia

Bibliografia

AA.VV.

1965-66   *Atti del Congresso internazionale di Studi Danteschi*, a cura della Società Dantesca Italiana e dell'Associazione Internazionale per gli Studi di Lingua e Letteratura Italiana e sotto il patrocinio dei comuni di Firenze, Verona e Ravenna (20-27 aprile 1965), Firenze, Sansoni, 2 voll.

2001a   *«Per correr miglior acque...».* Bilanci e prospettive degli studi danteschi alle soglie del nuovo millennio, Atti del Convegno internazionale di Verona-Ravenna, 25-29 ottobre 1999, Roma, Salerno Editrice, 2 voll.

2001b   *Dante. Da Firenze all'Aldilà*, Atti del terzo Seminario dantesco internazionale (Firenze, 9-11 giugno 2000), a cura di Michelangelo Picone, Firenze, Franco Cesati Editore.

2012   *Leggere Dante oggi. I testi, l'esegesi*, Atti del Convegno-seminario di Roma, 25-27 ottobre 2010, Roma, Salerno Editrice.

Abardo, Rudy (a cura di)

2005   *Chiose palatine, Ms. Pal. 313 della Biblioteca Nazionale Centrale di Firenze*, Roma, Salerno Editrice.

Afribo, Andrea

2002   *Sequenze e sistemi di rime nella lirica del secondo Duecento e del Trecento*, in «Stilistica e metrica italiana», II, pp. 3-46.

Ageno, Franca

1955   *L'uso pleonastico della negazione nei primi secoli*, in «SFI», XIII, pp. 339-361.

1956   *Particolarità nell'uso antico del relativo*, in «LN», XVII, pp. 4-7.

Agostini, Francesco

1968   *Il volgare perugino negli «Statuti del 1342»*, in «SFI», XXVI, pp. 91-199.

1978   (a cura di), *Testi trecenteschi di Città di Castello e del contado*, Firenze, Accademia della Crusca.

Alessio, Giovanni
1979   *Fèrza (fèrsa)*, in «LN», XL, pp. 55-56.

Alessio, Gian Carlo
1981   *«Hec Franciscus de Buiti»*, in «Italia medioevale e umanistica», XXIV, pp. 64-122.
1984   *La grammatica speculativa e Dante*, in «Letture classensi», 13, pp. 69-88.

Alinei, Mario
1971   *Spogli elettronici dell'italiano delle Origini e del Duecento*, II: *Forme*, 5: Dante Alighieri, *La Commedia* – Ed. Petrocchi, Bologna, Il Mulino.

Allegretti, Paola
2011   (a cura di), Dante Alighieri, *Fiore. Detto d'Amore*, Firenze, Le Lettere.

Ambrosini, Riccardo
1978   *Fonetica*, in *ED, App.*, pp. 115-134.
2000   *Sulla sintassi del verbo nella prosa toscana del Dugento, ovvero Tempo e aspetto nell'italiano antico*, in «Lingua e Stile», XXXV, pp. 547-571.

Antonelli, Roberto
1982   *L'ordine domenicano e la letteratura nell'Italia pretridentina*, in *LIE*, I, *Il letterato e le istituzioni*, pp. 681-728.
1992   *Canzoniere Vaticano latino 3793*, in *LIE, Le Opere*, I, pp. 27-44.

Ariani, Marco
2009   (a cura di), *La metafora in Dante*, Firenze, Olschki.

Arrighi, Gino
1985   *Il primo abaco in volgare italiano (1307). Il Cod. 2236 della Biblioteca Riccardiana di Firenze*, in «Archivio storico italiano», CXLIII, pp. 429-435.
1988   *Note sulla scienza in Toscana nel Trecento*, in Gensini [1988, 485-496]

Auerbach, Erich
1983   *Lingua letteraria e pubblico nella tarda antichità latina e nel Medioevo*, Milano, Feltrinelli (ed. orig. Berna, A. Francke Verlag, 1958).

Azzetta, Luca
2003   *Le chiose alla «Commedia» di Andrea Lancia, l'Epistola a Cangrande e altre questioni dantesche*, in «L'Alighieri», n.s., XXI, pp. 5-76.
2008   *Postfazione* all'edizione anastatica di Venturi 1911 (pp. 443-457).

2012   (a cura di), Andrea Lancia, *Chiose alla «Commedia»*, t. I,
            Roma, Salerno Editrice.

Baldelli, Ignazio
1960   *Citazioni dantesche in glosse cassinesi*, in Id., *Medioevo volgare
            da Montecassino all'Umbria*, Bari, Adriatica, 1983(II ed.),
            pp. 179-181.
1965a   *Di un volgarizzamento pisano della «Practica Geometrie»*,
            (ora in Baldelli [1988, 49-72]).
1965b   *Sulla teoria linguistica di Dante*, in «Cultura e Scuola», 13-
            14, pp. 705-713.
1976   *Il «De vulgari eloquentia» e la poesia di Dante*, in «Nuove
            letture dantesche», VIII, pp. 241-258.
1978   *Lingua e stile delle opere in volgare di Dante*, in *ED*, App.,
            pp. 55-112.
1983   *Le lingue del Rinascimento da Dante alla prima metà del
            Quattrocento*, in «La rassegna della letteratura italiana», 87,
            pp. 5-28.
1987   *La letteratura volgare in Toscana dalle Origini ai primi decenni
            del secolo XIII*, in *LIE*, *Storia e geografia*, I (*L'età medievale*),
            pp. 65-77.
1988   *Conti, glosse e riscritture dal secolo XI al secolo XX*, Napoli,
            Morano.
1993   *Dai siciliani a Dante*, in Serianni e Trifone [1993-94, I (*I
            luoghi della codificazione*), pp. 581-609].
1994   *Lingua e poesia in Dante: il caso delle terze plurali non fio-
            rentine*, in «SLI», XX, pp. 157-160.
1996   *Dante e la lingua italiana*, Firenze, Accademia della Crusca.
1997a   *Le «fiche» di Vanni Fucci*, in «GSLI», CLXXIV, pp. 1-38.
1997b   *Letteratura e industria. Un caso esemplare, anzi apodittico:
            l'arsenale di Venezia e la «Commedia»*, in *Letteratura e Indu-
            stria*, Atti del XV Congresso AISLLI, Torino, 15-19 maggio
            1994, a cura di Giorgio Bàrberi Squarotti e Carlo Ossola,
            Firenze, Olschki, vol. I, pp. 7-23.
1999   *Dante e Francesca*, Firenze, Olschki.

Barański, Zygmunt G.
1991a   *«Comedia». Notes on Dante, the Epistle to Cangrande, and
            medieval comedy*, in «Lectura Dantis», VIII, pp. 26-55.
1991b   *«Primo tra cotanto senno»: Dante and the Latin comic tradi-
            tion*, in «Italian Studies», XLVI, pp. 1-31.
1997   (a cura di), *Seminario dantesco internazionale. Internatio-
            nal Dante Seminar 1*, Atti del primo convegno tenutosi al
            Chauncey Conference Center, Princeton, 21-23 ottobre 1994,
            Firenze, Le Lettere.

Barbarisi, Gennaro
1991   (a cura di), Giovanni della Casa, *Galateo*, Venezia, Marsilio.

Barbi, Michele
1921   (a cura di), *Rime dantesche*, in *Le opere di Dante*, Testo
         critico a cura della Società Dantesca Italiana, Firenze,
         Bemporad.
1932   (a cura di), *La Vita Nuova di Dante Alighieri*, Firenze, Bem-
         porad (I ed. Firenze, Società Dantesca Italiana, 1907).

Barbi, Michele e Maggini, Francesco
1956   (a cura di), *Rime della «Vita Nuova» e della giovinezza*, in
         Opere di Dante, Firenze, Le Monnier.

Barbi, Michele e Pernicone, Vincenzo
1969   (a cura di), *Rime della maturità e dell'esilio*, in *Opere di
         Dante*, Firenze, Le Monnier.

Bargagli Stoffi-Mühlethaler, Barbara
1986   «*Poeta*», «*Poetare*» e sinonimi. *Studio semantico su Dante e
         la poesia duecentesca*, in «SLeI», VIII, pp. 5-299.

Bartoli, Vittorio
2012   *Similitudini e metafore digestive e nutrizionali nel «Convivio»
         e nella «Commedia»*, in «La Cultura», L, 1, pp. 65-94.

Bartoli Langeli, Attilio
2000   *La scrittura dell'italiano*, Bologna, Il Mulino.

Bartoli, Vittorio e Ureni, Paola
2002   *La malattia di Maestro Adamo*, in «SD», LXVII, pp. 99-116.

Bec, Christian
1967   *Les marchands écrivains à Florence, 1375-1434*, Paris-La
         Haye, Mouton & Co.
1983   *I mercanti scrittori*, in *LIE*, II, *Produzione e consumo*, pp.
         269-297.

Beccaria, Gian Luigi
1975   *L'autonomia del significante. Figure del ritmo e della sintassi.
         Dante, Pascoli, D'Annunzio*, Torino, Einaudi.
1985   *Il linguaggio di Dante, la rima, e altro*, in «Letture classensi»,
         XIV, pp. 9-19.
2012   *Citazione e modelli culturali: Dante, «Vita nuova»*, in Id., *Alti
         su di me. Maestri e metodi, testi e ricordi*, Torino, Einaudi,
         pp. 230-260.

Bellomo, Saverio
1989   (a cura di), Filippo Villani, *Expositio seu Comentum super
         «Comedia» Dantis Allegherii*, Firenze, Le Lettere.
1990   (a cura di), Jacopo Alighieri, *Chiose all'«Inferno»*, Padova,
         Antenore.

2004a   Dizionario dei commentatori danteschi. Esegesi della «Com-
         media» da Iacopo Alighieri a Nidobeato, Firenze, Olschki.
2004b   Problemi di ecdotica: in margine a nuove edizioni critiche di
         opere dantesche, in Generi, architetture e forme testuali. Atti del
         VII Convegno SILFI, Roma, 1-5 ottobre 2002, a cura di Paolo
         D'Achille, Firenze, Franco Cesati Editore, II, pp. 503-510.
2004c   Il sorriso di Ilaro e la prima redazione in latino della «Com-
         media», in «Studi sul Boccaccio», XXXII, pp. 201-235.
2008   Filologia e critica dantesca, Brescia, La Scuola.

Beltrami, Pietro G.
1975   Primi appunti sull'arte del verso nella «Divina Commedia»,
         in «GSLI», CLII, pp. 1-32 (poi in Beltrami [1981, 39-65],
         col titolo Aspetti iterativi e figure del verso di Dante).
1981   Metrica, poetica, metrica dantesca, Pisa, Pacini.

Berisso, Marco
1999   Gestacci (a proposito di Inf., XXV, 1-3 e di una recente ipo-
         tesi), in «GSLI», CLXXVI, pp. 583-589.

Bertini Malgarini, Patrizia
1989   Il linguaggio medico e anatomico nelle opere di Dante, in
         «SD», LXI, pp. 29-108.

Bertuccelli Papi, Marcella
1995   «Che» nella prosa toscana del Due-Trecento: la prospettiva
         testuale, in M. Dardano e P. Trifone (a cura di), La sintassi
         dell'italiano letterario, Roma, Bulzoni, 1995, pp. 51-66.
1998   Dalla sintassi del discorso alla sintassi frasale: «che» («ché»?)
         e «perché» nella prosa toscana del '2-300, in Sintassi storica,
         Atti del XXX Congresso Internazionale della Società di
         Linguistica Italiana, Pavia, 26-28 settembre 1996, a cura di
         Paolo Ramat e Elisa Roma, Roma, Bulzoni, pp. 247-266.

Bigi, Emilio
1971   Canto XXX, in Lectura Dantis Scaligera, Inferno, Firenze,
         Le Monnier, pp. 1061-1090.

BIT   Biblioteca Italiana Telematica (http://cibit.unipi.it).

Black, Robert
2007   Education and Society in Florentine Tuscany: Teachers, Pupils
         and Schools, c. 1250-1500, Leiden-Boston, Brill.

Bologna, Corrado
1982   L'Ordine francescano e la letteratura nell'Italia pretridentina,
         in LIE, I, Il letterato e le istituzioni, pp. 729-797.
1986   Tradizione testuale e fortuna dei classici, in LIE, VI, Teatro,
         musica, tradizione dei classici, pp. 445-928 (poi Tradizione e
         fortuna dei classici italiani, Torino, Einaudi, 1993, 2 voll.).

Boschi Rotiroti, Marisa
2004   *Codicologia dantesca della «Commedia». Entro e oltre l'antica vulgata*, Roma, Viella.

Boyde, Patrick
1979   *Retorica e stile nella lirica di Dante* (1971), a cura di Corrado Calenda, Napoli, Liguori.

Braccini, Mauro
1978   *Paralipomeni al «personaggio-poeta» (Purgatorio XXVI 140-7)*, in AA.VV., *Testi e interpretazioni. Studi del Seminario di filologia romanza dell'Università di Firenze*, Milano-Napoli, Ricciardi, pp. 169-256.

Brambilla Ageno, Franca
1973   *Coordinazione di indicativo e congiuntivo in taluni tipi di secondarie presso Dante*, in Brambilla Ageno [1990, 218-227].
1990   *Studi danteschi*, Padova, Antenore.
1995   (a cura di), Dante Alighieri, *Convivio*, Firenze, Le Lettere, 2 voll. in 3 tomi.

Branca, Vittore
1965   *Un biadaiuolo lettore di Dante nei primi decenni del Trecento*, in AA.VV., *Studi in onore di Alfredo Schiaffini*, Roma, Edizioni dell'Ateneo, pp. 200-208.

Brugnolo, Furio
1983   *Sulla canzone trilingue «Aï faux ris» attribuita a Dante*, in Id., *Plurilinguismo e lirica medievale*, Roma, Bulzoni, pp. 105-165.
1987   *Le terzine della «Maestà» di Simone Martini e la prima diffusione della «Commedia»*, in «MR», XII, pp. 135-154.
1997   *«Voi che guardate...». Divagazioni sulla poesia per pittura del Trecento*, in *«Visibile parlare». Le scritture esposte nei volgari italiani dal Medioevo al Rinascimento*, Atti del Convegno Internazionale di Studi, Cassino-Montecassino, 26-28 ottobre 1992, a cura di Claudio Ciociola, Napoli, Esi, pp. 305-339.
2012   *Le Rime*, in AA.VV. [2012, 57-79].

Bruni, Francesco
1986   *Stabilità e mutamento nella storia dell'italiano*, in «SLI», XII, pp. 145-181.
1990   *Dalle Origini al Trecento*, in *Storia della civiltà letteraria italiana*, diretta a Giorgio Bàrberi Squarotti, vol. I (capp. 1-9, 11-14, 16), Torino, Utet.
1993   *«Istra»: una falsa ricostruzione dantesca?*, in AA.VV., *Omaggio a Gianfranco Folena*, Padova, Editoriale Programma, vol. I, pp. 419-428.
2002   *L'italiano letterario nella storia*, Bologna, Il Mulino.

2010   Italia. Vita e avventure di un'idea, Bologna, Il Mulino.
2012   (a cura di), Nota su la geografia di Dante nel «De vulgari eloquentia», in Fenzi [2012, 241-253].

Calderone, Giani
1971   «Alchìmia» sì, «alchimìa» no, in «LN», XXXII, pp. 124-125.

Calenda, Corrado
2012   La Vita nuova, in AA.VV. [2012, 37-55].

Camerani Marri, Giulia
1955   (a cura di), Statuti dell'arte del Cambio di Firenze (1299-1316), Firenze, Olschki.

Carmody, Francis J.
1948   (a cura di), Brunetto Latini, Li Livres dou Tresor, Berkeley-Los Angeles, University of California.

Carrai, Stefano
2006   Dante elegiaco. Una chiave di lettura per la «Vita nova», Firenze, Olschki.
2007   Quale lingua per la «Vita nova»? La restituzione formale di un testo paradigmatico, in «Filologia italiana», IV, pp. 39-49.
2009   (a cura di), Dante Alighieri, Vita Nova, Milano, Rizzoli.

Casapullo, Rosa
1999   Il Medioevo, Bologna, Il Mulino.

Castellani, Arrigo
1950   Un altro - L'atro, in Castellani [1980, I 248-253].
1952   (a cura di), Nuovi testi fiorentini del Dugento, Firenze, Sansoni, 2 voll.
1954   «GL» intervocalico in italiano, in Castellani [1980, I 213-221].
1957   Note sulla lingua degli Offici dei Flagellanti di Pomarance, in Castellani [1980, II 394-406].
1958   Frammenti d'un libro di conti di banchieri fiorentini del 1211. Nuova edizione e commento linguistico, in Castellani [1980, II 73-140].
1960a   Una particolarità dell'antico italiano: «igualmente» – «similemente», in Castellani [1980, I 254-279].
1960b   Il nesso «sj» in italiano, in Castellani [1980, I 222-244].
1961-64 Note su Miliadusso, in Castellani [1980, II 321-387].
1961-65- Sulla formazione del tipo fonetico italiano, in Castellani
76   [1980, I 73-122].
1963-64 Il più antico statuto dell'arte degli oliandoli di Firenze, in Castellani [1980, II 141-252].
1965   Pisano e lucchese, in Castellani [1980, I 283-326].
1967a   Italiano e fiorentino argenteo, in Castellani [1980, I 17-35].

1967b   *Dittongamento senese e dittongamento aretino nei dialetti dell'Italia mediana (in epoca antica)*, in Castellani [1980, I 358-422].

1968   *Una lettera pisana del 1323*, in Castellani [1980, II 303-320].

1976   *I più antichi testi italiani. Edizione e commento*, Bologna, Pàtron (II ed.).

1980   *Saggi di linguistica e filologia italiana e romanza (1946-1976)*, Roma, Salerno Editrice, 3 voll.

1982   *La prosa italiana delle origini, I. Testi toscani di carattere pratico, Trascrizioni*, Bologna, Pàtron.

1988   *Capitoli d'un'Introduzione alla grammatica storica italiana. IV: Mode settentrionali e parole d'oltremare*, in «SLI», XIV, pp. 145-190.

1989a   *Capitoli d'un'Introduzione alla grammatica storica italiana. IV: Mode settentrionali e parole d'oltremare (Continuazione)*, in «SLI», XV, pp. 3-64.

1989b   *Le «cruces» del «Fiore»*, in Castellani [2009, II 1076-1082].

1990   *Capitoli d'un'Introduzione alla grammatica storica italiana. V: Le varietà toscane nel Medioevo*, in «SLI», XVI, pp. 155-222.

1992   *Capitoli d'un'Introduzione alla grammatica storica italiana. V: Le varietà toscane nel Medioevo (Continuazione)*, in «SLI», XVIII, pp. 72-118.

1997   *La Toscana dialettale d'epoca antica*, in «SLI», XXIII, pp. 3-46, 219-254.

1998   *Sul codice Laurenziano Martelliano 12*, in Castellani [2009, II 902-915].

1999   *Da «sè» a «sei»*, in Castellani [2009, I 581-593].

2000   *Grammatica storica della lingua italiana. I. Introduzione*, Bologna, Il Mulino (si tiene conto delle correzioni apportate alla ristampa del 2001).

2002   *I più antichi ricordi del primo libro di memorie dei frati di penitenza di Firenze, 1281-7 (date della mano α)*, in Castellani [2009, II 924-948].

2009   *Nuovi saggi di linguistica e filologia italiana e romanza (1976-2004)*, a cura di Valeria Della Valle, Giovanna Frosini, Paola Manni, Luca Serianni, Roma, Salerno Editrice, 2 voll.

Castellani Pollidori, Ornella

1961   *Lieva-leva*, in «SLI», II, pp. 167-168 (poi in Castellani Pollidori [2004, 27-28]).

1996   (a cura di), Claudio Tolomei, *Il Cesano de la lingua toscana*, Firenze, Accademia della Crusca.

2001   *Nuova proposta per il 'lucchesismo' «grassarra» in «De vulg. el.», I XIII 2*, in «SLI», XXVII, pp. 3-12 (poi in Castellani Pollidori [2004, 268-277]).

2004   *In riva al fiume della lingua. Studi di linguistica e filologia (1961-2002)*, Roma, Salerno Editrice.

Cecchi, Elena
1972   *Nota di paleografia commerciale (per i secoli XIII-XVI)*, in Melis [1972, 563-575].

Cecchini, Enzo
1995   (a cura di), Dante Alighieri, *Epistola a Cangrande*, Firenze, Giunti.

Cella, Roberta
2000   *I gallicismi dell'italiano antico alla luce del corpus testuale del TLIO*, in Opera del Vocabolario italiano, Centro di Studi del Consiglio Nazionale delle Ricerche presso l'Accademia della Crusca, «Bollettino», V, pp. 357-383.
2003   *I gallicismi nei testi dell'italiano antico (dalle origini alla fine del sec. XIV)*, Firenze, Accademia della Crusca.
2007   *Anglismi e francesismi nel registro della filiale di Londra (1305-1308) di una compagnia mercantile senese*, in *Identità e diversità nella lingua e nella letteratura italiana*, Atti del XVIII Congresso dell'AISLLI (Leuven-Louvain-la-Neuve-Antwerpen-Bruxelles, 16-19 luglio 2003), a cura di Serge Vanvolsem *et al.*, Firenze, Franco Cesati Editore, vol. I, pp. 189-204.
2012   *I gruppi clitici nel fiorentino del Trecento*, in *Dizionari e ricerca filologica*. Atti della Giornata di Studi in memoria di Valentina Pollidori, Firenze, Villa Reale di Castello, 26 ottobre 2010, «Bollettino dell'Opera del vocabolario Italiano», Supplemento III, pp. 113-198.
2013   *La prosa narrativa. Dalle Origini al Settecento*, Bologna, Il Mulino.

Cernecca, Domenico
1966   *L'inversione del soggetto nella prosa della «Vita Nuova»*, in AA.VV. [1965-66, II 187-212].

Chiamenti, Massimiliano
1995   *Dante Alighieri traduttore*, Firenze, Le Lettere.
1998   (a cura di), *Comentum Petri Alagherii super poema Comedie Dantis*, tesi di dottorato in Filologia Dantesca, Firenze, Università degli Studi.

Chiavacci Leonardi, Anna Maria
1991-97   Dante Alighieri, *Commedia*, con il commento di Anna Maria Chiavacci Leonardi, Milano, Mondadori, 3 voll.
1998   *Parole del «Paradiso»*, in AA.VV., *Sotto il segno di Dante. Scritti in onore di Francesco Mazzoni*, a cura di Leonella Coglievina e Domenico De Robertis, Firenze, Le Lettere, pp. 99-103.

Cicchetti, Angelo e Mordenti, Raul
1984   *La scrittura dei libri di famiglia*, *LIE*, III, *Le forme del testo*,
         2, *La prosa*, pp. 1117-1159.

Ciociola, Claudio
2001   *Dante*, in *SLIS*, X (*La tradizione dei testi*: vol. coord. da
         Claudio Ciociola), pp. 137-199.

Cioffari, Vincenzo
1974   (a cura di), Guido da Pisa, *Expositiones et Glose super
         «Comediam» Dantis or Commentary on Dante's «Inferno»*,
         Albany (NY), State University of New York Press.

CLPIO   *Concordanze della lingua poetica italiana delle origini*, a cura
         di D'Arco Silvio Avalle e con il concorso dell'Accademia
         della Crusca, vol. I, Milano-Napoli, Ricciardi, 1992.

Coglievina, Leonella
2005   (a cura di), Dante Alighieri, *De vulgari eloquentia*, in Dante
         Alighieri, *Le Opere latine*, Roma, Salerno Editrice, pp. 3-247.

Coletti, Vittorio
1991   Dante Alighieri, *De vulgari eloquentia*, Introduzione, tradu-
         zione e note di Vittorio Coletti, Milano, Garzanti.
1993   *Storia dell'italiano letterario. Dalle origini al Novecento*,
         Torino, Einaudi.

Colombo, Manuela
1987   *Dai mistici a Dante: il linguaggio dell'ineffabilità*, Firenze,
         La Nuova Italia.

Coluccia, Rosario
2009   *Trasmissione del testo e variazione: qualche appunto sulla
         fenomenologia dei processi e sulle scelte degli editori*, in
         «Medioevo letterario d'Italia», 6, pp. 9-23.
2012   *Sul testo della «Divina Commedia»*, in «Medioevo letterario
         d'Italia», 9, pp. 35-48.

Contini, Gianfranco
1939   *Introduzione alle «Rime» di Dante*, in Contini [1976, 3-20].
1947   *Esercizio d'interpretazione sopra un sonetto di Dante*, in
         Contini [1976, 21-32].
1955   *Sul XXX dell'Inferno*, in Contini [1976, 159-170].
1958   *Dante come personaggio-poeta della «Commedia»*, in Contini
         [1976, 33-62].
1960   (a cura di), *Poeti del Duecento*, Milano-Napoli, Ricciardi, 2 voll.
1961   *Esperienze d'un antologista del Duecento poetico italiano*, in *Studi
         e problemi di critica testuale*, Convegno di Studi di Filologia
         italiana nel Centenario della Commissione per i testi di lingua
         (7-9 aprile 1960), Bologna, Commissione per i testi di lingua,
         pp. 241-272 (ora in Contini [2007, I 155-187]).

1965a   *Un'interpretazione di Dante*, in Contini [1976, 69-111].
1965b   *Filologia ed esegesi dantesca*, in Contini [1976, 113-142].
1965c   *La questione del «Fiore»*, in «Cultura e Scuola», IV, nn. 13-
         14, pp. 768-773.
1966   *Stilemi siciliani nel «Detto d'Amore»*, in Contini [1976, 237-
         243].
1970   *Letteratura italiana delle origini*, Firenze, Sansoni.
1975   *Postilla* a Contini 1947, in Contini [1976, 29-31].
1976   *Un'idea di Dante. Saggi danteschi*, Torino, Einaudi.
1984   (a cura di), *Il Fiore e Il Detto d'Amore* attribuibili a Dante
         Alighieri, Milano, Mondadori.
2007   *Frammenti di filologia romanza. Scritti di ecdotica e linguistica
         (1932-1989)*, a cura di Giancarlo Breschi, Firenze, SISMEL
         - Edizioni del Galluzzo, 2 voll.

Cordié, Carlo
1972   *Alchìmia*, in «LN», XXXIII, p. 50.

Corpus TLIO: v. TLIO.

Corrado, Massimiliano
2012   *L'«Expositione» dantesca di frate Accursio Bonfantini*, in
         AA.VV. [2012, 237-264].

Cortelazzo, Manlio
1980   *I dialetti e la dialettologia in Italia (fino al 1800)*, Tübingen,
         Narr.
1988   *Ripartizione dialettale*, in LRL [1988, 445-453].

Corti, Maria
1960   *Emiliano e veneto nella tradizione manoscritta del «Fiore di
         virtù»*, in Corti [1989, 177-216].
1982   *Dante a un nuovo crocevia*, Firenze, Le Lettere.
1983   *La felicità mentale. Nuove prospettive per Cavalcanti e Dante*,
         Torino, Einaudi.
1989   *Storia della lingua e storia dei testi*, con una Bibliografia a
         cura di Rossana Saccani, Milano-Napoli, Ricciardi.
1992   *«De Vulgari Eloquentia» di Dante Alighieri*, in LIE, Le opere,
         I, pp. 187-209.
1993   *Percorsi dell'invenzione. Il linguaggio poetico e Dante*, Torino,
         Einaudi.

Costa, Gustavo
1966   *Il canto XXXI del Paradiso*, in «L'Alighieri», 8, n.s., XXXVII,
         pp. 57-85.

Crespo, Roberto
1973   *Il proemio di «Donne ch'avete intelletto d'amore»*, in AA.VV.,
         *Studi di filologia e di letteratura italiana offerti a Carlo Dio-
         nisotti*, Milano-Napoli, Ricciardi, pp. 3-13.

D'Achille, Paolo
1990   *Sintassi del parlato e tradizione scritta della lingua italiana*, Roma, Bonacci.

D'Alfonso, Rossella
1982   *«Comico» e «commedia»: appunti sul titolo del poema dantesco*, in «Filologia e critica», VII, pp. 3-41.

Dardano, Maurizio
2012   (a cura di), *Sintassi dell'italiano antico. La prosa del Duecento e del Trecento*, Roma, Carocci.

Davis, Charles T.
1965   *L'istruzione a Firenze nel tempo di Dante*, in Id., *L'Italia di Dante*, Bologna, Il Mulino, 1988, pp. 135-166.

Debenedetti, Santorre
1906-07 *Sui più antichi «doctores puerorum» a Firenze*, in «SM», 2, pp. 327-351.

DELI   Manlio Cortelazzo e Paolo Zolli, *Dizionario etimologico della lingua italiana*, Bologna, Zanichelli, 1979-88, 5 voll. (nuova ed. in vol. unico: *Il nuovo etimologico*, a cura di Manlio Cortelazzo e Michele A. Cortelazzo, Bologna, Zanichelli, 1999).

Della Vedova, Roberto e Silvotti, Maria Teresa
1978   (a cura di), *Il «Commentarium» di Pietro Alighieri nelle redazioni Ashburnhamiana e Ottoboniana*, Firenze, Olschki.

Del Popolo, Concetto
1990   *Lingua e stile del «De vulgari eloquentia»: un esempio di latino medievale*, in Marazzini e Del Popolo [1990, XXXI-XLVII].

De Robertis, Domenico
1970   *Il libro della «Vita Nuova»*, Firenze, Sansoni (I ed. 1961).
1986   (a cura di), Guido Cavalcanti, *Rime. Con le rime di Iacopo Cavalcanti*, Torino, Einaudi.
1996   *Dati sull'attribuzione a Dante del discordo trilingue «Aï faux ris»*, in AA.VV., *Studi di filologia medievale offerti a D'Arco Silvio Avalle*, Milano-Napoli, Ricciardi, pp. 125-145.
2001   *Cominciare con Dante*, in «Per leggere. I generi della lettura», I, 1, pp. 5-16.
2002   (a cura di), Dante Alighieri, *Rime*, Firenze, Le Lettere, 3 voll. in 5 tomi.
2005a   Dante Alighieri, *Rime*, ed. commentata a cura di D. De Robertis, Firenze, SISMEL - Edizioni del Galluzzo.
2005b   *Le Rime alla visita di controllo*, in «SD», LXX, pp. 139-154.

Dionisotti, Carlo
1966   (a cura di), Pietro Bembo, *Prose e Rime*, Torino, Utet (II ed.).

Di Pretoro, Piero Adolfo
1970   *Innovazioni lessicali nella «Commedia»*, in «Rendiconti dell'Accademia Nazionale dei Lincei», Classe di scienze morali, storiche e filologiche, XXV, pp. 1-35.

D'Ovidio, Francesco
1910   *Sul trattato «De vulgari eloquentia» di Dante Alighieri*, in Id., *Versificazione romanza. Poetica e poesia medioevale*, II parte, Napoli, Guida, 1932, pp. 217-332.

Durante, Marcello
1981   *Dal latino all'italiano moderno, Saggio di storia linguistica e culturale*, Bologna, Zanichelli.

ED   *Enciclopedia Dantesca*, Roma, Istituto della Enciclopedia italiana, 1970-78, 6 voll. (con la sigla *App.* ci si riferisce al vol. VI: *Appendice: Biografia, Lingua e stile, Opere*).

Fasani, Remo
2004   *Metrica, lingua e stile del «Fiore»*, Firenze, Franco Cesati Editore.

Fenzi, Enrico
2012   (a cura di), con la collaborazione di Luciano Formisano e Francesco Montuori, *De vulgari eloquentia*, in NECOD, III, Roma, Salerno Editrice.

Feola, Francesco
2008   *Gli esordi della geometria in volgare. Un volgarizzamento trecentesco della «Practica Geometriae» di Leonardo Pisano*, Firenze, Accademia della Crusca.

FEW   Walther von Wartburg, *Französisches etymologisches Wörterbuch*, Bonn-Berlino-Basilea, 1928 e ss.

Fiorelli, Piero
1994   *La lingua del diritto e dell'amministrazione*, in Serianni e Trifone [1993-94, II (*Scritto e parlato*), pp. 553-597].

Folena, Gianfranco
1965   *La tradizione delle opere di Dante Alighieri*, in AA.VV. [1965-66, I 1-78].
1969   *Geografia linguistica e testi medievali*, in AA.VV., *Gli atlanti linguistici. Problemi e risultati*, Roma, Accademia Nazionale dei Lincei, pp. 197-222.
1991   *Dante e la teoria degli stili: dal «De vulgari eloquentia» all'«Epistola XIII»*, in AA.VV., *Miscellanea di studi in onore di M. Pecoraro*, a cura di Bianca Maria Da Rif e Claudio Griggio, Firenze, Olschki, pp. 1-30.

Formisano, Luciano
2012   (a cura di), *Il Fiore e il Detto d'Amore*, in *NECOD*, VII, *Opere di dubbia attribuzione e altri documenti danteschi*, tomo I, Roma, Salerno Editrice.

Franceschini, Fabrizio
1995   *Il commento dantesco del Buti nel tardo Trecento e nel Quattrocento: tradizione del testo, lingua, società*, in «Bollettino Storico Pisano», XLIV, pp. 45-114.
1998a   *Commenti danteschi e geografia linguistica*, in *Italica Matritensia*, Atti del IV Convegno SILFI, Madrid, 27-29 giugno 1996, a cura di María Teresa Navarro Salazar, Firenze, Franco Cesati Editore, pp. 213-231.
1998b   *La prima stesura del commento del Buti al «Paradiso» in un codice appartenuto agli Appiani (Well 1036 - Piac. 544)*, in «Nuova rivista di letteratura italiana», I, 1, pp. 209-244.

Franci, Raffaella
1988   *L'insegnamento della matematica in Italia nel Tre-Quattrocento*, in «Archimede», 40, pp. 182-194.

Frasca, Gabriele
1992   *La furia della sintassi. La sestina in Italia*, Napoli, Bibliopolis.

Frosini, Giovanna
2001   *Appunti sulla lingua del canzoniere Laurenziano*, in Leonardi [2000-01, IV 247-297].

Garavelli, Bianca
1982   *Presenze di sintassi poetica nella prosa della «Vita Nuova»*, in «Strumenti critici», 49, pp. 312-348.

GDLI   *Grande dizionario della lingua italiana*, a cura di Salvatore Battaglia, Torino, Utet, 1961-02, 21 voll.

Gensini, Sergio
1988   (a cura di), *La Toscana nel secolo XIV. Caratteri di una civiltà regionale*, Pisa, Pacini.

Geymonat, Francesca
2007   *Sulla lingua di Francesco di ser Nardo*, in Trovato [2007a, 331-386].

Giannini, Crescentino
1858-62   (a cura di), *Commento di Francesco da Buti sopra la Divina Comedia di Dante Allighieri*, Pisa, Nistri, 3 voll. (ristampa anastatica: Pisa, Nistri-Lischi, 1989).

Giunta, Claudio
2011   (a cura di), Dante Alighieri, *Rime*, in Dante Alighieri, *Opere*, edizione diretta da Marco Santagata, vol. I, Milano, Mondadori, pp. 3-744.

Gorni, Guglielmo
1996   (a cura di), Dante Alighieri, *Vita Nova*, Torino, Einaudi.
1998   *Restituzione formale dei testi volgari a tradizione plurima. Il caso della «Vita Nova»*, in «SFI», LVI, pp. 5-30.
2000   *Per la «Vita Nova»*, in «SFI», LVIII, pp. 29-48.
2011   (a cura di), Dante Alighieri, *Vita Nova*, in Dante Alighieri, *Opere*, edizione diretta da Marco Santagata, vol. I, Milano, Mondadori, pp. 745-1063.

Grayson, Cecil
1963   *Dante e la prosa volgare*, in Grayson [1972, 33-60].
1972   *Cinque saggi su Dante*, Bologna, Pàtron.

«GSLI»   «Giornale storico della letteratura italiana».

Gualdo, Riccardo e Palermo, Massimo
2001   *La prosa del Trecento*, in *SLIS*, X (*La tradizione dei testi*: vol. coord. da Claudio Ciociola), pp. 359-414.

Guazzelli, Francesca
1996   *Alle origini della sonorizzazione delle occlusive sorde intervocaliche*, in «ID», LIX, pp. 7-88.

Herczeg, Giulio
1972   *Saggi linguistici e stilistici*, Firenze, Olschki.

Herlihy, David e Klapisch Zuber, Christiane
1978   *I toscani e le loro famiglie. Uno studio sul catasto fiorentino del 1427*, Bologna, Il Mulino.

Hollander, Robert
1993   *Le opere di Virgilio nella «Commedia» di Dante*, in AA.VV., *Dante e la «bella scola» della poesia*, a cura di Amilcare A. Iannucci, Ravenna, Longo, pp. 247-343.

Holtus, Günter e Radtke, Edgar
1985   *Gesprochenes Italienisch in Geschichte und Gegenwart*, Tübingen, Narr.

«ID»   «L'Italia dialettale».

Inglese, Giorgio
1998   Dante Alighieri, *L'eloquenza in volgare*, testo latino a fronte, Introduzione, traduzione e note di Giorgio Inglese, Milano, Rizzoli (II ed. 2002).
2002   *Per il testo della «Commedia» di Dante*, in «La Cultura», XL, 3, pp. 483-505.
2007   Dante Alighieri, *Commedia. Inferno*, revisione del testo e commento di Giorgio Inglese, Roma, Carocci.
2011   Dante Alighieri, *Commedia. Purgatorio*, revisione del testo e commento di Giorgio Inglese, Roma, Carocci.

Inglese, Giorgio e Motolese, Matteo
2007   *Note di grammatica storica*, in Inglese [2007, 389-399].

Lacaita, Jacopo Filippo
1887   (a cura di), *Benvenuti de Rambaldis de Imola Comentum super Dantis Aldigherij Comoediam*, Firenze, Barbèra, 5 voll.

Lannutti Maria Sofia
2000   *«Ars» e «scientia», «actio» e «passio». Per l'interpretazione di alcuni passi del «De vulgari eloquentia»*, in «SM», s. III, XLI, pp. 1-38.
2008   *Intertestualità, imitazione metrica e melodia nella lirica romanza delle origini*, in «MR», XXXII, pp. 3-28.

Lanza Antonio
1996   (a cura di), Dante Alighieri, *La Commedìa. Nuovo testo critico secondo i più antichi manoscritti fiorentini*, Anzio, De Rubeis.

Larson Pär
2001   *Appunti sulla lingua del canzoniere Vaticano*, in Leonardi [2000-01, IV 57-103].

Leonardi, Lino
2000-01 (a cura di), *I Canzonieri della lirica italiana delle Origini*, I. *Il canzoniere Vaticano*, II. *Il canzoniere Laurenziano*, III. *Il canzoniere Palatino*, IV. *Studi critici*, Firenze, SISMEL - Edizioni del Galluzzo.
2001   *Cavalcanti, Dante e il nuovo stile*, in AA.VV. [2001b, 331-354].
2009   *Il testo di Dante in discussione*, in *Dante nelle scuole*, Atti del Convegno di Siena (8-10 marzo 2007), a cura di Natascia Tonelli e Alessio Milani, Firenze, Franco Cesati Editore, pp. 151-160.

Leoncini, Letizia
2007   *La «concinnitas» nella prosa di Dante. Da Cicerone ad Agostino, al di là (e al di qua) dell'«Ars dictaminis»*, in «Aevum. Rassegna di scienze storiche, linguistiche e filologiche», 81, 2, pp. 523-557.

Lepschy, Giulio Cesare
1965   *[k] e [c]*, in Id., *Saggi di linguistica italiana*, Bologna, Il Mulino, 1978, pp. 217-229.

Levy, Emil
1894-24 *Provenzalisches Supplement-Wörterbuch*, Leipzig, Reisland, 8 voll.
«LI»   «Lettere italiane».

Librandi, Rita
1988   Dal cuore all'anima nella lirica di Dante e Petrarca, in Bruni
        [1988, 119-180].

Lichem, Klaus
1984   Cenni su Dante e la «lingua parlata», in AA.VV., Dante e
        il mondo slavo, Zagreb, Academia Scientiarum et Artium
        Slavorum Meridionalium, II, pp. 777-786.

LIE   Letteratura italiana, diretta da Alberto Asor Rosa, Torino,
        Einaudi, 1982-91, 11 voll.

Lisio, Giuseppe
1902   L'arte del periodo nelle opere volgari di Dante Alighieri e del
        secolo XIII, Bologna, Zanichelli.

LIZ   Letteratura Italiana Zanichelli. Cd-rom dei testi della Let-
        teratura Italiana, a cura di Pasquale Stoppelli ed Eugenio
        Picchi, Bologna, Zanichelli, 2001 (IV ed.).

«LN»   «Lingua nostra».

Longoni, Anna
1991   La travagliata struttura del «Convivio», in «Strumenti critici»,
        LXV, pp. 147-170.

Lo Piparo, Franco
1983   Dante linguista anti-modista, in AA.VV., Italia linguistica:
        idee, storia, strutture, a cura di Federico Albano Leoni et
        al., Bologna, Il Mulino, pp. 9-30.

Lovera, Luciano, Bettarini, Rosanna e Mazzarello, Anna
1975   (a cura di) Concordanza della «Commedia» di Dante Alighieri,
        Torino, Einaudi, 3 voll.

LRL
1988   Lexikon der Romanistischen Linguistik, Herausgegeben von
        Günter Holtus, Michael Metzeltin, Christian Schmitt, IV
        (Italienisch, Korsisch, Sardisch), Tübingen, Max Niemeyer
        Verlag.
1995   Lexikon der Romanistischen Linguistik, Herausgegeben von
        Günter Holtus, Michael Metzeltin, Christian Schmitt, II, 2
        (Die einzelnen romanischen Sprachen und Sprachgebiete vom
        Mittelalter bis zur Renaissance), Tübingen, Max Niemeyer
        Verlag.

Mäder, Rolf Christian
1968   Le proposizioni temporali in antico toscano (sec. XIII-XIV),
        Berna, Herbert Lang & Co SA.

Maierù, Alfonso
1983   Dante al crocevia?, in «SM», s.III, XXIV, pp. 735-748.

1984   *Il testo come pretesto*, in «SM», s.III, XXV, pp. 847-855.

Malato, Enrico
1999   *Dante*, Roma, Salerno Editrice (ed. riveduta di *Dante*, in
        SLIS, I [*Dalle origini a Dante*], 1995, pp. 773-1050).
2001   *Il mito di Dante dal Tre al Novecento*, in AA.VV. [2001a, I 3-39].
2004   *Per una nuova edizione commentata delle Opere di Dante*, in
        «Rivista di Studi Danteschi», IV, pp. 3-160.
2007   *Saggio di una nuova edizione commentata delle Opere di
        Dante, 1. Il canto I dell'Inferno*, Roma, Salerno Editrice.

Malato, Enrico e Mazzucchi, Andrea
2011   (a cura di), *Censimento dei commenti danteschi. 1. I com-
        menti di tradizione manoscritta (fino al 1480)*, Roma, Salerno
        Editrice, 2 voll.

Maldina, Nicolò
2008   *Gli studi sulle similitudini di Dante: in margine alla ristampa
        de «Le similitudini dantesche» di Luigi Venturi*, in «L'Ali-
        ghieri», n.s., 32, pp. 139-154.
2009   *Osservazioni sulla struttura delle similitudini e sulle modalità
        di descrizione nella «Commedia»*, in «L'Alighieri», n.s., 34,
        pp. 65-92.

Manni, Paola
1978   *Il libro del dare e dell'avere dei figli di Stefano Soderini
        (1306-1325)*, in «SFI», XXXVI, pp. 67-155.
1979   *Ricerche sui tratti fonetici e morfologici del fiorentino quat-
        trocentesco*, in «SGI», VIII, pp. 115-171.
1990   (a cura di), *Testi pistoiesi della fine del Dugento e dei primi
        del Trecento*, Firenze, Accademia della Crusca.
1991   ⟨*Th*⟩=/*z*/, in «SLI», XVII, pp. 173-187.
1994a   *Dal toscano all'italiano letterario*, in Serianni e Trifone [1993-
        94, II (*Scritto e parlato*), pp. 321-342].
1994b   *Toscana*, in Serianni e Trifone [1993-94, III (*Le altre lingue*),
        pp. 294-329].
2001   *La matematica in volgare nel Medioevo (con particolare
        riguardo al linguaggio algebrico)*, in *Le Parole della Scienza.
        Scritture tecniche e scientifiche in volgare (secoli XIII-XV)*,
        Atti del Convegno (Lecce, 16-18 aprile 1999), a cura di
        Riccardo Gualdo, Galatina, Congedo Editore, pp. 127-152.
2003   *Il Trecento toscano. La lingua di Dante, Petrarca e Boccaccio*,
        Bologna, Il Mulino.

Manzoni, Alessandro
1868   *Lettera intorno al libro «De vulgari eloquio» di Dante Alighieri*,
        in Id., *Scritti linguistici*, a cura di Maurizio Vitale, Torino,
        Utet, 1990, pp. 601-618.

Maraschio, Nicoletta
1992   (a cura di), *Trattati di fonetica del Cinquecento*, Firenze, Accademia della Crusca.

Marazzini, Claudio
1990   *Il «De vulgari eloquentia» nella tradizione linguistica italiana*, in Marazzini e Del Popolo [1990, VII-XXIX].
1993   *Le teorie*, in Serianni e Trifone [1993-94, I (*I luoghi della codificazione*), pp. 231-329].
1999   *Da Dante alla lingua selvaggia. Sette secoli di dibattiti sull'italiano*, Roma, Carocci.

Marazzini, Claudio e Del Popolo, Concetto
1990   (a cura di), Dante Alighieri, *De vulgari eloquentia*, Milano, Mondadori.

Marrani, Giuseppe
1999   *I sonetti di Rustico Filippi*, in «SFI», LVII, pp. 33-195.

Masini, Andrea
1990   *Lettura linguistica di «Così nel mio parlar voglio esser aspro»*, in «SD», LXII, pp. 289-322.

Mazzocco, Angelo
1993   *Linguistic Theories in Dante and the Humanists. Studies of Language and Intellectual History in Late Medieval and Early Renaissance Italy*, Leiden-New York-Koln, Brill.

Mazzoni, Francesco
1965   *La critica dantesca del secolo XIV*, in «Cultura e Scuola», IV, 13-14, pp. 285-297.

Mazzucchi, Andrea
1995   *Dante e la prosa dottrinale in volgare (lessico, sintassi, stile)*, in AA.VV., *Dante e la scienza*, a cura di Patrick Boyde e Vittorio Russo, Ravenna, Longo, pp. 337-350 (poi in Mazzucchi [2004, 11-41], in forma ampliata e col titolo *Funzioni e formalizzazioni polivalenti nella prosa del «Convivio» (lessico, sintassi, stile)*).
2001   *Le «fiche» di Vanni Fucci (Inf., XXV 1-3)*, in «Rivista di studi danteschi», I, pp. 302-315 (poi in Mazzucchi [2004, 127-144]).
2002   (a cura di), *Chiose Filippine. Ms. CF 2 16 della Bibl. Oratoriana dei Girolamini di Napoli*, Roma, Salerno Editrice.
2003   *Strategie patetiche ed emotive nella prosa scientifico-dottrinale del «Convivio»*, in Mazzucchi [2004, 42-70].
2004   *Tra «Convivio» e «Commedia». Sondaggi di filologia e critica dantesca*, Roma, Salerno Editrice.
2012   *Per una nuova edizione commentata del «Convivio»*, in AA.VV. [2012, 81-107].

Melis, Federigo
1972   *Documenti per la storia economica dei secoli XIII-XVI*, con una nota paleografica di Elena Cecchi, Firenze, Olschki.

Mengaldo, Pier Vincenzo
1966   *L'elegia «umile» (De vulgari eloquentia II iv 5-6)*, in Mengaldo [1978b, 200-222].
1968   *Introduzione al «De vulgari eloquentia»*, in Mengaldo [1978b, 11-123].
1978a   *Appunti sul canto XXVI del «Paradiso»*, in Mengaldo [1978b, 223-246].
1978b   *Linguistica e retorica di Dante*, Pisa, Nistri-Lischi.
1979   (a cura di), Dante Alighieri, *De Vulgari Eloquentia*, in Dante Alighieri, *Opere minori*, tomo II, a cura di Pier Vincenzo Mengaldo, Bruno Nardi, Arsenio Frugoni, Giorgio Brugnoli, Enzo Cecchini, Francesco Mazzoni, Milano-Napoli, Ricciardi, pp. 1-237.
1983   Recensione a Corti [1982], in «Italienische Studien», VI, pp. 187-191.
1989   *Un contributo all'interpretazione di «De vulgari eloquentia» I, i-ix*, in «Belfagor», XLIV, pp. 539-558.
1997   *Dante come critico*, in «La parola del testo», I, pp. 36-54.
2001   *Una nuova edizione della «Commedia»*, in «La parola del testo», V, pp. 279-289.

Mezzadroli, Giuseppina
1992   *Rassegna di alcuni commenti trecenteschi alla «Commedia»*, in «LI», XLIV, pp. 130-173.

Miglio, Luisa
1978   *Domenico Lenzi: tra mercatura e poesia*, in «Modern Language Notes», XCIII, pp. 109-130.
2001   *Lettori della «Commedia»: i manoscritti*, in AA.VV. [2001a, I 295-323].

Migliorini, Bruno
1978   *Storia della lingua italiana*, Firenze, Sansoni, V ed. (I ed. Firenze, 1960).

Minio Paluello, Lorenzo
1973   *«Antomata», Purg. X, 128, e i testi latini della biologia di Aristotele*, in «SD», L, pp. 111-150.

Montuori, Francesco
2012   (a cura di), *De la volgare eloquenzia di Dante, Volgarizzamento di Giovan Giorgio Trissino*, in NECOD, III, *De vulgari eloquentia*, a cura di Enrico Fenzi, con la collaborazione di Luciano Formisano e Francesco Montuori, Roma, Salerno Editrice, pp. 441-596.

Morgana, Silvia
1994   L'influsso francese, in Serianni e Trifone [1993-94, III (Le altre lingue), pp. 671-719].

Morino, Alberto
1997   (a cura di), Restoro d'Arezzo, La Composizione del Mondo, Parma, Guanda.
«MR»   «Medioevo romanzo».

NECOD   Nuova Edizione Commentata delle Opere di Dante, a cura del Centro Pio Rajna, Roma, Salerno Editrice.

Nencioni, Giovanni
1953-54 Un caso di polimorfia della lingua letteraria dal secolo XIII al secolo XVI, in Id., Saggi di lingua antica e moderna, Torino, Rosenberg & Sellier, 1989, pp. 11-188.
1960   Filologia e lessicografia a proposito della «variante», in Nencioni [1983a, 57-66].
1963   Note dantesche, in «SD», XL, pp. 7-56 (in parte ripubblicato in Nencioni [1983a, 67-91]).
1967   Dante e la retorica, in Nencioni [1983b, 108-131].
1983a   Di scritto e di parlato. Discorsi linguistici, Bologna, Zanichelli.
1983b   Tra grammatica e retorica. Da Dante a Pirandello, Torino, Einaudi.
1989   Il contributo dell'esilio alla lingua di Dante, in Dante e le città dell'esilio, Atti del Convegno Internazionale di Studi, Ravenna (11-13 settembre 1987), Direzione scientifica Guido di Pino, Ravenna, Longo, pp. 177-198 (poi in Nencioni [2000, 3-21]).
1990   Struttura, parola (e poesia) nella «Commedia». Impressioni di una lettura postrema, in «SD», LXII, pp. 1-37 (poi in Nencioni [2000, 23-49]).
2000   Saggi e memorie, Pisa, Scuola Normale Superiore.

Olrog Hedvall, Yvonne
1995   (a cura di), Giordano Ruffo, Lo libro dele marescalcie dei cavalli. Trattato veterinario del Duecento, Stockholm, Stockholms Universitet.

Opere
2012   Le Opere di Dante, Testi critici a cura di F. Brambilla Ageno, G. Contini, D. De Robertis, G. Gorni, F. Mazzoni, R. Migliorini Fissi, P.V. Mengaldo, G. Petrocchi, E. Pistelli, P. Shaw, riveduti da Domenico De Robertis e Giancarlo Breschi, con il CD-rom delle Concordanze e del Rimario, Firenze, Polistampa.

Ossola, Carlo
2011   (a cura di), Dante Alighieri, *Divina Commedia*, Roma, Istituto della Enciclopedia Italiana.

Paccagnella, Ivano
1994   *Uso letterario dei dialetti*, in Serianni e Trifone [1993-94, III (*Le altre lingue*), pp. 495-539].

Padoan, Giorgio
1965   (a cura di), Giovanni Boccaccio, *Esposizioni sopra la Commedia di Dante*, in *Tutte le opere di Giovanni Boccaccio*, a cura di Vittore Branca, Milano, Mondadori, vol. VI.

Pagani, Ileana
1982   *La teoria linguistica di Dante*, Napoli, Liguori.

Pagliaro, Antonino
1956   *Nuovi saggi di critica semantica*, Messina-Firenze, D'Anna.
1961   *Altri saggi di critica semantica*, Messina-Firenze, D'Anna.
1965   *Dialetti e lingue nell'Oltretomba*, in AA.VV., *Dante nella critica d'oggi*, a cura di Umberto Bosco, Firenze, Le Monnier, pp. 254-270.

Pandimiglio, Leonida
1987   *Ricordanza e libro di famiglia. Il manifestarsi di una nuova fonte*, in «LI», XXXIX, pp. 3-19.

Paolazzi, Carlo
1979   *Le letture dantesche di Benvenuto da Imola a Bologna e a Ferrara e le redazioni del suo «Comentum»*, in Paolazzi [1989, 223-276].
1983   *Petrarca, Boccaccio e il «Trattatello in laude di Dante»*, in Paolazzi [1989, 131-221].
1989   *Dante e la «Comedia» nel Trecento. Dall'Epistola a Cangrande all'età di Petrarca*, Milano, Vita e pensiero, Pubblicazioni della Università Cattolica del Sacro Cuore.

Parodi, Ernesto Giacomo
1889   *Dialetti toscani*, in «Romania», XVIII, pp. 590-625.
1896   *La rima e i vocaboli in rima nella «Divina Commedia»*, in Parodi [1957, II 203-284].
1902   *L'arte del periodo nelle opere volgari di Dante*, in Parodi [1957, II 301-328].
1915   Recensione a *Le Opere minori di Dante Alighieri ad uso delle scuole*, con annotazioni di Francesco Flamini (Livorno, R. Giusti, 1910), in «Bullettino della Società Dantesca Italiana», XXII, pp. 265-269.
1916   *Note per un commento alla «Divina Commedia»*, in Parodi [1957, II 329-398].

1922   *Il Fiore e il Detto d'Amore*, con note al testo, glossario e indici, Firenze, Bemporad.

1957   *Lingua e letteratura. Studi di Teoria linguistica e di Storia dell'italiano antico*, a cura di Gianfranco Folena con un saggio introduttivo di Alfredo Schiaffini, Venezia, Neri Pozza, 2 voll.

Parodi, Ernesto Giacomo e Pellegrini, Flaminio

1921   (a cura di), Dante Alighieri, *Convivio*, in *Le Opere di Dante*, Testo critico della Società Dantesca Italiana, Firenze, Società Dantesca Italiana (Bemporad).

Parronchi, Alessandro

1960   *La perspettiva dantesca*, in «SD», XXXVI, pp. 5-103.

Patota, Giuseppe

1984   *Ricerche sull'imperativo con pronome atono*, in «SLI», X, pp. 173-246.

Pazzaglia, Mario

1968   *Note sulla metrica delle prime canzoni dantesche*, in «Lingua e Stile», III, pp. 319-331.

Perrus, Claude

2000   *Canto XXX*, in AA.VV., *Lectura Dantis Turicensis*, a cura di Georges Güntert e Michelangelo Picone, *Inferno*, Firenze, Franco Cesati Editore, pp. 425-436.

Petrocchi, Giorgio

1966-67 (a cura di), Dante Alighieri, *La Commedia secondo l'antica vulgata*, Milano, Mondadori, 4 voll.

1985   *Vulgata e tradizioni regionali*, in AA.VV., *La critica del testo. Problemi di metodo ed esperienze di lavoro*, Roma, Salerno Editrice, pp. 113-126.

1987   *La Toscana del Duecento*, in LIE, *Storia e geografia*, I (*L'età medievale*), pp. 192-203.

1994   (a cura di), Dante Alighieri, *La Commedia secondo l'antica vulgata*, Firenze, Le Lettere, 4 voll. («Seconda ristampa riveduta» di Petrocchi 1966-67).

Petrucci, Armando

2001   *Le mani e le scritture del canzoniere Vaticano*, in Leonardi [2000-01, IV 25-41].

Petrucci, Armando e Miglio, Luisa

1988   *Alfabetizzazione e organizzazione scolastica nella Toscana del XIV secolo*, in Gensini [1988, 465-484].

Pinto, Giuliano

1978   *Il libro del Biadaiolo. Carestie e annona a Firenze dalla metà del '200 al 1348*, Firenze, Olschki.

Pisoni, Pier Giacomo e Bellomo, Saverio
1998   (a cura di), Guglielmo Maramauro, *Expositione sopra l'«Inferno» di Dante Alighieri*, Padova, Antenore.

Pistolesi, Elena
2001   *Con Dante attraverso il Cinquecento: il «De vulgari eloquentia» e la Questione della lingua*, in «Rinascimento», XL, pp. 269-296.

Poggi Salani, Teresa
1992   *La Toscana*, in Francesco Bruni (a cura di), *L'italiano nelle regioni. Lingua nazionale e identità regionali*, Torino, Utet, pp. 402-461.
1994   *La Toscana*, in Francesco Bruni (a cura di), *L'italiano nelle regioni. Testi e documenti*, Torino, Utet, pp. 419-469.

Polidori, Filippo Luigi e Banchi, Luciano
1863-77 (a cura di), *Statuti senesi scritti in volgare ne' secoli XIII e XIV*, Bologna, Romagnoli (vol. I a cura di F.L. Polidori, voll. II e III a cura di L. Banchi).

Pollidori, Valentina
2001   *Appunti sulla lingua del canzoniere Palatino*, in Leonardi [2000-01, IV 351-391].

Poppe, Erich
1963   *Toscano «l'atro» 'l'altro', sardo «at(t)eru»*, in «LN», XXIV, pp. 97-100.

Porcelli, Bruno
1997   *Il Nome nel Racconto. Dal «Novellino» alla «Commedia» ai novellieri del Trecento*, Milano, Franco Angeli.

Porta, Giuseppe
1990-91 (a cura di), Giovanni Villani, *Nuova cronica*, Parma, Guanda, 3 voll.
1995   Matteo Villani, *Cronica, con la continuazione di Filippo Villani*, Parma, Guanda, 2 voll.

Procaccioli, Paolo
1999   (a cura di), *I commenti danteschi dei secoli XIV, XV e XVI*, Roma, Lexis (*CD-rom*).

Proietti, Domenico
2002   *Origine e vicende di «per cui» assoluto: un altro caso di conflitto tra norma dei grammatici e storia*, in «SGI», XXI, pp. 195-308.

Pulsoni, Carlo
1997   *Per la fortuna del «De vulgari eloquentia» nel primo Cinquecento: Bembo e Barbieri*, in «Aevum», LXXI, pp. 631-650.

Punzi, Arianna
1995   *Appunti sulle rime della «Commedia»*, Roma, Bagatto Libri.

Rajna, Pio
1896   (a cura di), *Il trattato «De vulgari eloquentia»*, Firenze, Le Monnier.
1921   *Il titolo del poema dantesco*, in «SD», IV, pp. 5-37.

Renzi, Lorenzo
1993   *Un aspetto del plurilinguismo medievale: dalla lingua dei re magi a «Papè Satan aleppe»*, in AA.VV., *Omaggio a Gianfranco Folena*, Padova, Editoriale Programma, vol. I, pp. 61-73.

Resta, Gianvito
1967   *La conoscenza di Dante in Sicilia nel Tre e Quattrocento*, in *Atti del Convegno di Studi su Dante e la Magna Curia*, a cura del Centro di studi filologici e linguistici siciliani (Palermo, Catania, Messina, 7-11 novembre 1965), Palermo, Centro di studi filologici e linguistici siciliani, pp. 413-424.

Ricci, Pier Giorgio
1974   (a cura di), Giovanni Boccaccio, *Trattatello in laude di Dante,* in *Tutte le opere di Giovanni Boccaccio*, a cura di Vittore Branca, Milano, Mondadori, vol. III, pp. 423-538 e 848-911.
«RLI»   «Rivista di letteratura italiana».

Robustelli, Cecilia
1992   *Il costrutto «fare» + infinito nell'italiano dei primi secoli*, in Robustelli [2000a, 65-100] (in versione ampliata).
2000a   *Causativi in italiano antico e moderno*, Modena, Edizioni Il Fiorino.
2000b   *La sintassi dei verbi percettivi «vedere» e «sentire» nell'italiano antico*, in «SGI», XIX, pp. 5-40.

Roddewig, Marcella
1984   *Dante Alighieri. Die «Göttliche Komödie». Vergleichende Bestandsaufnahme der «Commedia»-Handschriften*, Stuttgart, Hiersemann.

Rohlfs, Gerhard
1966-69 *Grammatica storica della lingua italiana e dei suoi dialetti*, traduzioni di T. Franceschi, S. Persichino e M. Caciagli Fancelli, Torino, Einaudi, 3 voll. (si citano i paragrafi).
1972   *La lingua di Dante nelle rime della «Divina Commedia»*, in Id., *Studi e ricerche su lingua e dialetti d'Italia*, Firenze, Sansoni, pp. 132-138.

Rosier-Catach, Irène
2011   Dante Alighieri, *De l'éloquence en vulgaire*, introd. et ap-
          pareil critique par Irène Rosier-Catach, trad. franç. par A.
          Grondeux, R. Imbach, I. Rosier-Catach, Paris, Fayard.

Rossi, Luca Carlo
1998   (a cura di), Graziolo Bambaglioli, *Commento all'«Inferno»
          di Dante*, Pisa, Scuola Normale Superiore.

Sabatini, Francesco
1985   *L'«italiano dell'uso medio»: una realtà tra le varietà lingui-
          stiche italiane*, in Holtus e Radtke [1985, 154-184] (ora in
          Id., *L'italiano nel mondo moderno*, Napoli, Liguori, 2012,
          vol. II, pp. 3-36).

Salvi, Giampaolo e Renzi, Lorenzo
2010   (a cura di), *Grammatica dell'italiano antico*, Bologna, Il
          Mulino, 2 voll.

Sanguineti, Federico
2001a   (a cura di), *Dantis Alagherii Comedia*, edizione critica per
          cura di Federico Sanguineti, Tavarnuzze (Firenze), SISMEL
          - Edizioni del Galluzzo.
2001b   *Per il testo della «Comedia»*, in AA.VV. [2001b, 161-182].
2005   (a cura di), *Dantis Alagherii Comedia, Appendice bibliografica
          1988-2000*, Tavarnuzze (Firenze), SISMEL - Edizioni del
          Galluzzo.

Santagata, Marco
2011   *Introduzione* a Dante Alighieri, *Opere*, edizione diretta da
          Marco Santagata, Milano, Mondadori, vol. I.

Sapori, Armando
1937   *La cultura del mercante medievale italiano*, in Id., *Studi di
          storia economica (secoli XIII-XIV-XV)*, Firenze, Sansoni, 1955
          (III ed.), vol. I, pp. 53-93.
1983   *Il mercante italiano del Medioevo*, Milano, Jaca Book (ed. orig.
          francese *Le marchand italien au moyen-age*, Paris, SEVPEN,
          1952).

Scarpa, Raffaella
2012   *La questione della lingua. Antologia di testi da Dante a oggi*,
          Roma, Carocci.

Schiaffini, Alfredo
1926   (a cura di), *Testi fiorentini del Dugento e dei primi del Tre-
          cento*, Firenze, Sansoni.
1928   *Su denominazioni di provenienza francese di strumenti musicali*,
          in «ID», IV, pp. 224-230.

1929   *Influssi dei dialetti centro-meridionali sul toscano e sulla lingua letteraria. II. L'imperfetto e condizionale in «-ia» (tipo «avia», «avria») dalla Scuola poetica siciliana al definitivo costituirsi della lingua nazionale*, in «ID», V, pp. 1-31.

1943   *Tradizione e poesia nella prosa d'arte italiana dalla latinità medievale a Giovanni Boccaccio*, Roma, Edizioni di Storia e Letteratura.

Schwarze, Christoph
1970   *Untersuchungen zum syntaktischen Stil der italienischen Dichtungssprache bei Dante*, Bad Homburg-Berlin-Zürich, Gehlen.

«SD»   «Studi danteschi».

Segre, Cesare
1952   *La sintassi del periodo nei primi prosatori italiani (Guittone, Brunetto, Dante)*, in Segre [1976, 79-270].

1963   *Polemica linguistica ed espressionismo dialettale nella letteratura italiana*, in Segre [1976, 397-426].

1976   *Lingua, stile e società. Studi sulla storia della prosa italiana*, Milano, Feltrinelli (I ed. 1963).

Serianni, Luca
1976   (a cura di), Scipione Bargagli, *Il Turamino ovvero del parlare e dello scriver sanese*, Roma, Salerno Editrice.

1982   *Vicende di «nessuno» e «niuno» nella lingua letteraria*, in «SLI», VIII, pp. 27-40.

1993   *La prosa*, in Serianni e Trifone [1993-94, I (*I luoghi della codificazione*), pp. 451-577] (riproposto col titolo *Profilo della prosa letteraria dal Due al primo Novecento*, in Luca Serianni, *Italiano in prosa*, Firenze, Franco Cesati Editore, 2012, pp. 11-169).

1995   *Toscana, Corsica*, in *LRL* [1995, 135-150].

2001   *Introduzione alla lingua poetica italiana*, Roma, Carocci (riproposto in edizione rinnovata e accresciuta col titolo *La lingua poetica italiana. Grammatica e testi*, Roma, Carocci, 2009).

2002   Recensione a Leonardi [2000-01, IV (*Studi critici*)], in «SLI», XXVIII, pp. 111-118.

2007   *Sul colorito linguistico della «Commedia»*, in «Letteratura italiana antica», 8 [Studi in memoria di Mirella Moxedano Lanza II], pp. 141-150.

2010   *Sulle similitudini della «Commedia»*, in «L'Alighieri», n.s., 35, pp. 25-43.

Serianni, Luca e Trifone, Pietro
1993-94   (a cura di), *Storia della lingua italiana*, Torino, Einaudi, 3 voll.

«SFI»   «Studi di filologia italiana».

«SGI»   «Studi di grammatica italiana».

Simi, Annalisa
1995   *Trascrizione ed analisi del manoscritto Ricc. 2236 della Biblioteca Riccardiana di Firenze*, Siena, Università degli Studi di Siena, Dipartimento di Matematica (Rapporto Matematico n. 287).

«SLeI»   «Studi di lessicografia italiana».

«SLI»   «Studi linguistici italiani».

SLIS   *Storia della letteratura italiana*, Diretta da Enrico Malato, Roma, Salerno Editrice, 1995 e sgg.

«SM»   «Studi medievali».

Stoppelli, Pasquale
2001   *I commenti danteschi e le nuove tecnologie*, in AA.VV. [2001, I 701-709].

2011   *Dante e la paternità del «Fiore»*, Roma, Salerno Editrice.

Stussi, Alfredo
1972   *Lingua, dialetto e letteratura*, in Stussi [1993, 3-63].

1993   *Lingua, dialetto e letteratura*, Torino, Einaudi.

2000   *Filologia mercantile*, in AA.VV., *Studi di filologia e letteratura italiana in onore di Gianvito Resta*, Roma, Salerno Editrice, tomo I, pp. 269-284.

Tavoni, Mirko
1984   *«Vita nuova» XXV 3 e altri appunti di linguistica dantesca*, in «RLI», II, pp. 9-52.

1987   *Contributo all'interpretazione di «De Vulgari Eloquentia» I, 1-9*, in «RLI», V, pp. 385-453.

1989   *Ancora su «De Vulgari eloquentia» I, 1-9*, in «RLI», VII, pp. 469-496.

1996   *Il nome di «poeta» in Dante*, in AA.VV., *Studi offerti a Luigi Blasucci dai colleghi e dagli allievi pisani*, a cura di Lucio Lugnani, Marco Santagata, Alfredo Stussi, Lucca, Pacini Fazzi, pp. 545-577.

1998   *Il titolo della «Commedia» di Dante*, in «Nuova Rivista di Letteratura Italiana», I, pp. 9-34.

2000   *«Orazio satiro» e il significato di «comedìa»*, in Werner, Edeltrand e Schwarze, Sabine (a cura di), *Fra toscanità e italianità. Lingua e letteratura dagli inizi al Novecento*, Tübingen-Basel, A. Francke Verlag, pp. 109-130.

2010   *De vulgari eloquentia: luoghi critici, storia della tradizione, idee linguistiche*, in *Storia della lingua italiana e filologia*, Atti del VII Convegno ASLI - Associazione per la Storia della Lingua

Italiana (Pisa-Firenze, 18-20 dicembre 2008), a cura di Claudio Ciociola, Firenze, Franco Cesati Editore, pp. 47-72.

2011a   (a cura di), Dante Alighieri, *De vulgari eloquentia*, in Dante Alighieri, *Opere*, edizione diretta da Marco Santagata, Milano, Mondadori, vol. I, pp. 1065-1547.

2011b   *Dantesearch: il corpus delle Opere volgari e latine di Dante lemmatizzate con marcatura grammaticale e sintattica*, in *Lectura Dantis 2002-2009, omaggio a Vincenzo Placella per i suoi settanta anni*, a cura di Anna Cerbo, con la collaborazione di Roberto Mondola, Aleksandra Žabjek e Ciro Di Fiore, Napoli, Università degli Studi di Napoli «L'Orientale», 2011, tomo II (2004-05), pp. 583-608.

Terracini, Benvenuto

1957   *La prosa poetica della «Vita Nuova». Analisi dello stile legato della «Vita Nuova» e Analisi dei toni narrativi della «Vita Nuova» e loro interpretazione*, in Id., *Pagine e appunti di linguistica storica*, Firenze, Le Monnier, pp. 209-247-263 e 264-272.

Tesi, Riccardo

2001   *Storia dell'italiano. La formazione della lingua comune dalle origini al Rinascimento*, Bari, Laterza.

TLIO   *Tesoro della lingua italiana delle Origini*, Firenze, Opera del Vocabolario Italiano, consultabile al sito di rete www. vocabolario.org oppure www.csovi.fi.cnr.it (con la sigla *Corpus TLIO* si indica la base testuale elettronica sviluppata dall'Opera del Vocabolario Italiano ad uso del *TLIO* e consultabile presso l'Opera con il programma di interrogazione GATTO oppure al sito di rete www.vocabolario.org oppure www.csovi.fi.cnr.it tramite il consorzio ItalNet).

Tonello, Elisabetta e Trovato, Paolo

2013   (a cura di), *Nuove prospettive sulla tradizione della «Commedia». Seconda serie (2008-2013)*, libreriauniversitaria.it

Torri, Alessandro

1827-29   (a cura di), *L'Ottimo commento della «Divina Commedia». Testo inedito di un contemporaneo di Dante*, I, Pisa, Capurro (ristampa anastatica: 1995, con prefazione di Francesco Mazzoni, Bologna, Forni).

Trifone, Pietro

2007   *Malalingua. L'italiano scorretto da Dante a oggi*, Bologna, Il Mulino.

Trovato, Paolo

1997   *L'esperienza linguistica e stilistica del «Convivio» nella «Commedia»*, in AA.VV., *Stilistica, metrica e storia della lingua*,

Studi offerti dagli allievi a Pier Vincenzo Mengaldo, a cura di Tina Matarrese, Marco Praloran, Paolo Trovato, Padova, Antenore, pp. 3-22 (poi in Trovato [2000, 105-122] col titolo *Il «Convivio» nella «Commedia»*).

1998   *Storia della lingua e filologia: i testi letterari*, in *Storia della lingua italiana e storia letteraria*, Atti del I Convegno ASLI - Associazione per la Storia della Lingua Italiana (Firenze, 29-30 maggio 1997), a cura di Nicoletta Maraschio e Teresa Poggi Salani, Firenze, Franco Cesati Editore, pp. 73-98 (poi in Trovato [2000, 23-49], col nuovo titolo *Tra filologia e storia della lingua: la critica delle forme*).

2000   *Il testo della «Vita Nuova» e altra filologia dantesca*, Roma, Salerno Editrice.

2001   *La «Commedia» secondo Sanguineti*, in «La Rivista dei Libri», dicembre, pp. 29-32.

2007a   (a cura di), *Nuove prospettive sulla tradizione della «Commedia». Una guida filologico-linguistica al poema dantesco*, Firenze, Franco Cesati Editore.

2007b   *Per il testo della «Commedia». Varianti poziori di manoscritti settentrionali*, in *Studi in onore di Pier Vincenzo Mengaldo per i suoi settant'anni*. A cura degli allievi padovani, Firenze, SISMEL - Edizioni del Galluzzo, vol. I, pp. 263-78.

2010   *Un problema editoriale: il colorito linguistico della Commedia*, in *Storia della lingua italiana e filologia*, Atti del VII Convegno ASLI - Associazione per la Storia della Lingua Italiana (Pisa-Firenze, 18-20 dicembre 2008), a cura di Claudio Ciociola, Firenze, Franco Cesati Editore, pp. 73-95 (riproduce, con una aggiunta, il saggio già edito col titolo *Primi appunti sulla veste linguistica della «Commedia»*, in «MR», 33 [2009], pp. 29-48).

Ulivi, Elisabetta

2000   *Le scuole d'abaco e l'insegnamento della matematica a Firenze nei secoli XIII-XVI*, in *Scienze matematiche e insegnamento in epoca medioevale*, Atti del Convegno Internazionale di Studio, Chieti, 2-4 maggio 1996, a cura di Paolo Freguglia, Luigi Pellegrini e di Roberto Paciocco, Napoli, Edizioni Scientifiche Italiane.

2008   *Scuole d'abaco e insegnamento della matematica*, in *Il Rinascimento italiano e l'Europa*, V, *Le scienze*, a cura di Antonio Clericuzio e Germana Ernst, con la collaborazione di Maria Conforti, Treviso-Vicenza, Fondazione Cassamarca-Angelo Colla Editore, pp. 403-420.

Valerio, Giulia
1986   *Sull'iscrizione della «Maestà» di Simone*, in «SM», s. III, XXVII, pp. 146-162.

Vallone, Aldo
1963   *La prosa della «Vita Nuova»*, Firenze, Le Monnier.
1967   *La prosa del «Convivio»*, Firenze, Bibliotechina del Saggiatore.
1981   *Dante*, Milano, Vallardi, «Storia letteraria d'Italia» (II ed.).

Van Egmond, Warren
1980   *Practical Mathematics in the Italian Renaissance: a Catalog of Italian Abbacus Manuscripts and Printed Books to 1600*, Supplemento agli «Annali dell'Istituto e Museo di Storia della Scienza», I.

Vanossi, Luigi
1979   *Dante e il «Roman de la Rose». Saggio sul «Fiore»*, Firenze, Olschki.

Vasoli, Cesare e De Robertis Domenico
1988   (a cura di), Dante Alighieri, *Convivio*, in Dante Alighieri, *Opere minori*, tomo I, parte II, Milano-Napoli, Ricciardi.

Venturi, Luigi
1911   *Le similitudini dantesche*, Terza edizione, Firenze, Sansoni (nuova edizione anastatica con una *Postfazione* di Luca Azzetta: Roma, Salerno Editrice, 2008).

Vernon, George John W.
1848   (a cura di), *Commento alla Cantica dell'«Inferno» di Dante Allighieri di Autore Anonimo*, Firenze, Piatti.

Viel, Riccardo
2006   *L'impronta del «Roman de la Rose»: i gallicismi del «Fiore» e del «Detto d'amore»*, in «Studi danteschi», LXXI, pp. 129-190.

Villa, Claudia
1999   *Tra affetto e pietà: per Inferno V*, in «LI», LI, pp. 513-541.

Vitale, Maurizio
1978   *La questione della lingua*, nuova ed., Palermo, Palumbo.

Volpi, Mirko
2009   (a cura di), con la collaborazione di Arianna Terzi, Iacomo della Lana, *Commento alla «Commedia»*, Roma, Salerno Editrice.

Indici

Il presente indice, limitato alle cose notevoli, comprende forme (in corsivo) e fenomeni e nozioni (in tondo). Tra le forme sono registrate, con ragionevole larghezza, le voci di interesse lessicale; mentre, per quanto concerne le voci di interesse fonomorfologico, si terrà conto che gran parte di esse è rintracciabile attraverso i relativi fenomeni. Quando è possibile, i lemmi sono tipizzati (verbi all'infinito, sostantivi al singolare, aggettivi al maschile singolare). Alcuni fenomeni di grammatica storica sono inseriti sotto lemmi più generali, come «grafia», «articolo», «numerali», «possessivi», «pronomi personali», «verbi» (dove si troveranno tutte le desinenze notevoli, ma non le forme particolari relative a singoli verbi, che vanno sotto questi ultimi). Sono esclusi dall'indice i fenomeni compresi nei brani antologici, quando non siano di particolare interesse. Una *n* apposta al numero arabo rinvia a una nota della pagina citata. Oltre a quelle consuete, si utilizzano le seguenti abbreviazioni: Comm. = *Commedia*, Conv. = *Convivio*, D. d'Am. = *Detto d'Amore*, Dve = *De vulgari eloquentia*, Vn = *Vita nuova*.

Indice analitico

abaco (scuole o botteghe d'a.), 13-14
abito in senso intellettuale, 77, 182
accismare, 120
accoccare, 112n
accordanza, 54, 73
accusativo con l'infinito nella Vn, 75; nel Conv., 82; nella Comm., 137
addimoranza, 54
addornare, 196
adequare, 167
adrezza 'addirizza', 66
affondare, 167
affricate alveolari:
    a.a. sorde di grado tenue o intenso in fior., 23
    passaggio delle a.a. alle sibilanti in tosc. occ.: *Fiorensa* nella frase pisana del Dve, 159
aggueffarsi, 118
agugnare, 101
alchimia, 119
Alichino, 123 e n
allegranza, 54, 73
allotta, 102
amanza, 120
amicizia, 77
amistà, *-ade*, 77
amoniera, 65
anacoluti nel Fiore, 66-67n
anafonesi, 20
anafora: v. ripetizione
ancidere, 107, 170
ancoi, 121
anguinaia, 117, 187, 188
Anibale/Anibàl, 128
antomata, 119
antroponimi: v. nomi propri
ape plur., 197n

apocope di *o* nelle desinenze di 3ª pers. plur. del perf. indic. nella Comm., 103
apocope aplologica: mancanza di a.a. nelle forme in *-ade* nella prosa dant., 178, 183; v. anche *bieltà*
appastare, 112n
appulcrare, 122
arabismi nella Comm., 119
arbore/albero, 126
arcaismi nella Comm., 104
archimandrita, 118
arco, 78; *arco declivo*, 116; *arco superno*, 116
arduo, 194
argento 'denaro', 120
arpa, 117
arretrare, 60, 167
arruncigliare, 122
arsura, 188
articolo determinativo:
    forma enclitica *'l* in fior., 24; forma forte *lo*, 24
    uso di *lo* (*li*) dopo pausa e dopo finale cons., 170, 191-192
arzanà, 121
ascella, 117
aspro, antonimia *dolce-aspro*, 165, 167
assiepare, 190
atro, 60
atro 'altro', 158
attacci, 66
au > an in *ancidere*, 107n
au in luogo *di o*, 107n
aucidere, 107
augello, 120
avenente, 54
avento, 67

avere ausil. con verbi riflessivi, 185n
avere:
    indic. pres. 3ª pers. sing. *ave* nella
       lirica dant., 170
    indic. perf. 1ª pers. sing. *ei* nella
       Vn, 177
    cong. pres. 3ª pers. sing. *aia* nella
       Comm., 107
    tipo *aggio* nella lirica dant., 54,
       56-57; nella Comm., 107
avvegna (*av-*) *che*, 81, 184n
avverbi in *le* + *mente*: v. sincope

babbo, 45, 111
baràtro, 118
barba 'zio', 121
barbano, 121
Barbariccia, 123
beffa, 111
beninanza, 120
bieltà, -ate, 57
blezzare, 65
bolgia, 120
borro, 60, 167
bozzacchione, 113
broda, 111
brucare, 60, 167

cadere: tipo *caggia* 'cada' nella Comm.,
    102
cagione nel Conv., 77, 81, 182
Cagnazzo, 123
Calcabrina, 123
calle, 113
cangiare, 120
canoscenza, 107 e n
cantare, 90
canto term. geom., 78
cappello 'ghirlanda', 90, 120
caso term. geom., 116-117
caunoscenza, 107n
causali (proposizioni) nel Conv., 81
causativi (costrutti) nella Comm.,
    134n, 189
cenìt, 116, 119
cerchio, 78, 116, 118, 194
cerebro, 78
certanamente, 54
cervello, 117
cetra, 45, 111
che/*ché* nella Comm., 135-136

che polivalente nella Comm., 135-136
chelidro, 118
chente, 50n
ciamberiera, 66
cigolare, 111
circulare, 194
circulata melodia, 117
circulazione, 59
circulo, 78, 116, 194
circumcinto, 116
circunferenza, 116
Ciriatto, 123
claustro/*chiostro*, 126
Cleopatra/*Cleopatràs*, 128
co 'capo', 121
coagulare, 117
comedìa, 85, 119
comparativi (costrutti) nella lirica
    dant., 168; nel Conv., 82; nella
    Comm., 139-140
compiuto 'ricolmo', 194
complessione, 117
con ciò sia (*fosse*) *cosa che*, 81
concessive (proposizioni) nel Conv.,
    123; nella Comm., 134, 135
concolori, 153
conflati, 113
congiuntivo imperf. in luogo del con-
    diz. nel Fiore, 66
consecutive (proposizioni) nella lirica
    dant., 57, 58; nella Vn, 76
consiglio, 59
converte, 187, 188
convivio, 78, 182
coppa, 117
coraggio 'cuore', 54
corata, 117
corda term. geom., 78
corpo, 45, 111
cors 'corpo', 67
cortesia, 73
covriceffo, 65
covricieri, 65n
crepare, 190
croio, 120, 188
cuticagna, 117

Danoia/*Danubio*, 128
dantista, 149
dare: indic. perf. 3ª pers. plur. *dienno*,
    dierno nella Comm., 105, 192
darsanà, 121n

dativo apreposizionale nella lirica dant., 169-170; nella Vn, 177-178; nella Comm., 193n

dativo di possesso nel Fiore, 66

dea/dia: *dea* in fior., 22; nella Comm., 102, 191, 196; isolati ess. del tipo *dia* nella Comm., 102, 191

defettivo/di-, 106, 126

dentro + a/da, 183n

desiderare/di-, 57, 73, 120

desiderio, 57, 73, 120

di partitivo nel Fiore, 66; nel Conv., 184n; nella Comm., 197n

dia sost., 67

dialettalismi: v. settentrionalismi nella Comm.

dialoghi nella Comm., 135, 189-191

diametro, 78

diaspro, 60, 167

dicessette, dicennove: v. numerali

dichiarative prolettiche nel Conv., 82

Dido, 106

diece: v. numerali

difalta, 120

digesto, 117

dighisamento, 65

dilettanza, 120

dilibrarsi, 122

dimane: v. *domane*

dirocciarsi, 122

discorso diretto: didascalie nel d.d. nella Comm, 191; v. anche dialoghi

disianza, 120

disio, disiare, 45, 56, 57, 73, 120, 166

disire, -o, -are, 120

dislagarsi, 122

dislocazione (fenomeni di d.) nella Comm., 135

dismalare, 122

dispaiare, 188, 192n

dispitto, 109

dittongamento di *e, o* aperte in sillaba libera, 20

    alternarsi di forme con dittongo e senza nella lirica dantesca, 57, 170n; nella Comm., 106

    d. dopo cons. + *r* in fior., 22

    lieva/leva in fior., 36 e n

    niega in fior., 36 e n

    puose/pose in fior., 36 e n

    d. in *cuopra*, 196

    scomparsa del d. in *iera, ierano* in fior., 21

dittonghi discendenti *ai, ei, oi*: riduzione a *a, e, o* in fior., 21

dolce, 56; antonimia *dolce-aspro*, 165

dolere: tipo *dolve* 'dolse' nella Comm., 102

dolzore, 54, 120

domane (*di-*) nel fior., 24; *dimane* nella Comm., 102

donna, 45, 56, 58

donneare, 120

dosso, 78

dotta, 120

dottanza, 54, 73

draco, 106

Draghignazzo, 123

e cong. a inizio di periodo nella Vn, 176

e protonica:

    passa a *i* in fior. e tosc. occ., 22-23

    conservazione di *e* in *megliore, segnore, Melano, melanese, pregione, serocchia, nepote* nel fior., 22-23

    casi di conservazione di *e* nei pron. pers. atoni nella Vn., 177-178

    v. anche *gittare*, prefissi *de-, re-, securo*

eccellente, 116

eclipsi, 78

egregio, 116

emisperio, 116

en/an protonico: *en > an* in fior., 23

«enjambement» nella lirica dant., 168

epa, 117, 118, 187

epentesi di *i* nella forma *eie* 'è' nella frase lucch. del Dve, 162

epiciclo, 78, 116

epitesi di *e*: in *mee* e *tue* nella Comm., 102; in *ee* nella frase sen. del Dve, 162

equatore, 78

erranza, 54, 73

esclamative (frasi) nel Conv., 82

essere:

    indic. pres 3ª pers. sing. *este* nella Comm., 106

    indic. perf. 3ª pers. plur. *fuoro* (*furo*)/*fuorono* (*furono*) in fior., 25n; nella Comm., 103-104n futuro del tipo *serò* in fior. deucent., tipo *fia, fie* in fior.

cong. pres. *sipa* 'sia' dialett. nella Comm., 130; *sieno* 'siano' in fior., 24

condiz. del tipo *serei* in fior., 21; tipo *fora, forano* in Dante, 107

etico, 117, 187

etsi, 81

etterno, 196

Ettore/Ettòr, 128

fallanza, 120

fare + infinito: v. causativi (costrutti)

fare: *faci* 'fai', *face* 'fa' nella Comm., 106; *fenno* 'fecero' nella Comm., 105

faretra, 60, 167

Farfarello, 123

farnetico, -are, 73, 176-117

febbre aguta, 117, 188

femina, 45, 111

ferace, 115

fersa, 105

fertile, 115

ferza, 60, 105

fiata, 197n

ficcare, 93

fidanza, 120

figo, 106

Fiorenza nella Comm., 196; *Fiorensa* nella frase pis. del Dve, 158n, 159

fora/fore/fori nella Comm., 100

foro, 59

frale, 177

fraseologia (versi danteschi fissatisi nella f. italiana), 146 e n

frenaio, 78

frequente 'frequentato', 194

fummo, -are, 191

furi 'fuori', 101

gabbo, -are, 73, 120

gaetto, 120

galassia, 78

gallicismi, 13; nella lirica dant., 54, 57; nel Fiore, 64-66; nel D. d'Am., 67; nella Comm., 94, 109, 119-120

gallina, 78

gassarìa: v. *grassarra*

gentile, 56, 58, 166

gerundio assoluto nel Conv., 181

gerundive (proposizioni) nella Comm., 134

ghillare, 65

ghiottone, 111

giadisse, 65

giga, 117

gioia, gioire, 120

gioso, giuso, 101n, 196

Giovanna, -i, 124 e n

gire, 184n

gittare, 191

giuggiare, 120, 131

Giuno, 106

-GL- > [ggj] in fior., 23; ess. nella Comm., 102

gliele invariabile, 24n

gozzo, 117

gracidare, 111

Graffiacane, 123

graffiare, 111

grafia: *sci* per la sibilante palatale sorda di grado tenue in fior., 23; *t* cedigliata per l'affricata alveolare sorda nel canzoniere Vatic., 169

grassarra (o *gassarìa*) nella frase lucch. del Dve, 160-161

grattare, 111

grecismi nella Comm., 118-119

greggia, 45, 111

greppo, 189

grifagno, 120

groppa, 111

guizzo, 60

ia, io > *ie* in fior., 24

idea, 77

idiotismi nella Comm., 111-112

idropesì, 187

idropico, 117

ignudo, 60, 167

illustre, 116

imago, 106

imparadisare, 122

impietrare, 167, 172n

impinto, 182

imprimere, 119

incinquarsi, 122

increspare, 60

indiarsi, 122

indovarsi, 122

ineffabile, 73, 77, 114

ineffabilitade , 77

infiare, 193n
infinitive preposizionali nel Conv., 82
infiorarsi, 194
inleiarsi, 122
inluiarsi, 122
inmiarsi, 122
inmillarsi, 122
insaporarsi, 194
insemprarsi, 122
insusarsi, 122
interrogative retoriche nel Conv.,
    82-83
intrearsi, 122
introcque, 111, 158-159
intuarsi, 122
inurbarsi, 122
inventrarsi, 122
inversioni nella Vn, 75; nel Conv.,
    82, 181-182
ipercorrettismi nelle frasi friul. e rom.
    del Dve, 50
ipotassi: v. subordinazione
ipotetico (periodo) nel Conv., 81-82
issa, 129, 130
istra, 129-130 e n.
isvanoire (isvanoìo), 66

[kw] > [k] in *onche* e *chesto* nella frase
    sen. del Dve, 162
[kw] > [tʃ] nella frase friul. del Dve, 50

laboro, 106, 194; *labore/lavoro*, 126
lasciare/lassare nella Comm., 105
latinismi nella Vn, 73, 177; nel Conv.,
    77-78, 182; nella Comm., 106,
    113-116, 194
latrare, 60, 111
latrìa, 118
lauro/alloro, 125
leccare, 111
legge Tobler-Mussafia nella Comm.,
    133-134, 193n
leggiadro, -ia, 56, 120
leppo, 188, 189
lessico:
    l. astronomico nel Conv, 78; nella
        Comm., 116
    l. filosofico nella lirica dant., 59;
        nel Conv., 77
    l. matematico nel Conv., 78; nella
        Comm., 116-117
    l. medico e anatomico nel Conv.,

78; nella Comm., 117-118
    l. realistico nella lirica dant., 59 60,
        167; nel Conv., 78, 183; nella
        Comm., 111-113, 187-190
    l. di stampo metaforico nella lirica
        dant., 56, 59-60, 167; nel Conv.,
        182-183; nella Comm., 117-118,
        138, 195
    l. stilnovistico in Dante, 56
    l. della tessitura nella Comm., 118
letame, 111
letargo, 118
leuto, 117, 188, 191
lezzo, 111
libero albitrio, 59
Libicocco, 123
libito, 194
ligire, 66
lima, 60, 167
lome, 101
lulla, 112n
lume acuto, 117

Macra/Magra, 128
magnificare, 78, 116
Malacoda, 122-123
Malebranche, 122-123
maletta, 65
mamma, 45, 111
manducare, 60, 127, 158
mangiare, 126-127, 158, 182
manicare, 111, 127, 158
mantoano, 128
Mantua, 128
manucare, 127, 182
maraviglia e der., 73
marcio, 111, 190
mate, 45
matrice, 78
melodìa, 119
membro, 117
meridiano, 116
mesto, 115
metafonesi indebita in *messure* nella
    frase rom. del Dve, 50
metafora: v. lessico di stampo me-
    taforico
metaplasmo di declin. in *comuno*,
    162; *arme*, 173n; m. di coniug. in
    venesse, 101n
mettere: tipo *miso* 'messo' nella Comm.,
    107

mezzule, 112n
milia: v. numerali
minera, 59
minugia, 117
miraglio, 120, 126
mo 'ora', 130, 195
molesto, 115
moncherino, 111
morire: *mora* 'muoia' nella Comm., 130; nella lirica dant., 130n, 178
morirsi, 178
muffa, 111
muso, 111

natural vasello, 117
neologismi nella Comm., 122, 194
-NG- davanti a voc. palatale passa a [ɲɲ] in fior., 23
nicchiarsi, 112n
noia, *noiare*, 120, 193n
nomi propri nella Comm., 122-124, 128; adattamento dei toponimi stranieri nella Comm., 128n
nominanza, 120
'*nsembre*, 120
nuca, 117, 119
nui, 101
nullo agg. indef., 197
numerali: *dicessette*, *dicennove*, *diece*, *milia* in fior., 38; *diece* nella Comm., 100, 102

obumbrare, 73
occhio, 116
occidentalismi nella Comm., 94, 105
ogne/ogni: *ogne* poi *ogni* in fior., 21; *ogne/ogni* nel testo della Vn, 70; della Comm., 97, 100
omore, 78
onche, 162, 163
onesta, 58
onranza, 120
oppilazione, 117
orbita, 116
orizzonte, 116
orranza, 54, 73
orso, 60
ostante, 194
otta, 102
ottuso, 116
ovelle nella frase aret. del Dve, 163
ovra, 109

pa (fr. *pas*), 66
palato, 78
pancia, 117
paraggio 'pari', 54
paraipotassi nella Vn, 75-76, 176; nel Conv., 82; nella Comm., 137, 190
parere verbo, 58; moduli ripetitivi con *p.* nella Vn, 74, 175
paroffia, 113
parvente, 54, 120
pate, 45
patire 'digerire', 78
penetrante, 194
pennelleggiare, 122
pensare transitivo, 171n
pentangulo, 78
per cui con senso assoluto, 134n
percettivi (verbi) nella Comm., 134n
periglio, 120
periodo «a festone» nella prosa dant., 79-81, 181
perissologie nel Conv., 79
perizoma, 118
perso nome di colore, 118 e n
persona indefinito, 120
pesanza, 54
petitto, 65
piaga, 111
pietra metaf., 60
piorno, 113
piramidale, 78
pizzicore, 111
placevole, 45
plaga, 194
Plato, 106
plaudersi, 113
plenilunio, 116
ploia, 120
poeta e der., 32, 90
polo, 78
ponte, 59
porcile, 111
poro, 59
possanza, 120
possessivi enclitici: v. *signorso*
potere: indic. pres. 3ª pers. plur. *ponno* nella Comm., 105; indic. perf. 3ª pers sing. *potte* nella Comm. (ediz. Sanguineti), 98
preclaro, 116
prefissi *de-/di-* e *re-/ri-* nella Comm., 106

preposizioni articolate: generalizzarsi dell'uso di *l* doppia in fior., 21; forme con *l* scempia nella Comm., 104

prezzare, 167, 173n

procella, 194, 195

profano, 116

pronomi personali atoni: 3ª pers. sing acc. *il*, *'l* in fior., 24 ordine acc. + dat. poi dat. + acc. in fior., 24 ordine acc. + dat. nella Comm., 133

pronomi personali tonici: *lui* ogg. rif. a cosa, 172n

puerile, 116

pupilla, 78

puttana, 111

quadrangulo, 78

quadrare, 116

quartana, 117

quinto interr. nella frase rom. del Dve, 50n

quisquilia, 116

rabbioso, 192n

raddoppiamento della -*n* di *non* davanti a voc., 169

raddoppiamento fonosintattico nella lirica dant. (canzoniere Vatic.), 169

radiare/raggiare, 125

ragazzo, 112n

ragione corrisp al pr. *razo*, 71; nell'argomentare del Conv., 182

ramarro, 153

rana/ranocchio, 128

recirculare, 194

redundare, 73

relative (proposizioni) nella Vn, 75; nel Conv., 81

relativi (pronomi) a inizio di periodo nel Conv., 81; particolarità nell'uso dei r. nella Comm., 137

repere, 114

respitto, 109

retta linea, 78

revoluzione, 78

rezzo, 60

riccezza, 66

riccore, 54

richesto, 191

ricordare con costruz. impers., 193n

rima nella lirica dant., 55, 56; nel Fiore e nel D. d'Am., 68, nella Comm., 142-143

rimbalzare, 60, 167

rinfarciare, 190

ringhiare, 111

rinverte, 188

ripetizione (procedimenti di r.) nella lirica dant., 55; nella prosa dant., 74-75, 175, 181; nella Comm., 140-141, 190

ripresa della principale con *sì* nella Vn, 176; r. del soggetto mediante il dimostrativo nella Comm., 135

ripriso, 107

risibile, 73

ritemere, 167

rodere, 60, 167

rogna, 113, 117

Rubicante, 123

s finale nella frase friul. del Dve, 50 e n

sacco term. med., 117

sangue, 117

sanguigno, 118

sanza in fior., 23; nel Conv., 183; nella Comm., 102

sapere: tipo *saccio* nella lirica dant., 54, 56, 57; nel Fiore, 67; *sape* 'sa' nella Comm., 106n

sarchiare, 78

sbadigliare, 111

scabbia, 111

scapigliato, 176

Scarmiglione, 122-123

scemare, 167

scherana, 60, 167

scherzare, 60

scola, 121

scondetto, 65

scondire, 65

scorpio, 106

scorza, 60, 167

scovrire, 109

scrofa, 111

scudaio, 78

scuffare, 112n

scuole d'abaco: v. *abaco*

securo/sicuro nella Comm., 126

sego 'seco', 105

sellaio, 78

sempiternare, 122

sene, 126

sermo, 106
settentrionalismi nella Comm., 105-106, 112n, 121, 129-130
settentrione, 116
sferzare, 60
sibilante palatale sorda di grado tenue da -sj- in fior., 23
sicilianismi nella lirica dant., 54, 56-57; nel Fiore, 67; nel D. d'am., 67; nella Comm., 94, 101, 107-108, 120
sicuranza, 54
sieva 'segua', 66
signorso, 112n
similitudini nella lirica dant., 56; nel Conv., 82; nella Comm., 139-140, 195-196
sincope:
    mancanza della s. della vocale fra occl. (o spirante labiodent.) e *r* in fior., 21n; ess. nella Comm., 102
    nei futuri e condiz. della 2ᵃ classe in fior., 21
    negli avverbi composti da aggettivi in *-le + -mente* in fior., 24; nella Comm., 102
    mancanza della s. in *viverò, viverei* nel fior., 21n
sipa 'sia', 130
sonorizzazione delle occlusive sorde intervocaliche in forme che oggi hanno la sorda (*aguto, coverta, podere*, voci in *-adore, -idore*) in fior., 23-24; casi di s. oltre la norma tosc. (*figo, sego*) nella Comm., 105-106; e v. anche *ovra, scovrire, sovra*
sordamente, 167
sorpriso, 107
soso, 101 e n
sovra/sopra, 109, 191
spadaio, 78
speglio, 120; *speglio/specchio/speculo*, 126
speme, spene, 106
spezzare, 60, 167
spirantizzazione dell'affricata palatale sorda intervocalica in fior., 23
spirito, 56
spirto visivo, 117
sprone, 59
sputare, 111
squarciare, 190

squatrare, 60
squilla, 60
stamane in fior., 24; nella Comm., 102
stea/stia: *stea* in fior., 22; nella Comm., 102, 191, 196; isolati ess. del tipo *stia* nella Comm., 102, 191
stecco, 59
sterco, 111
stimativa, 117
stomaco, 78
stregghia, 102, 112n
strozza, 117
subietto, 182
subita vigilia, 117
subordinazione: forme complesse della s. nel Conv., 79-82; v. anche periodo «a festone»
succhio, 111
sudore, 111
suffissi:
    -abile, -ibile, -evole, -ale, -ivo nel Conv., 78
    -aggio nella lirica dant., 54
    -anza nella lirica dant., 54; nella prosa della Vn, 73; nella Comm., 120
    *-ate, -ade, -ut*e > *-à, -ù*: v. apocope aplologica
    -evole: v. *supra*
    -iere, 171n
    -issimo: v. superlativi
suffissazione alterativa nella Comm., 127-128
suora/sorella/serocchia, 127-128
suoro, 127
superficie, 78
superlativi in *-issimo* nella Vn, 73, 177; nel Conv., 78
sutto, 101
svegliare, 23n

tamburo, 187
temere con reggenza negativa nella Comm., 137
temporali (proposizioni) nella Comm., 134
teodìa, 119
tepere, 114
tersanaia, 121 e n
terzanà, 121n
teschio, 111
tetragono, 118

tetta, 78
tigna, 111, 117
toponimi: v. nomi propri
tragedìa, 85, 119
tranello, trainello, 66 e n
trasmodarsi, 122
trasumanare, 122
travagliare, 177
tremuoto, 176, 179n
triangolo, -ulo, 78, 116
trina agg., 194
tro che, 158
tu allocutivo in luogo di *voi* nella frase rom. del Dve, 50n
tunica term. med. , 78

u > *o* davanti a cons. nasale in bol., 101n
u finale in luogo di *o* in area mediana, 146n
uncino, 59
uomo impers., 120

vedere: tipo *veggio* 'vedo' nella Comm., 196-197; tipo *viddi* 'vidi' nella Comm., 102
veggia, 112n, 121, 153-154
veglio, 120; *veglio/vecchio*, 126
veltro, 120
vena, 117
venesse 'venisse', 101 e n
vengiare, 120
ventilare, 194
ventraia, 117, 187, 188
verbi:
   1ª pers. plur. in -*no* anziché -*mo*, 158
   indic. pres. 1ª pers. plur. in -*emo*, -*imo/-iamo* in fior., 21 e n, 103n, in -*emo/-iamo* nella Comm., 102-103
   indic. pres. 2ª pers. sing. dei verbi della 1ª classe in -*e/-i* in fior., 22; nella Comm., 103, 104
   indic. pres. 3ª pers. plur. in -*eno* nella Comm., 105
   indic. imperf. 1ª pers. sing. in -*a* in fior., 24; nella Comm., 102
   indic. imperf. 1ª e 3ª pers. plur. dei verbi della 2ª e 3ª classe in -*avamo*, -*avate* in fior., 25
   indic. imperf. dei verbi della 2ª e

3ª classe in -*ea*, -*eano/-ia* (-*ie*), -*iano* (-*ieno*) in fior., 24-25; nella Comm., 108-109; evoluzione di -*ieno* a -*eno*, 108n
indic. perf. 3ª pers. sing. in -*ette* nella Comm., 103n
indic. perf. 3ª pers. sing. in -*eo*, -*io/-è*, ì in fior., 21; nella Comm., 103, -*io/ì* nel testo della Vn, 70
indic. perf. 3ª pers. plur. (forme deboli) in -*aro*, -*ero*, -*iro/-arono*, -*erono*, -*irono* in fior., 25, 104; in -*oro* (tipo lucchese) nella Comm., 105; in -*aro*, -*ero*, -*iro/-arono* (e -*arno*), -*irono* nella Comm., 103, 192
indic. perf. 3ª pers. plur. (forme forti) in -*ero/-ono/-oro* in fior., 25; nel Fiore, 67
indic. perf. 3ª pers. plur. costruita sulla 3ª pers. sing. con aggiunta di -*no* (-*nno*) *andonno* nella frase pis. del Dve, 105, 158n, 159; ess. nella Comm., 105
cong. pres. 2ª pers. sing. dei verbi della 1ª classe in -*e* nella Comm., 103n
cong. pres. 2ª pers. sing. dei verbi della 2ª, 3ª e 4ª classe in -*e/-i/-a* in fior., 22, 25; nella Comm., 103; in -*e/-i* nel testo della Vn, 70
cong. imperf. 1ª pers. sing. in -*e/-i* in fior., 22; nella Comm., 103, 162
condiz. in -*ia* nella lirica dant., 57, 170; nella Comm., 107
condiz. derivante dal piuccheperfetto latino nella lirica dant. e nella Comm., 107
verde, 60
vigilare/vegliare/vegghiare, 125
vigliare, 153
visaggio, 120
viso 'sguardo', 93, 173n
vonno 'vanno', 105
vui, 101

zappa, 78
zero, zevero, 14 e n
zona term. astron., 116
zuffa, 111

Indice dei nomi

Abardo, Rudy, 150
Acciaiuoli, Niccolò, 12
Afribo, Andrea, 142
Ageno, Franca, 29, 32, 67n, 69-71, 81n, 82, 134, 135, 137, 177, 183, 189
Agostini, Francesco, 58, 82, 105n, 134, 139, 182, 195
Agostino, sant', 72
Alberico da Rosciate, 150n, 151, 152n
Alberti, Leon Battista, 26n
Alessio, Gian Carlo, 49, 87
Alessio, Giovanni, 105
Alighieri, Iacopo, 150
Alighieri, Pietro, 150
Alinei, Mario, 97
Allegretti, Paola, 64
Ambrosini, Riccardo, 20n, 101, 108, 175
Andrea de' Tolomei, 66
Angiolieri, Cecco, 190
Antonelli, Roberto, 15, 18, 147
Antonio da Fermo, 148
Ariani, Marco, 138
Aristotele, 119, 180
Arnaut Daniel, 59, 131, 165
Arrighi, Gino, 14
Auerbach, Erich, 17
Azzetta, Luca, 139, 150

Baldelli, Ignazio, 17, 29, 37n, 45, 47, 54-56, 61, 64, 68, 72, 74, 77, 84, 86, 88, 90, 91, 93, 104, 105, 111, 112n, 113, 115-117, 121-123, 127, 128, 138, 139, 142, 143n, 146, 148, 168, 171, 178
Banchi, Luciano, 15
Barański, Zygmunt G., 86, 89
Barbarisi, Gennaro, 112n
Barbi, Michele, 29, 31, 54, 61, 69, 70, 97, 100, 165, 170, 171 e n, 172n, 177, 178, 179n

Bargagli, Scipione, 129
Bargagli Stoffi-Mühlethaler, Barbara, 90
Bartoli, Giorgio, 20n
Bartoli, Vittorio, 79, 188, 192n
Bartoli Langeli, Attilio, 16, 18n
Bartolomeo Anglico, 187, 188n
Bec, Christian, 16
Beccaria, Gian Luigi, 72, 141, 142
Beccario de Beccaria, 148
Bellomo, Saverio, 69, 70, 83n, 85n, 86, 95, 149n, 150, 151 e n
Beltrami, Pietro, 29n, 141, 143n
Bembo, Pietro, 51, 112 e n, 122
Bene da Firenze, 48
Benvenuto da Imola, 151, 153
Berisso, Marco, 112n
Bernardo da Bologna, 101n
Bertini Malgarini, Patrizia, 117
Bertuccelli Papi, Marcella, 136
Bertalot, Ludwig, 51
Bettarini, Rosanna, 97n, 143n
Bigi, Emilio, 192
Black, Robert, 13, 14
Boccaccio, Giovanni, 52, 65, 72n, 85n, 87, 89 e n, 95, 147, 151 e n, 152, 162, 170n
Boccellari, Andrea, 29n
Boezio, Anicio Manlio Torquato Severino, 71
Boezio di Dacia, 48
Bologna, Corrado, 15, 145, 147n
Bonagiunta Orbicciani, 17, 42, 129
Boncompagno da Signa, 48
Bonfantini, Accursio, 147n
Bono Giamboni, 121
Bonvesin da la Riva, 78, 129
Boschi Rotiroti, Marisa, 148
Boyde, Patrick, 54, 56, 61
Braccini, Mauro, 131

Brambilla Ageno, Franca vedi Ageno, Franca
Branca, Vittore, 147 e n
Breschi, Giancarlo, 29 e n
Brugnoli, Giorgio, 83n
Brugnolo, Furio, 54, 61, 146n
Brunetto Latini, 15, 35, 48, 75, 83
Bruni, Francesco, 37n, 41n, 50, 51, 57, 129, 130n, 157
Buti, Francesco da vedi Francesco da Buti

Calderone, Giani, 119n
Calenda, Corrado, 71
Camerani Marri, Giulia, 14
Cangrande della Scala, 86-88
Carlo I d'Angiò, 12
Carmody, Francis J., 35
Carrai, Stefano, 70, 72, 176
Casapullo, Rosa, 16n, 17, 100, 146n
Castellani, Arrigo, 13, 16, 19-26, 57, 65, 66 e n, 69n, 101 e n, 103 n, 105 e n, 106 e n, 118n, 121n, 127, 158, 159, 162, 183n
Castellani Pollidori, Ornella, 22n, 160, 161
Castra, 50, 157
Cavalcanti, Guido, 32n, 42n, 56, 57, 101
Cecchi, Elena, 18n
Cecchini, Enzo, 86
Cecco d'Ascoli, 101n
Cella, Roberta, 13, 23n, 24n, 66, 74, 107n, 120, 127, 177, 191
Cernecca, Domenico, 75
Chiamenti, Massimiliano, 83n, 150
Chiavacci Leonardi, Anna Maria, 113, 114n, 123, 136, 197n
Cicchetti, Angelo, 16
Cicerone, Marco Tullio, 15, 48, 83
Cino da Pistoia, 41, 42 e n, 59
Ciociola, Claudio, 53, 69, 95, 145
Cioffari, Vincenzo, 150
Coletti, Vittorio, 37n, 54, 77, 140
Colombo, Manuela, 73, 77, 114
Coluccia, Rosario, 95, 149
Contini, Gianfranco, 27, 29, 54, 58, 63, 64, 67, 91, 93, 100, 101n, 117, 118, 129, 141, 171n, 172n, 192
Corbinelli, Iacopo, 51
Cordié, Carlo, 119n

Corrado, Massimiliano, 147n, 149n
Cortelazzo, Manlio, 49
Corti, Maria, 32n, 37n, 38 e n, 48, 49, 77, 116n, 130n
Costa, Gustavo, 195
Crespo, Roberto, 171

D'Achille, Paolo, 67, 135-137
D'Alfonso, Rossella, 88
Dante da Maiano, 54 55
Dardano, Maurizio, 82
Davis, Charles T., 15
Debenedetti, Santorre, 14
Della Casa, Giovanni, 112 e n
Della Vedova, Roberto, 150
Del Popolo, Concetto, 37, 83n
De Robertis, Domenico, 29, 35n, 53-55, 61, 73, 101n, 165, 166 e n, 170 e n, 171, 172n, 173n, 190
Dionisotti, Carlo, 112n
Di Pretoro, Piero Adolfo, 122
Dolce, Lodovico, 89
D'Ovidio, Francesco, 160
Durante, Marcello, 17
Duro, Aldo, 135

Enrichetto delle Quercie, 55
Eusebio di Cesarea, 33

Faba, Guido, 48
Fasani, Remo, 67
Federico II di Svevia, 42
Federico IV di Sicilia, detto il Semplice, 147
Fenzi, Enrico, 37 e n, 38, 42 n, 47, 51n, 157-160, 163
Feola, Francesco, 117n
Fibonacci, Leonardo, 13, 14n, 117
Fiorelli, Piero, 15
Folena, Gianfranco, 37n, 53, 89, 121, 145, 146n, 153
Folgóre da San Gimignano, 127
Forese Donati, 59, 64, 189
Franceschini, Fabrizio, 151, 153
Francesco da Buti, 87n, 151, 153, 154, 189
Francesco da Barberino, 105
Francesco di ser Nardo da Barberino, 96, 97, 148
Franci, Raffaella, 14
Frasca, Gabriele, 61

Frosini, Giovanna, 18n, 47

Garavelli, Bianca, 72
Gelli, Giambattista, 51
Gentile da Cingoli, 32n, 49
Geymonat, Francesca, 99
Ghinassi, Ghino, 111, 121, 122
Giannini, Crescentino, 151
Giolito, Gabriele, 89
Giordano da Pisa, 159, 188
Giovanni, evangelista, 75
Giovanni da Genova, 114
Giovanni del Virgilio, 27, 88 e n, 151
Giovanni di Garlandia, 48, 89
Girolamo, san, 33, 113
Giunta, Claudio, 54, 61, 107n, 172n
Goffredo di Vinsauf, 48
Gorni Guglielmo, 70 e n, 71n, 75, 172n
Grayson, Cecil, 34, 46, 71, 76, 84
Graziolo de' Bambaglioli, 150, 153
Grimaldi, Marco, 54n
Gualdo, Riccardo, 150
Guazzelli, Francesca, 24
Guido da Pisa, 150, 152-154
Guido di Filippo dell'Antella, 16
Guillaume de Lorris, 64
Guinizzelli, Guido, 43
Guittone d'Arezzo, 17, 18n, 31n, 42,
    47, 56, 68, 131

Herczeg, Giulio, 76
Herlihy, David, 14
Hollander, Robert, 113n, 150n

Iacomo della Lana, 150, 152 e n, 153
Ilaro, frate, 85n
Inglese, Giorgio, 37, 98, 99, 101
Iorio Fili, Domenico, 29n
Isidoro da Siviglia, 89, 114

Jacobson, Roman, 142
Jacopo da Firenze, 14
Jacopo dell'Abaco, 14
Jean de Meun, 64

Klapisch Zuber, Christiane, 14

Lacaita, Jacopo Filippo, 151
Lancia, Andrea, 15, 146n, 150
Landino, Cristoforo, 121
Lannutti, Maria Sofia, 45

Lanza, Antonio, 97
Lapo Gianni, 42n
Larson, Pär, 18 e n, 20n, 166, 169
Leonardi, Lino, 56, 95, 171
Leoncini, Letizia, 83
Lepschy, Giulio Cesare, 20n
Levy, Emil, 158n
Librandi, Rita, 56
Lichem, Klaus, 155
Lisio, Giuseppe, 72
Livio, Tito, 159
Longoni, Anna, 32n
Lovera, Luciano, 97n, 143n
Lo Piparo, Franco, 49n

Macrobio, Ambrogio Teodosio, 87, 90
Mäder, Rolf Christian, 158
Maggini, Francesco, 54, 171n
Maierù, Alfonso, 49n
Malato, Enrico, 85, 86, 98, 145, 150
Maldina, Nicolò, 139
Mandel'štam, Osip, 149
Manfredi di Svevia, 42
Manni, Paola, 14n, 20, 23n, 24n, 25
    e n, 67, 103n, 104n, 105, 108n,
    158, 160n
Manzoni, Alessandro, 52
Maramauro, Guglielmo, 149n, 151
Maraschio, Nicoletta, 20n
Marazzini, Claudio, 37n, 48, 51, 52
Marigo, Aristide, 158-160
Marrani, Giuseppe, 121, 162
Martino di Dacia, 48
Masini, Andrea, 171
Matteo di Vendôme, 48
Mazzarello, Anna, 97n, 143n
Mazzocco, Angelo, 37n, 48
Mazzoni, Francesco, 150
Mazzucchi, Andrea, 71, 77, 79n, 82,
    112n, 150, 151
Medici, Mario, 134
Mengaldo, Pier Vincenzo, 29, 33n,
    35n, 37 e n, 38n, 40, 42 e n, 45,
    47-50, 83n, 91, 99, 157-161, 163
Mezzadroli, Giuseppina, 147n, 150
Mezzani, Menghino, 149n
Miglio, Luisa, 14, 18n, 145, 147
Migliorini, Bruno, 57, 94, 113, 118,
    119, 123n, 148
Minio Paluello, Lorenzo, 119
Monterosso, Raffaello, 117, 188

Montuori, Francesco, 51n
Mordenti, Raul, 16
Morgana, Silvia, 12
Morino, Alberto, 119
Motolese, Matteo, 101

Nencioni, Giovanni, 26, 116, 121, 128, 148, 152

Olrog Hedvall, Yvonne, 66n
Orazio Flacco, Quinto, 48, 86, 89
Orosio, Paolo, 121
Ossola, Carlo, 98

Paccagnella, Ivano, 49
Padoan, Giorgio, 87, 151, 152
Pagani, Ileana, 37n
Pagliaro, Antonino, 129, 136n, 139
Palermo, Massimo, 150
Pandimiglio, Leonida, 16
Paolazzi, Carlo, 87n, 88, 151
Paolo, san, 72
Papia, 114
Parodi, Ernesto Giacomo, 19, 24n, 40, 64, 65, 69, 72, 94, 100, 101, 104, 105n, 121, 123n, 124n, 129, 142
Parronchi, Alessandro, 117
Patota, Giuseppe, 134
Pazzaglia, Mario, 55
Pellegrini, Flamino, 69
Pellegrini, Giovanni Battista, 119
Pellegrini, Silvio, 158
Pelo, Adriana, 82
Pernicone, Vincenzo, 54, 61
Perrus, Claude, 191
Petrarca, Francesco, 87n, 151
Petrocchi, Giorgio, 17, 29, 89, 95-98, 100, 101n, 104, 105, 107, 108n, 109, 130, 136, 145, 189n, 192, 197 e n
Petrucci, Armando, 14, 18 e n, 166
Pinto, Giuliano, 146
Pirovano, Donato, 71
Pisoni, Pier Giacomo, 149n, 151
Pistolesi, Elena, 52
Poggi Salani, Teresa, 15, 16, 147
Polidori, Filippo Luigi, 15
Pollidori, Valentina, 18n
Poppe, Erich, 158
Porcelli, Bruno, 124
Porta, Giuseppe, 12-14, 52n, 66n
Presta, Vincenzo, 123

Prisciano, 48
Procaccioli, Paolo, 150
Proietti, Domenico, 134n
Pulsoni, Carlo, 52
Punzi, Arianna, 142

Quaglio, Antonio Enzo, 88

Rajna, Pio, 52n, 87, 149, 158-160
Renieri Fini de' Benzi, 65
Renzi, Lorenzo, 20 e n, 131
Resta, Gianvito, 147
Ricci, Pier Giorgio, 52n, 89n, 148
Riccomanni, Lapo, 21n
Ristoro d'Arezzo, 79n, 119
Robustelli, Cecilia, 134n
Roddewig, Marcella, 148
Rohlfs, Gerhard, 101n, 130n, 142, 173n, 183, 185n, 197 e n
Rosier-Catach, Irène, 48
Rossi, Luca Carlo, 150
Ruberto di Guido Bernardi, 23n
Ruffo, Giordano, 66n
Rustico Filippi, 59, 121, 127, 162

Sabatini, Francesco, 135
Sacchetti, Franco, 147, 149n, 162
Salomone da Lucca, 161
Salvi, Giampaolo, 20 e n
Salviati, Lionardo, 20n
Sanguineti, Federico, 97-99, 136
Santagata, Marco, 90, 152n
Sapori, Armando, 16
Scarpa, Raffaella, 51
Schiaffini, Alfredo, 25n, 26, 72, 134, 158, 191
Schwarze, Christoph, 139
Segre, Cesare, 49, 75-77, 79, 81 e n, 83
Serianni, Luca, 18n, 20, 21n, 47, 57, 72, 99, 129, 139, 184n
Servio, Sulpicio Rufo 113n
Silvotti, Maria Teresa, 150
Simi, Annalisa, 14
Simone Martini, 146n
Stazio, Publio Papinio, 90
Stoppelli, Pasquale, 65, 150n
Stussi, Alfredo, 16, 18n, 152n

Tateo, Francesco, 34, 72, 125, 138, 140
Tavoni, Mirko, 29, 32, 37 e n, 38n, 41n, 48, 49n, 89, 90, 157-163

Terracini, Benvenuto, 72, 74, 158
Tesi, Riccardo, 37, 80
Tieri degli Useppi di San Gimignano, 145
Tollemache, Federigo, 127
Tolomei, Claudio, 89
Tommaso d'Aquino, san 118
Torri, Alessandro, 150
Trifone, Pietro, 111
Trissino, Giovan Giorgio, 51 e n
Trovato, Paolo, 70, 84, 99, 105, 109

Uguccione da Pisa, 86, 114, 118, 124n
Ulivi, Elisabetta, 14 e n
Ureni, Paola, 188, 192n

Valerio, Giulia, 146n
Vallone, Aldo, 76, 77, 83n, 183n

Van Egmond, Warren, 14
Vanossi, Luigi, 63, 65, 66
Varchi, Benedetto, 177
Vasoli, Cesare, 35n
Venturi, Luigi, 139
Vernon, George John W., 150n
Viel, Riccardo, 65
Vignuzzi, Ugo, 133
Villa, Claudia, 113n
Villani, Filippo, 85n, 151n
Villani, Giovanni, 12-15, 52n, 66n, 106n, 121n
Villani, Matteo, 66n
Virgilio Marone, Publio, 85, 89, 90, 91, 113, 125, 128, 129
Vitale, Maurizio, 51
Volpi, Mirko, 150

Finito di stampare nel mese di febbraio 2014
dalla litografia LI.PE snc San Giovanni in Persiceto (Bo)

Stampato su carta Arcoprint Milk di Fedrigoni S.p.A.,
prodotta nel pieno rispetto del patrimonio boschivo